1 MONTH OF FREE READING

at

www.ForgottenBooks.com

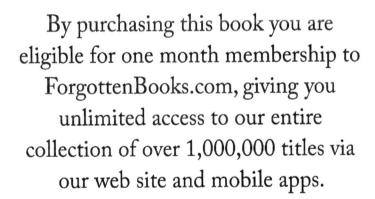

By purchasing this book you are eligible for one month membership to ForgottenBooks.com, giving you unlimited access to our entire collection of over 1,000,000 titles via our web site and mobile apps.

To claim your free month visit:

www.forgottenbooks.com/free1055946

ISBN 978-0-365-79069-3
PIBN 11055946

Die neue Kirche

und

die alte Politik.

Von

Dr. Franz Schuselka.

Leipzig,
Weidmann'sche Buchhandlung.
1845.

Inhalt.

I. Buch.

Seite

Einleitung 3

Was die neue Kirche bereits erreicht hat 9

Ist die neue Kirche katholisch? 31

Der Name Deutschkatholizismus 55

Die nationale Bedeutung und Aufgabe der neuen Kirche. 60

Gegner im Volk und Klerus und Hindernisse der Zeit. 64

II. Buch.

Die politische Bedeutung der neuen Kirche 109

Die alte Politik 115

Ursachen der altpolitischen Feindschaft gegen die neue

    Kirche. 122

Abneigung gegen jede volksthümlich selbständige Thätigkeit. 126

Furcht vor Radikalismus und Communismus 136

Metternichs Warnung 147

Dynastische und diplomatische Hindernisse 165

Oesterreich. 179

Baiern. 215

Sachsen. 242

Preußen. 252

Die übrigen deutschen Staaten. 263
> Darmstadt, Braunschweig, Nassau.
> Die sächsischen Herzogthümer.
> Hannover.
> Kurhessen.
> Baden und Würtemberg.

Das Ausland. 269
> Rom.
> Rußland.
> England.
> Frankreich.

III. Buch.

Was geschehen soll. 281

Reform des Gottesdienstes. 293

Die Priesterehe. 305

Befreiung von Rom. 329

Anhang.

Die Beschlüsse der ersten deutschkatholischen Kirchenver-

> sammlung. 353

Meine Lossagung von Rom. 364

Mein Uebertritt zur deutschkatholischen Kirche. 366

Erstes Buch.

Einleitung.

Auf die erste Kunde von dem Briefe Ronges
sprach ein hoher österreichischer Staatsmann buch=
stäblich Folgendes: „Wieder ein preußischer Spek=
takelmacher; und die preußische Regierung sieht solche
Dinge gern, damit aus Preußen wichtige Nachrichten
in die Zeitungen kommen."

Drei Monate später erließ die österreichische
Regierung ein geheimes Rundschreiben, worin alle
Ortsobrigkeiten und Seelsorger strengstens ange=
wiesen werden, jede Spur einer Bewegung im Sinn
der deutschkatholischen Kirche unverzüglich im Keim
zu ersticken und die Verdächtigen ohne Rücksicht hö=
hern Orts anzuzeigen.

Allein nicht nur die Büreaukraten, welche durch
eine lange Gewohnheit verleitet sind, außer ihren
Akten gar kein Volksleben anzuerkennen, nicht nur

1 *

sie wurden durch den merkwürdigen Fortgang der neuen Kirchenbewegung höchlich überrascht, sondern das Volk selbst, ja sogar diejenigen, welche an der Spitze der Bewegung stehen, oder besser, die sich durch den mächtigen Drang der Zeit an die Spitze der Bewegung gehoben sahen.

Darin liegt eben die hohe lehrreiche Bedeutung dieses überraschenden Ereignisses. Man darf es bis jetzt nicht so sehr nach seiner extensiven Wirkung als vielmehr nach seiner intensiven Kraft beurtheilen, obwol auch die äußere Verbreitung des neuen Kirchengedankens in Vergleich mit der kurzen Zeit seiner Geltung wahrhaft wunderbar erscheint. Man kann mit Bestimmtheit behaupten, daß im ganzen Verlauf der deutschen Geschichte kein Gedanke des Volksgeistes so schnell zu historischer Geltung gelangt ist. Man erinnere sich nur, wie viele Jahre es währte, bis Luthers Lehre zu positivem Dasein gedieh, wie lange man damals hin und wider stritt, immer noch hoffend, sich gegenseitig zu überzeugen, wie zaghaft man an die Ausbildung und Erklärung der wirklichen Trennung ging, ja wie, selbst als die neue Kirche schon jahrelangen Bestand hatte, die Häupter derselben noch immer geneigt waren, mit der alten Kirche ein friedliches Uebereinkommen zu treffen. Bei dem

neuen Ereigniß dagegen welche rasche, stolze, rück-
sichtslose Entschiedenheit! Ronges Protestationsbrief,
obgleich an und für sich und durch den Gegenstand
hundertmal unwichtiger als Luthers Streitsätze, legt
dennoch unmittelbar den Grund zu einem neuen
Kirchengebäude. Da ist durchaus kein Zweifel mehr,
ob man sich trennen solle oder nicht, man läßt sich in
keinen Streit mit den Gegnern ein, um etwa erst
die Berechtigung des neuen Daseins zu beweisen;
man stellt sich nicht kritisirend der alten Kirche gegenüber, sondern tritt mit sieghaft positivem Bewußtsein
an ihre Stelle.

Dadurch hat man den unermeßlichen Vortheil
errungen, daß sich die alte Kirche zum Protestiren
und Polemisiren gezwungen sieht.

Man halte dies nicht für eine übertreibende Annahme. Es ist wahrlich eine zweifellos vorliegende
Thatsache und bildet eben vorzüglich den wahrhaft
merkwürdigen Haupterfolg des neuen Kirchenstrebens.
Ungeachtet ihrer Jugend und ungeachtet ihrer gerin-
gen Mittel tritt die neue Kirche mit einer kräftig
selbstbewußten Entschiedenheit auf, die ihr den Charakter einer positiven Ursprünglichkeit giebt. Sie zer-
splittert ihre Kraft nicht in negativen Kämpfen gegen
die alte Kirche, sie ringt nicht ängstlich nach Recht-

fertigung vor sich selbst und vor der Welt; sondern sie betrachtet sich mit genialer Zuversicht als vollendete Thatsache, als in sich natürlich berechtigte Nothwendigkeit. Und dieses Bewußtsein ist kein einseitiges, eitles; es ist das allgemeine Bewußtsein der Zeit. Wir sagen mit gutem Bedacht, das allgemeine Bewußtsein der Zeit, denn auch die Gegner sind von diesem Bewußtsein durchdrungen und erschüttert. Hierin liegt eben die Weltbedeutung der neuen Kirche. Sie tritt mit unwiderstehlicher Kraft in die Geschichte ein, weil sie ein Bedürfniß der Zeit, eine nothwendige Folge der allgemeinen Weltbildung, weil sie eben eine wesentliche Entwickelungsepoche der Geschichte ist. Nicht das, was von dem neuen Kirchengedanken bereits ins lebendige Dasein getreten ist, sondern der Gedanke selbst an und für sich muß betrachtet werden, dann wird der Spott über die kleinen Anfänge verstummen.

Der Grundgedanke der neuen Kirche ist ein wahrer Weltgedanke. Es ist der Gedanke, Bildung und Religion, Kopf und Herz der Menschheit in Einklang zu bringen, dem Leben durch ein neu belebtes religiöses Bewußtsein die verlorne Begeisterung und Heiligung wieder zu geben, das Grundwesen des Christenthums, Liebe und Freiheit, zur lebendigen

Wahrheit zu machen und dadurch die große allge=
meine Reform der gesammten menschlichen Gesell=
schaft zu beginnen und zu weihen, welche, was auch
die trägen Lobredner des Bestehenden dagegen vor=
bringen mögen, die unabweisliche Aufgabe unsrer
nächsten Zukunft ist. Dies ist der Gedanke der neuen
Kirche, dies ihre Aufgabe; eine Aufgabe, zu welcher
all die verflossenen Jahrhunderte der christlichen Zeit=
rechnung die Vorarbeiten geliefert. Es soll hiermit
nicht gesagt sein, daß alle, welche für die neue Kirche,
wie sie bis jetzt sich gestaltet, thätig sind, einen kla=
ren, oder überhaupt einen Begriff von der eigent=
lichen Bestimmung der neuen Kirche haben, oder daß
die hohe Aufgabe derselben gerade und gewiß so er=
füllt werden müsse, wie es bis jetzt versucht worden
ist; aber die Vorsehung weiß durch unvollkommene
Mittel und Werkzeuge Vollkommenes zu erreichen
und aus unscheinbaren, schwachen Keimen lebenspen=
dende Himmelsfrüchte zu entwickeln. Die Gegenwart
ist noch nicht reif für die Verklärung durch den neuen
Kirchengedanken; die neue Kirche ist die Kirche der
Zukunft. Aber die Ahnung dieser Zukunft giebt dem
Streben, dem Ringen der Gegenwart die Kraft, die
Würde und Weihe.

Wir dürfen uns hier nicht erlauben, jener Zu=

kunft, von welcher die schlummernde Vergangenheit geträumt, nach welcher sich das beklommene Herz der Gegenwart sehnt, entgegen zu schweifen. Hier soll die heilige Dienstpflicht der Gegenwart erfüllt werden. Dieser Dienst besteht im Kampfe gegen die Unholde der Vergangenheit, welche unsrer Gegenwart die Hoffnung einer edlern Zukunft vereiteln wollen. Noch wird die Gegenwart von dem finstern Geist der Vergangenheit besessen, geängstigt und gequält; aber der frische Odem der Zukunft erquickt und stärkt sie, das Morgenroth einer neuen Zeit ist aufgegangen und bald wird das Himmelslicht des neuen Welttages die Gespenster der Vergangenheit für immer verscheuchen. Wie wirr und traurig also auch der unmittelbare Kampf der Gegenwart noch sein mag, dennoch rufen wir mit Hutten: „O Jahrhundert! die Geister erwachen! es ist eine Lust zu leben!"

Was die neue Kirche bereits erreicht hat.

Die neue Kirche besteht; sie ist eine geschichtliche Thatsache. Alle Verbote werden sie nur befestigen, verbreiten, verherrlichen; keine Gewalt der Erde ist mehr im Stande, sie aus dem Leben des deutschen Volkes zu verdrängen.

Den Beweis dieser zuversichtlichen Sätze finden wir nicht etwa einzig und allein in der täglich zunehmenden Verbreitung der neuen Kirche, sondern weit mehr in der Bestürzung und Angst, im Haß und Grimm der Gegner.

Die Sendschreiben der Häupter der jungen Kirche athmen fast *) durchaus apostolische Würde

---

*) Es wäre im Interesse der heiligen Sache sehr zu wünschen, daß dies Wörtchen „fast" ausgelassen werden könnte, daß die Prediger der neuen Kirche sich sorgfältig hüten möchten, den Verwünschungston der Gegner nachzuahmen.

und Zuversicht; in der leidenschaftlichen Heftigkeit und Schmähsucht der römisch-bischöflichen Hirten-briefe *) verräth sich nur zu deutlich der Zorn über eine unbezwingbare Wahrheit, der Schmerz einer tödtlichen Wunde, die Angst vor dem näher und näher rückenden verhängnißvollen Ende.

Allgemein wird es als auffallend bemerkt, daß direkt von Rom aus noch gar nichts gegen die neue Kirche unternommen worden, und die Gegner heben dies als einen Beweis hervor, daß die römische Curie den Abfall der Deutschkatholiken als gänzlich unbedeutend völlig ignorire. Allein dies ist eine höchst unglückliche Täuschung. Besser Unterrichtete wissen, daß in Rom über die neue Auflehnung des deutschen Geistes die größte Bestürzung herrscht und daß das lange Schweigen des Papstes eben nur eine Folge dieser Bestürzung ist. Sie ist um so größer, je blendender die süße Täuschung war, in der man

---

*) Mit Schmerz und Entrüstung haben alle Deutsche, die nicht in römischen Seelenfesseln schmachten, den Hirten-brief des neuen Fürstbischofs von Breslau gelesen. Welch ein trauriger Widerspruch mit den frühern Aeußerungen, mit der ganzen Bildung dieses Mannes! Im Dienst der römischen Hofkirche beschimpft der deutsche Bischof den Geist des deutschen Volkes.

sich zu Rom bis zur Erhebung der Deutschkatholiken gewiegt hat. Längst für immer aufgegebene Güter hoffte man wieder zu gewinnen und die alte herrliche Zeit des Papstthums schien wieder kommen zu wollen. Man erging sich in triumphirenden Weissagungen von der Bekehrung ganzer Reiche, von der nah bevorstehenden Auflösung der protestantischen Kirche. Uebermüthiger als je zuvor verspotteten die päpstlichen Organe das deutsche Ketzerthum und schonungslos griff Rom das Heiligthum des deutschen Familienlebens an. Auf Deutschland waren die nächsten und stolzesten Pläne Roms gerichtet. Deutschland sollte wieder römisch werden, es sollte die Strafe für den hochverrätherischen Frevel der Reformation erleiden. Scharenweis zogen die Mönche in Deutschland ein und fanden unter protestantischen Theologen Gesinnungsgenossen. Alsbald loderte in allen deutschen Gauen zelotischer Fanatismus, die Nacht des finstersten Aberglaubens begann sich über das deutsche Leben auszubreiten, und selbst das heilige Band der Ehe wurde vom Glaubenshaß zerrissen. Deutschland schien verloren, denn selbst die protestantischen Mächte beugten sich dem päpstlichen Machtgebot, und als übermüthigstes Siegeszeichen, als Verhöhnung der deutschen Bildung, als Sinnbild, daß der deutsche Geist abermals in die römische Zwangsjacke gepreßt werden sollte, hängte das triumphirende Welschthum in einer deutschen Stadt einen alten Rock zur Verehrung aus. Da geschah der Gegenschlag des deutschen Geistes. Und nicht die deutschen Philosophen, nicht die Atheisten und nicht unkirchliche Laien führten diesen Schlag, sondern wie jedesmal vorher, erhob sich auch jetzt ein geweihter katholischer Priester, um die reine christliche Lehre aus der römischen Entstellung zu retten. — Rom hat diesen deutschen Schlag schwer und schmerzlich empfunden. Vom Gipfel einer schwindelnden Hoffnung stürzte es in tiefe Rathlosigkeit herab und sieht sich plötzlich am Rande des völligen Verderbens. Länger als Leo X. konnte und wollte Gregor XVI. die That des deutschen Volkes nicht in ihrer verhängnißvollen Bedeutung begreifen, und als er sie endlich begriff, da fehlte es an Rath, wie dieser Weltthat zu begegnen sei, da drängte sich das Bewußtsein auf, daß durch eine Verdammungsbulle im alten Styl der Sieg des neuen Gedankens nur befördert würde, da ergriff das sich selber heilig sprechende Collegium die furchtbare Ahnung des unaufhaltbaren völligen Sturzes.

In dieser verzweifelnden Rathlosigkeit flüchtete

Rom, wol mit innerlichst widerstrebendem Herzen, zu der Weisheit und Macht der weltlichen Gebieter. — Welch ein schwerer, demüthigender Schritt! Rom mußte von denen Rath und Hilfe erflehen, welchen es wenige Monate vorher hochmüthige Gesetze diktirt hatte!

Man weiß aus zuverläſſiger Quelle, daß die römiſchkatholiſchen Staatsmänner Deutſchlands, daß namentlich Metternich dem heiligen Vater bringend gerathen, ſich in die deutſchkatholiſche Bewegung unmittelbar und amtlich offen gar nicht einzumiſchen. Als Belohnung für die pünktliche Befolgung dieſes Rathes verſprach man, das neue Schisma deſto ſtrenger auf politiſchem Wege unterdrücken zu wollen. Man unterſtützte dieſen Rath durch die Erinnerung, daß kirchliche Verdammungsurtheile immer den Eifer der Verdammten geſteigert haben; man hob mit beſonderem Nachdruck hervor, daß in unſrer Zeit mit päpſtlichen Bullen nur ſehr wenig, mit politiſcher Verfolgung dagegen, mit Criminalprozeſſen und militäriſchen Exekutionen alles auszurichten ſei; man ſprach dabei unverholen den Vorwurf aus, daß an dem ganzen Uebel hauptſächlich nur die übereilte Siegesfreude der römiſchen Hierarchie ſchuld ſei, und daß dadurch nicht nur dem heiligen römiſchen Stuhle

wesentlich geschadet, sondern das in so schönem Gang
gewesene Reaktionswerk überhaupt in höchst betrü-
bender und schwer zu verbessernder Weise gestört und
unterbrochen worden. Solchen Vorstellungen mußte
sich die römische Curie fügen. Sie beobachtete in der
deutschkatholischen Sache ein standhaftes Stillschwei-
gen und begnügte sich damit, die abtrünnigen Priester
durch zelotische Bischöfe und Kapitel exkommuniciren
und in Zeitungen und Flugschriften auf die neue
Kirche schimpfen zu lassen. So erlebte die Welt das
Wunder, daß eine gegen das Dasein der römischen
Kirchenherrschaft gerichtete katholische Reform sich
täglich weiter verbreitet, ohne daß der höchste Träger
dieser Herrschaft selbst unmittelbar dagegen auftritt.
In höchster Instanz wird über diese neue Kirchensache durchaus nur von den weltlichen Gebietern entschieden, ohne daß dabei der Papst auch nur genannt
würde. Hierin liegt eine Bedeutung der neuen Kirche
von höchster und folgenreichster Wichtigkeit.

Die weltliche Staatsweisheit hat für dieses Verfahren folgende Bewegnisse. Sie faßt das neue
Kirchenstreben durchaus nur politisch auf, glaubt es
aus politischen Gründen unterdrücken zu müssen und
hofft damit ohne Einmischung des Papstes leichter
und schneller fertig zu werden. Man hält diese kirch-

liche Bewegung durchaus nur für eine Maske der allgemein revolutionären Zeitrichtung und fürchtet daher, daß durch Theilnahme der höchsten Kirchenautorität der religiöse Schein und somit die Gefährlichkeit der Sache zunehmen würde. Daher das eifrige, hier und da, z. B. in Baiern bis zur Absurdität übertriebene Streben, diese Kirchensache rein politisch zu bezeichnen, zu verdächtigen und abzuurteln.

Nebstdem benützen aber die weltlichen Machthaber mit freudigem Eifer die Verlegenheit und Bestürzung der römischen Curie, um sie, die sich eben erst zu altpäpstlichem Hochmuth zu erheben angefangen hatte, neuerdings tiefer als je zu demüthigen; ihr zu beweisen, daß sie nicht mehr im Stande sei, sich selbst zu erhalten, daß sie die Fortdauer ihres Daseins lediglich der Gnade der Weltmächte zu danken habe. Hierin verfahren die katholischen Regierungen weit revolutionärer gegen Rom als die Gründer der neuen Kirche, die doch von denselben Regierungen wegen ihrer angeblich revolutionären Tendenzen verdammt werden. Die Neukatholiken trennen sich offen und ehrlich von dem Papst; die altkatholischen deutschen Regierungen aber geben vor, dem Papst in Ehrfurcht ergeben bleiben zu wollen,

während sie ihn aufs äußerste erniedrigen, ihn sei=
nem Wesen nach eigentlich faktisch absetzen. Oder
gleicht es etwa nicht einer faktischen Absetzung, daß
der Papst, während über das Wesen des wahren
Katholizismus praktisch verhandelt wird, still schwei=
gen muß? Er muß ruhig abwarten, ob die Mächte
im Stande oder auch durchaus gewillt sein werden,
die neukatholische Erhebung zu unterbrücken, ob sie
ihren etwaigen Sieg wirklich zu Nutz und Frommen
des römischen Stuhls oder vielmehr zu seiner noch
tiefern Demüthigung benützen werden! Wahrlich,
tiefer lag Rom noch nie vor der weltlichen Gewalt
darnieder, und nie zuvor waren katholische und selbst
protestantische Regierungen in einer Rom betreffen=
den Kirchensache so sehr emanzipirt wie jetzt in An=
gelegenheiten der deutschkatholischen Kirche. Es
ist dadurch in der Befreiung der Weltlichkeit aus
hierarchischen Fesseln ein Fortschritt geschehen, der
uns, wenn er verständig und muthig fortgesetzt wird,
an das Ziel bringen kann, nach welchem der deutsche
Geist nun schon durch volle dreizehn Jahrhunderte
hinstrebt.

Und wem verdanken die Regierungen diese längst
ersehnte Machtsteigerung? — Eben der neuen
Kirche, die sie mit der durch sie errungenen Macht

eigenmächtig unterdrücken wollen. Die bedeutendste That des neuen Kirchenstrebens ist eben, daß es Rom zur willenlosen Ergebenheit gegen die weltlichen Mächte gezwungen hat. Schon in ihren kleinen, gehinderten und verwirrten Anfängen hat die neue Kirche einen so großen politischen Erfolg errungen, und zwar zunächst und vorzüglich zu Gunsten der Fürsten. Möchten diese und ihre Rathgeber dadurch zur Erkenntniß gelangen, welch eine großartige Zukunft auf Grundlage des neuen Kirchengedankens gebaut werden könnte!

Durch die Art und Weise, wie die Mächte den Papst gegen die Neukatholiken schützen, bekämpfen sie ihn wahrlich weit feindlicher als die Reformer, und sie wirken für die Idee der neuen Kirche, indem sie dieselbe zu unterdrücken wähnen. Dieses verhängnißvolle Zusammenwirken des Volksgeistes und der Politik läßt den nahen Sturz des Papstthums mit Gewißheit voraussagen. Es waltet hier ein unabwendbares allmächtiges Weltverhängniß, welches selbst diejenigen, welche den morschen Thron römischer Priesterherrschaft stützen wollen, zu entgegengesetzten Resultaten zwingt. Dies ist der Schmerz, welcher die letzten Tage des kranken Greises verbittert, der jetzt die Last der dreifachen Krone tragen

muß. Aber eben weil sich hier ein großes allge=
meines Weltgeschick zur Entscheidung drängt, sollen
die Werkzeuge des siegenden Weltgeistes es unter
der Würde ihres Berufes halten, persönliche Ver=
höhnung und niedrige Verwünschung als Waffe zu
gebrauchen. Wer um der großen Sache der christ=
lichen Weltwiedergeburt zu dienen, den greisen bis
zum Tod kranken und gekränkten Papst verspottet,
der ist nicht werth von dem Morgenlichte der neuen
Zeit beschienen zu werden. Es gilt einen rastlosen
Kampf gegen das päpstliche Prinzip, nicht aber
gegen die Person dessen, der dieses rettungslose
Prinzip vertreten zu müssen das Unglück hat. Wir
kämpfen gegen einen Feind, dessen gewaltige histo=
rische Größe selbst den heftigsten Gegner jedenfalls
zu einem würdigen ritterlichen Kampf auffordert.
Wir vernichten eine Macht, welche ein volles Jahr=
tausend hindurch die herrschende Weltmacht gewesen,
zu deren Erhebung unsre eigenen Vorfahren mit
Begeisterung beigetragen, die auf die Entwickelung
des Bildungsganges, den uns die Vorsehung vor=
gezeichnet, den entscheidendsten Einfluß geübt. Ein
so großer Gegner soll nicht in kleinlich persönlicher
Leidenschaftlichkeit bekämpft werden. Ungeachtet
aller Kämpfe und Niederlagen von Jahrhunderten

steht der alte Weltgedanke des Papstthums noch immer riesig da. Kleinliche Verhöhnung reicht nicht bis zum Leben dieses Riesen hinan; nur der mächtige Gedanke der neuen Zeit kann ihn erdrücken. Diesen Gedanken müssen wir klar und zur lebendigen That machen, dann wird die Verdüsterung und Verwirrung, die der alte Weltgedanke noch immer verursacht, von selbst enden.

Ein höchst erfreulicher und bedeutender Anfang der Menschwerdung des neuen Weltgedankens ist die neukatholische Kirchenbildung. Altkatholiken und Altlutheraner spotten und schmähen über diese Behauptung; aber dennoch ist und bleibt es eine geschichtliche Thatsache: die zweite Reformation ist ein Fortschritt der ersten. Sie erweist sich als solcher durch zwei Momente, erstlich durch das klare Bewußtsein des freigeistigen und allgemein christlichen Zweckes und dann durch die vorwiegend positive Gestaltung dieses Gedankens.

Die bewegenden Geister der ersten Reformation, obwol persönlich hundertmal größer, als die bisherigen Führer der neuen Bewegung, waren doch in Betreff der Befreiung des Menschengeistes durch das Christenthum fast durchaus bewußtlose Werkzeuge

2*

der Vorsehung. Sie wirkten für Befreiung vom römischen Joche und dadurch allerdings schon für einen höhern Grad christlicher Freiheit überhaupt, aber nicht für die hohe allgemeine Menschenfreiheit, wie sie die reifere Vernunft als Urwesen des Christenthums erkennt. Diese Erkenntniß fehlte jenem Zeitalter; kaum war in einigen Seelen die Ahnung dessen aufgegangen, was das Christenthum der Menschheit sein soll. In unsern Tagen dagegen hat sich aus den heftigsten und verworrensten Geisteskämpfen das freieste christliche Bewußtsein entwickelt. Von diesem Bewußtsein sind die Stifter der neuen Kirche getragen, ihm verdankt das neue Werk seine Bedeutung und rasche Förderung und dieses Zeitbewußtsein wird gewiß noch wärmere, kräftigere, schwungvollere Apostel erwecken.

Das tröstlichste Vorzeichen einer schönen thatkräftigen Zukunft ist es, daß sich der Zeitgeist allenthalben und besonders auch in Deutschland aus der vernichtenden Verneinung zu fruchtbarem Schaffen emporarbeitet. Dies bethätigt für die hochwichtige religiöse Richtung das neue Kirchenstreben und zwar nicht das neukatholische allein, sondern auch das neuprotestantische. Man übt an dem Kirchengedanken nicht mehr einzig und allein eine zersetzende Kritik,

sondern geht daran, diesem wesentlichen Lebensge-
danken eine neue Gestaltung zu geben. Die neukatholische Kirche hat dies mit wahrhaft genialem
Muthe versucht und verhältnißmäßig, soweit Zeit
und Umstände es gestatteten, auch schon vollbracht.
Die zuversichtliche Entschiedenheit, mit der die junge
Kirche ihr „Ich bin!" ausgesprochen, gehört zu
den schönsten Erscheinungen der Geschichte. So mit
einemmale ohne langwierige negativ theoretische Vor-
kämpfe aus den tausendfach verschlungenen Fesseln
des Papstthums, aus dem verwirrenden Wust des
römischen Formelnwesens zur Freiheit und Einfachheit des christlichen Urgedankens hervorzutreten und
mit aufopfernder Entschlossenheit daranzugehen, diesem Gedanken endlich einmal praktische Geltung zu
verschaffen, dies ist wahrlich eine That, wie im
geistigen Leben der neuen Geschichte nur wenige
vorkommen.

Durch diese entschiedene positive Thatkräftigkeit
steht diese zweite Reformation höher als die erste.
Die ersten Reformatoren mühten sich zu lang und
zu ausschließlich damit ab, das Gebäude der alten
Kirche niederzureißen, und versäumten darüber die
Aufführung eines eigenen Neubaues. Als sie endlich nothgedrungen bauten, brachten sie eben nichts

als einen Nothbau *) zu Stande, der in vielen
Stücken nur einer Verschanzung gleicht, aus der
man die Belagerung der römischen Zwingburg fort=
setzt. Die neue Reformation befolgt eine bessere
neue Taktik. Sie läßt die römische Festung liegen
und verfolgt auf freier Geistesbahn ihren Siegeslauf.
Sie erschöpft ihre Kraft nicht in der Bemühung, die
Mauern Roms niederzureißen, sondern sie führt
unmittelbar neben dem alten morschen Gebäude ein
neues auf, welches, wenn es vollendet wird, das
alte nothwendig erdrücken muß. Und es ist sehn=
lichst zu wünschen, daß die Stifter der neuen Kirche
noch strenger und ausnahmsloser an diesem positiven
Grundsatz festhalten möchten. Nicht durch Wieder=
holung der Redensart: „Rom wird, Rom muß
fallen!" sondern durch rüstigen Aufbau des neuen
Werkes wird Rom wirklich überwältigt werden.
Jeder Stein, der im neuen Kirchengebäude gelegt
wird, nimmt der römischen Zwingburg eine Stütze.
Bald wird sie dann allen Sehenden als das er=

---

*) Luther selbst und seine Gehilfen haben dies mit
schmerzlichem Bedauern eingestanden, und das Bewußtsein
der Unvollkommenheit und Unzulänglichkeit des protestan=
tischen Kirchenbaues trübt das ganze protestantische Zeit=
alter bis auf unsre Tage.

scheinen, was sie seit Jahrhunderten in der That schon ist — eine Ruine. Wie lang sie dann als solche noch fortbestehen soll und wie viele Schwärmer sich in dieser Ruine wohl fühlen mögen, das kann getrost der Zukunft überlassen werden.

Der hier so zuversichtlich und freudig behauptete positive Charakter der neuen Kirche wird nicht nur von den Gegnern derselben geleugnet, sondern auch von vielen ängstlichern Freunden vermißt. Dies beruht aber wahrlich nur auf einer Entstellung und Verkennung der Sache.

Warum ist die neue Kirche nicht positiv? Etwa weil sie noch keine Dome und Glockenthürme, keine reichen Pfründen, keine polizeilich geweihte Liturgie, keine hierarchische Himmelsleiter hat? Man sei doch einsichtig und gerecht. Eben im Mangel vieler dieser Güter, in deren Besitz die herrschenden Kirchen schwelgen, besteht ja der positive Charakter der neuen Kirche, weil die meisten dieser Güter eine Negation des wahren Christenthums enthalten. Allerdings fehlt der neuen Kirche noch vieles, was zu den wesentlich nothwendigen Gütern einer lebendigen Kirche gehört; an wem aber liegt die Schuld? Man stellt der festen Organisirung der neuen Kirche alle möglichen Hindernisse entgegen, und macht ihr dann den Mangel dieser Organisirung zum Vorwurf! Ist das christlich? Ist es ehrlich?

Alle, denen das neue Kirchenleben verhaßt oder auch nur unbequem ist, orakeln fortwährend: „Die katholischen Dissenters *) bewegen sich in einer bloßen Negation, deshalb wird ihr Streben nun und nimmermehr Bestand erlangen." Dieses Urtheil wird sogar durch britische Beistimmung bekräftigt, was bei vielen deutschen Staatsmännern und Staatszeitungsschreibern, die bekanntlich ungeachtet ihres inländischen Hochmuthes einem Briten gegenüber sich wie Schuljungen benehmen, von außerordentlichem Gewicht ist. Ein britischer Publizist sagte neulich in wohlgesetzter Phrase: „Die Deutschkatholiken erkennen bisher nur den Irrthum, aber nicht die Wahrheit." Die Wahrheit im Sinn des britischen Politikers und auch etlicher deutscher Amts- und Kirchenherren läge nun freilich in der britischen Hochkirche zur Nachahmung vor, und dies negiren allerdings nicht nur die Neukatholiken, sondern auch die Neuprotestanten.

---

*) Wie traurig ist es, diejenigen, welche Belebung des wahren christlichen Bewußtseins, Aufhebung des Verdammung deutscher Brüder predigenden päpstlichen Dogmas und Befreiung Deutschlands von fremder Herrschaft wollen, „Dissenters" zu nennen!

Aber die Negation der jungen Kirche geht natür= lich und nothwendig noch weiter. Wer wahr, recht= lich, vernünftig ist, der negirt natürlich schon dadurch, daß er es ist, die Lüge, die Schlechtigkeit und Unver= nunft. Die neue Kirche will im Geiste und nach den Worten Christi und der Apostel und nach dem Beispiel der ersten christlichen Gemeinden christlich sein, sie negirt also dadurch alles, was sich nach jener ersten reinen Zeit als canonisch, polizeilich und peinlich sanktionirtes Christenthum herrschend gemacht; sie negirt nicht blos das römische, sondern auch das russische, britische, französische, nicht nur das Gör= res'sche, sondern auch das Hengstenberg'sche Christen= thum. Dies alles negirt sie aber nur durch ihr positives Sein. Ihr Lebensgedanke ist kein nega= tiver, sondern der positive der reinen ursprünglichen christlichen Wahrheit. Was in den verschiedenen nationalen und politischen, in den Kabinets= und Fakultäts=Christenthümern von jener allgemeinen christlichen Urwahrheit enthalten ist, das anerkennt auch die neue Kirche, und sie negirt nur das, was jener Wahrheit widerspricht.

Das positive Bewußtsein der neuen Kirche be= weist sich am deutlichsten dadurch, daß die Stifter derselben mit Vermeidung langwieriger theologischer

Streitigkeiten unmittelbar zur Feststellung des allge=
meinen Glaubensbekenntnisses geschritten sind. Frei=
lich will man eben aus der Mehrzahl dieser Bekennt=
nisse auf den gleich im Ursprung ausgebrochenen
Zerfall der neuen Kirche schließen, allein man setzt
da voraus, was man feindseligerweise wünscht.
Durch alle diese Glaubensbekenntnisse geht derselbe
Grund= und Hauptgedanke hindurch, nämlich der
Gedanke, nicht eigentlich eine neue Kirche zu grün=
den, sondern vielmehr nur die uralte allgemeine,
christkatholische Kirche wieder ins Bewußtsein der
Zeit zu bringen. Die christliche Urkirche aber
beruhte auf dem Glauben an den Einen unsichtbaren
Gott, an das durch Christus geoffenbarte göttliche
Wort und auf dem Gesetze der Liebe. Dies ist auch
der Gedanke aller Bekenntnisse der neuen Gemein=
den. Ungeachtet mannigfacher Unterschiede in un=
wesentlichen Nebendingen stimmen sie alle in dem
herrlichen Gedanken überein: „Wir glauben an den
Einen Gott und an Christum, den er gesandt hat;
wir halten das Gebot der Liebe für das höchste
Gesetz des Lebens und wir verdammen um des
Glaubens willen niemand." Wer hierin keine posi=
tive Grundlage der neuen Kirche erkennt, der be=
hauptet dadurch, daß das Christenthum in seinem

heiligsten Ursprung, als Christus und die Apostel
selber es lehrten, ebenfalls keine positive Grundlage
gehabt habe. Wer die neue Kirche verspottet und
verfolgt, weil sie angeblich einen blos negativen,
zerstörenden Charakter habe, der gesteht dadurch ein,
daß er auch das Christenthum überhaupt, daß er
Christum, die Apostel und die ersten Christen ver=
spottet und verfolgt hätte, weil sie nicht nur den
Götzendienst der Heiden, sondern auch den schein=
heiligen Buchstaben= und Ceremoniendienst der Pha=
risäer und Schriftgelehrten negirt.

Zusammenhängend mit dem Vorwurf der bloßen
Negativität ist auch die salbungsreich vorgetragene
Behauptung, die neue Kirche habe den historischen
Boden verlassen und könne deshalb unmöglich festen
Halt gewinnen. — Im Gegentheil, die neue
Kirche will eben den wahren historischen Boden des
reinen Christenthums gewinnen. Und ringt sich nicht
immer und überall das neue Leben von dem alten
los? Hat das Christenthum nicht auch den alten
historischen Boden des Judenthums verlassen und
einen neuen Geschichtsboden gegründet? So hat
auch die erste Reformation gethan und die zweite
wird es ebenfalls vollbringen.

Ein Jahr erst ist der neue Kirchengedanke leben=

dig, feindselige Mächte hemmen seine Lebensent=
wickelung; und doch ist der Erfolg bereits ein großer.
Gegen Rom hin ist das große Werk der Befreiung
des Menschengeistes wieder aufgenommen und einem
vollständigen Sieg entgegengeführt, und zugleich ist
durch Begründung einer wahrhaft allgemeinen freien
christlichen Kirche die Belebung der urchristlichen
Wesenheit dort fortgesetzt, wo Luthers Reformation
ins Stocken, in Verknöcherung gerathen und in vielen
Stücken rückgängig geworden ist. Alle unbefangenen
Protestanten erkennen dies letztere, und jemehr ein=
zelne Dunkelmänner und Hierarchen dagegen eifern,
desto mehr ist es bewiesen.

Wir führen dies so wie alles, was wir über
den Vorzug der zweiten Reform gesagt, durchaus
nicht in der Absicht an, um das Weltwerk Luthers
irgendwie herabzusetzen. Annoch ist keiner der neuen
Kirchenstifter mit den ersten Reformatoren auch nur
zu vergleichen, und die geistige und politische Bedeu=
tung der großen deutschen Reformation steht so groß
und fest in der Geschichte der Menschheit da, daß
es Frevel und Wahnsinn wäre, daran mäkeln zu
wollen. Wenn die neuen Reformatoren mit ihrem
Werke höher streben, so können sie dies eben nur,
weil sie auf den Schultern der ersten Kirchenreiniger

stehen. Die mühselige Durchführung der großen
protestantischen Negation war nothwendig, damit
das Christenthum wieder als reinere positive Wahrheit erscheinen könne. Aber erreicht wurde diese
Wahrheit durch die erste Reformation keineswegs,
und wenn Protestanten ihre Kirche als etwas für
ewige Zeiten Abgeschlossenes und Vollendetes betrachten und preisen, so ist dies bei weitem thörich-
ter und verwerflicher als das gleiche Streben der
Ultramontanen, denn diese stehen dabei doch in kon-
sequentem Einklang mit dem päpstlichen Prinzip, jene
starrgläubigen Protestanten aber heben den Lebens-
gedanken ihrer Kirche auf. Und hat nicht Luther
selbst auf eine künftige edlere Entwickelung der christlichen Kirche hingewiesen, indem er die „friedsamen
Pfarrherrn" auffordert, „williglich, ohne Zwang,
nach der Liebe Art zu leben und zu lehren, bis daß
Gott der heilige Geist besseres durch
sie anfahe." Und von seinen eigenen Werken
sagt der hochherzige gottergebene Reformator: „Ich
wünsche nicht, daß meine Bücher länger als dieses
Jahrhundert hindurch, dem sie gedient haben, dauern
mögen. Gott wird zu andern Zeiten auch
seine Arbeiter senden, wie er immer gethan." — Möchten diese Worte diejenigen Got-

tesgelahrten erschüttern, die katholischer als der
Papst und lutherischer als Luther sein und jede ihrer
Grübeleien der Menschheit als ewige Geistesnorm
aufnöthigen wollen! —

Ein wesentlicher Vorzug der neuen Kirche, ein
äußerst kräftiges Mittel sowol der negativen Wirk=
samkeit gegen Rom, als der positiven zur Herstellung
der wahrhaft allgemeinen christlichen Kirche ist die
Beibehaltung des Namens „Katholisch“. Da
nun eben diese Bezeichnung von den Römischen und
Lutherischen am meisten getadelt und verspottet wird,
so wollen wir einen Beitrag zur Rechtfertigung der=
selben versuchen.

Iſt die neue Kirche katholiſch?

Dieſe Frage wird von Feinden und Freunden der neuen Kirche entſchieden verneint, die Beibehaltung des Namens „Katholiſch‟ als durchaus verwerflich dargeſtellt und ſelbſt in philoſophiſchen Abhandlungen*) behauptet, daß an der neuen Kirche durchaus nichts katholiſches ſei.

Allein durch dies alles iſt nichts bewieſen, als daß die welſche Idee des Papſtthums noch immer ſo mächtig herrſcht und ſo verderbliche Verwirrung verbreitet, daß ſelbſt proteſtantiſche Hiſtoriker und Philoſophen die Begriffe „Römiſch‟ und „Katholiſch‟ nicht zu unterſcheiden verſtehen. Dieſen Unterſchied praktiſch durchzuführen, iſt die Aufgabe unſrer Zeit.

---

*) Z. B. Zeller: „Ueber nationalen Katholizismus‟, in Schweglers Jahrbüchern der Gegenwart, April—Maiheft d. J.

Hätten es schon die ersten Reformatoren gethan, so würde ihr Werk allgemeiner und herrlicher gediehen sein, und nicht so verderbliche Spaltungen veranlaßt haben. Wenn man gegen die römische Kirche protestirt, aber zugiebt, sie sei die katholische, d. i. allgemeine Kirche, so verdammt man ja selber die eigene Protestation und erniedrigt sich vor einer Macht, über die man sich erheben wollte. Rom muß dadurch besiegt werden, daß man es in einem immer engern Kreise auf sich selbst einschränkt; und wenn dies vor der Hand auch nur theoretisch durch scharfe Trennung der Begriffe „römisch" und „katholisch" geschieht, so ist schon dadurch auch für die praktische Befreiung das meiste gewonnen, weil Rom eben durch den usurpirten Begriff der Katholizität herrscht. Deshalb besteht auch die Sieghaftigkeit des neuen Kirchengedankens vorzüglich darin, daß er den Charakter der allgemeinen Christlichkeit für sich in Anspruch nimmt und Rom eben nichts als Rom sein läßt. Wären auch schon so viele Millionen als jetzt Hunderte von Rom abgefallen, hätten sich aber Protestanten genannt; Rom würde dadurch nur äußerlich verloren, innerlich aber an Kraft gewonnen haben. Der Beweis dafür liegt in der Geschichte der ersten Reformation klar vor. Die halbe Welt fiel damals von Rom ab, und ungeachtet dieses großen äußern Verlustes ging Rom aus dem Reformationskampf mit neu gestärktem Bewußtsein, mit gesteigerter innerer Kraft hervor. Warum? Weil sich die Reformirten nur negativ von der katholischen Kirche getrennt, nicht aber positiv an ihre Stelle und dadurch über sie gesetzt und sich als die wahre katholische Kirche geltend gemacht hatten.

Von diesem Gesichtspunkt aus muß die Beibehaltung des alten Namens für die neue Kirche betrachtet werden, dann erscheint dieser Name als eine innere geistige Nothwendigkeit und nicht, wie die Gegner schmähend behaupten und manche, weniger tief eingeweihte Freunde zugeben, blos als ein zum Abfall von Rom lockendes Klugheitsmittel. Wir sagen: „nicht blos als ein solches Klugheitsmittel," weil wir nicht gewillt sind, in Abrede zu stellen, daß der Name der neuen Kirche neben seiner großen innern Wahrheit und Bedeutung allerdings auch die Wirkung eines Klugheitsmittels hat. Allein es ist dies hier eben nur die nothwendige Folge der innern Wahrheit, und wenn Jemand der neuen Kirche durch den Namen derselben zugeführt wird, ohne die innere Wahrheit dieses Namens vollkommen zu erkennen, so folgt er doch durchaus keiner Täuschung, keinem sogenannt frommen Betruge, weil die katholische Benennung der neuen Kirche vor der Vernunft wie vor dem Evangelium vollkommen gerechtfertigt ist.

Im hergebrachten, der Menschheit mit Feuer und Schwert eingeprägten römischen Sinn ist die neue Kirche allerdings nicht katholisch; aber eben dadurch, daß sie dies nicht ist, gewinnt sie die Möglichkeit, im wahren christlichen Sinn katholisch zu sein, oder doch zu werden. Die römische Kirche nennt sich eigenmächtig, fälschlich, heuchlerisch die katholische Kirche, und daß man ihr noch immer allgemein diesen Namen zugiebt und dadurch ihre Usurpation fortwährend anerkennt, ist eben nur die Folge der Verwirrung, welche Rom in das christliche Bewußtsein, in die geschichtliche Auffassung des Christenthums gebracht hat. Die römische Kirche ist eben nichts als die römische und schon deshalb kann sie nicht die katholische Kirche sein.

Dies ist schon durch den nackten Wortbegriff bewiesen. Heißt katholisch (κατα το ὁλον) das, was die Richtung, das Streben zu einem Ganzen, Allgemeinen hin hat, so liegt in dem Begriff „römisch-katholisch" ein direkter Widerspruch; denn was römisch ist, ist ja eben deshalb nicht allgemein.

Wie nun die römische Kirche schon dem Wort=
laut und Begriff nach nicht die katholische Kirche ist,
so war sie es auch zu keiner Zeit faktisch, und sie
konnte es nicht sein, weil sie sich eben als eine Ab=
sonderung von dem allgemeinen Christenthum dar=
stellte und auf einer einseitigen, willkürlichen, trüge=
rischen Auffassung der christlichen Idee beruhte.

In der Idee des Urchristenthums liegt der allein
wahre Begriff des echten Katholizismus. Eine
katholische, d. i. allgemeine, die ganze Menschheit
umfassende Religion zu stiften, war die Absicht Jesu
Christi. Das Christenthum trat im Gegensatz zu
den National= und Staatsreligionen des Alterthums
auf; es wollte über die nationalen und politischen
Unterschiede hinaus die Menschheit zu Gott erheben
und diese Erhebung durch einen einfachen, für alle
Zeiten und Orte passenden geistigen Gottesdienst
fördern und erhalten. Ein Glaube, Ein Bekennt=
niß dieses Glaubens in der Taufe, Eine Bethätigung
dieses Glaubens durch die Liebe, dies ist der Grund=
und Hauptgedanke der wahren christkatholischen d. i.
der allgemeinen Weltreligion.

Allein diese katholische Religion ist zwar in der
Idee immer, in der wirklichen Erscheinung aber noch
niemals dagewesen, und die wichtigste Ursache davon

ist, daß die chriſtliche Weltreligion zur römiſchen
Hofkirche geworden iſt. In dieſer kirchlichen Geſtal=
tung wurde das Chriſtenthum das gerade Gegentheil
von dem, wozu es vom göttlichen Geiſte ſeines
Stifters beſtimmt war. Statt Befreiung des
Menſchengeiſtes brachte dieſes römiſche Chriſtenthum
die niedrigſte Sklaverei in finſterſter Verdummung;
ſtatt Erhebung zu Gott die völligſte Wegwerfung
vor einem Menſchen, der ſich Stellvertreter Gottes
zu nennen die Frechheit hatte; ſtatt einer geiſtig
eblen Gottesverehrung einen Ceremoniendienſt, der
alsbald die lächerlichſte Unvernunft des Götzen=
dienſtes übertraf. Das Chriſtenthum wollte die
Völker ungeachtet der örtlichen Trennung und der
natürlichen Unterſchiede im Gefühl der gottähnlichen
Menſchheit und durch das Gebot der Liebe vereinigen
und in dieſem Sinn für das höhere Gefühls= und
Geiſtesleben der geſammten Menſchheit ein Reich
Gottes auf Erden ſtiften; die römiſche Hofkirche aber
predigte Haß und Verfluchung und machte aus der
göttlichen Anſtalt des Heiles das gräßlichſte Henker=
thum, unter welchem die Menſchheit je geſeufzt und
geblutet.

Rom faßte die katholiſche Idee des Chriſten=
thums im Sinn der deſpotiſchen Kaiſer als Mittel

zur Weltunterjochung auf und brachte den Völkern
nicht blos eine politische, sondern eine Knechtung des
ganzen Lebens in allen seinen Richtungen. Die christliche Welt sollte völlig zum Dalailamathum entwür-
digt werden, von dem asiatischen nur dadurch unter-
schieden, daß dort die weichste Sanftmuth, hier aber
die herzloseste Grausamkeit zum herrschenden Prinzip
gemacht wurde. Man wird dies übertrieben finden,
weil der Zustand der römisch-christlichen Völker selbst
in den schlimmsten Zeiten doch ein besserer und
freierer war, als jener der asiatischen Völker. Allein
daß dies wirklich der Fall war, ist keineswegs dem
guten Willen der römischen Hierarchen, sondern der
christlichen Idee zu verdanken, welche sich nicht gänzlich überwältigen und unterdrücken ließ. Daß aber
aus der göttlichen Lehre Christi jene Gott und die
Menschheit schändende Priesterdespotie gemacht worden, rechtfertigt vollkommen unser obiges Gleichniß,
auch abgesehen von allen sonstigen Aehnlichkeiten
durch den wahnsinnigsten Menschen- und Fetischdienst,
durch die frevelhafte Heiligsprechung sündhaft leben-
der Menschen und durch andere Ausartungen, welche
das Christenthum tief unter den Götzendienst erniedrigt haben.

Die vollständige Durchführung dieses römischen

Katholizismus gelang nie vollständig, wie sehr ihn
auch politische Zustände Jahrhunderte lang unter=
stützten. Die Luft Europas und das Blut seiner
Völker war nicht für dieses asiatische Bonzenthum
geeignet, und das urchristliche Prinzip ließ sich, wie
gesagt, nicht ganz überwältigen. Daher war die
römische Kirche zu keiner Zeit, weder innerlich noch
äußerlich wahrhaft die katholische d. i. allgemeine
christliche Kirche. Immer empörte sich in ihrem In=
nern selbst der Urgeist des Christenthums gegen die
menschliche Verunstaltung und Entheiligung, und
immer trennten sich auch äußerlich zahlreiche Christen
von dem römischen Stuhle. Zwar suchte sich die
römische Kirche den Schein der Allgemeinheit dadurch
zu erzwingen, daß sie alles, was ihr nicht blindlings
ergeben sein wollte, verfluchte und wo möglich aus=
rottete; aber wie oft und gräßlich sie auch dieses
Welthenkeramt geübt hat, sie fand in einer entschei=
denden Richtung frühzeitig einen unüberwindlichen
Gegner. Die griechische Kirche protestirte gegen
die Anmaßung des römischen Bischofs, das Haupt
der Christenheit sein zu wollen, und erklärte sich für
völlig selbständig und für katholisch. Hier half der
römischen Herrschsucht kein Fluch. Die griechische
Kirche hatte zu viele Concilien, zu viele der größten

Kirchenväter und zu viele Bekenner für sich; sie konnte
jeden Fluch mit gleicher Macht und Wirkung erwie=
dern. Nun gab es zwei, fast gleich mächtige Kirchen,
die sich katholisch, d. i. allgemein nannten, wodurch
doch wol selbst dem blödesten Verstand bewiesen sein
sollte, daß keine von beiden wahrhaft katholisch ist.
Die römische Kirche empfand es auch äußerst schmerz=
lich, daß ihre Katholizität durch das Dasein der
griechischen Kirche aufgehoben;*) daher die ängst=
liche und manchmal wirklich zärtliche Bemühung, die
Griechen durch die größten Begünstigungen mit dem

---

*) Auch bei der Disputation zu Leipzig im Jahr 1519
bekämpfte Luther gegen Eck den Primat des Papstes vorzüg=
lich dadurch, daß er hervorhob, die Griechen hätten den
Papst auch nicht anerkannt und seien doch keine Ketzer, ihre
Kirche sei so gut und anerkannt christlich wie die römische.
Eck wollte dies in der ersten Hitze nicht gelten lassen und be=
hauptete geradezu, die Griechen seien vom Papst d. h. vom
christlichen Glauben abgefallen und könnten daher nun und
nimmermehr selig werden. Da frug Luther mit Eifer und
Entrüstung: „Wie, die ganze griechische Kirche willst du ver=
dammen, mit ihren vollgiltigen Concilien, mit ihren großen
Vätern, mit ihren tausend Heiligen? Wie, Gregor von
Nazianz und Basilius der Große sollen nicht selig geworden
sein?" Da wurde Eck verlegen und beschränkte sein Ver=
dammungsurtheil dahin, daß es nur die wirklichen Ketzer,
deren es jedenfalls viele in der griechischen Kirche gegeben
hätte und gebe, treffen sollte, keineswegs aber die vielen
Heiligen und Lehrer dieser Kirche.

lateinischen Christenthum zu vereinigen. Als es endlich gelang, nur einen kleinen Theil der Griechen zur Anerkennung des päpstlichen Primates zu bewegen, machte Rom für diese Anerkennung Concessionen, durch die es mit seinem sonst so streng durchgeführten Einheitsprinzip in Widerspruch kam und selber den Beweis lieferte, daß der römische Kirchenbegriff nicht der wahrhaft katholische ist.

Bei der Abgeschiedenheit des Orients und bei der geistigen Versumpfung und weltlichen Erliegung des Griechenthums gelang es der römischen Curie jenen großen Abfall zu verschmerzen und im Abendland vergessen zu machen. Hier begünstigten eigenthümliche Geistes- und Gemüthszustände der Völker und verhängnißvolle politische Verwickelungen ein so üppiges Wachsthum der päpstlichen Macht, daß sie sich einige Jahrhunderte hindurch in der That als weltbeherrschender politischer Katholizismus geltend machen und siegreich behaupten konnte. Rom benützte diese Stellung mit maßlosem Hochmuth und unersättlicher Habsucht. Mehrere kleinere Empörungen wurden in Blut und Feuer erstickt. Da erhob sich endlich der Held des deutschen Volksgemüths, Luther, und nach furchtbarem Kampf mußte Rom auch im Abendland ein freies Christenthum anerkennen.

Solchen freien Kirchenthümern gegenüber konnte und kann nun doch gewiß vernünftigerweise von einer Allgemeinheit der römischen Kirche nicht die Rede sein. Rom kann diesen Kirchen den allgemein christlichen Charakter, welcher in der Auffassung der wesentlichen Urwahrheit der Lehre Christi beruht, nicht absprechen, so wenig als umgekehrt diese Kirchen es der römischen gegenüber thun können und thun wollen.*) Spricht nun Rom dessenungeachtet den Vorzug ausschließlicher Allgemeinheit für sich an, so geschieht dies eben nur in gewaltthätigem,

---

*) Schrieb doch Luther selbst noch im Jahr 1533 folgendes: „Da hat Gott mit Macht und Wunder erhalten, daß dennoch unter dem Papst blieben ist erstlich die Taufe. Darnach auf der Kanzel das heilige Evangelium in eines jeglichen Landes Sprache. Zum dritten die heilige Vergebung der Sünden und Absolution, beide in der Beichte und öffentlich. Zum vierten das heilige Sakrament des Altars, das man zu Ostern oder sonst im Jahr den Christen reicht, wiewol sie geraubt haben die eine Gestalt. Zum fünften das Berufen oder Ordiniren zum Pfarramt, Predigtamt oder Seelsorge, die Sünden zu binden und lösen und im Sterben oder auch sonst zu trösten. Zuletzt auch das Gebet, als Psalter, Vaterunser, der Glaube und die zehn Gebote, item viel gute Lieder und Gesänge, beide lateinisch und deutsch. Wo nun solche Stücke noch blieben sind, da ist gewißlich die Kirche und etliche Heilige blieben. Darum ist gewiß hie Christus bei den Seinigen gewesen mit seinem heiligen Geist und hat in ihnen den christlichen Glauben erhalten."

herrschsüchtigem Hochmuth und ist ein Beweis, daß
Rom den Charakter des Katholizismus nicht auf das
wirklich allgemein giltige Wesen der reinen christlichen Wahrheit gründe, sondern im fernsten Gegentheil auf die durch frevelhafte Verstümmelung und
Fälschung der heiligen Schrift und übermüthige
Eigenmacht jeder Art eingeführte Abweichung von
dem reinen Wesen des Christenthums.

Bei dieser unleugbaren Thatsache würde der
römischen Kirche der Charakter wahrer Katholizität
gefehlt haben, wenn sie auch wirklich jemals die
ganze christliche Welt beherrscht hätte, und diese
Thatsache nimmt ihr die wahrhaft katholische Eigen-
schaft auch heutzutage, wo sie dieselbe darauf stützen
will, daß sie mehr Bekenner habe, als jede der
andern christlichen Kirchen. Läge auch wirklich die
ganze Menschheit in dem römischen Kirchenzwang,
so wäre dies allerdings ein Katholizismus, aber ein
gewaltthätiger, auf Menschensatzungen beruhender,
das Christenthum entstellender und zur Befriedigung
priesterlicher Herrschgier misbrauchender; es wäre
der römische, aber nicht der wahrhaft christliche Katholizismus, und es wäre die bringende Pflicht jeder
freien Christenseele, gegen diesen falschen Katholizismus zu kämpfen, wir müßten unverzüglich den

Anfang der Opposition machen, deren siegreiche Fort=
setzung jetzt unsre Pflicht und Aufgabe ist.

Der wahre Katholizismus kann nur auf dem
reinen einfachen Urwesen des Christenthums beruhen.
Nur dieses paßt für alle Zeiten und Orte, für alle
Menschen. Da nun Jesus in der That eine allge=
meine Weltreligion stiften wollte, da Paulus aus=
drücklich der Menschheit den allgemeinen Gott pre=
digte, so muß es der Wille Gottes sein, daß nur
das einfache reine Wesen der christlichen Offenbarung
auch zum Wesen der allgemeinen christlichen Kirche
gemacht werde. Es folgt hieraus, daß die wahre
katholische Kirche bis zum heutigen Tage eine un=
sichtbare Kirche geblieben und nur in der innersten
allgemeinsten religiösen Uebereinstimmung aller
Christen vorhanden sei. Keine der herrschenden
Kirchen ist wahrhaft katholisch, oder jede ist es nur
insofern und so weit, als das reine Wesen des
Christenthums in ihr enthalten ist.

Dieses christliche Wesen so viel als möglich von
dogmatischer Verdunkelung und liturgischem Aufputz
zu reinigen und es in dieser Reinheit als Wesen einer
sichtbaren allgemeinen Kirche darzustellen, ist das Ziel
des neuen Kirchenstrebens. Es will recht eigentlich
die Idee des wahren Katholizismus zum erstenmal

zur kirchlichen Erscheinung gestalten. Es will eine
Kirche gründen, in welcher jeder Christ, wenn er sich
zur höchsten Auffassung und Empfindung seines Glaubens erhebt, sich heimisch finden soll. Wer für dieses
Streben die Bezeichnung „katholisch" nicht gerechtfertigt findet, der hat eben keinen Begriff von dem
wahren Katholizismus.

Dies ist wirklich der Fall bei allen, welche den
Namen der neuen Kirche bespötteln und verwerfen.
Sie können oder wollen sich nicht über den gemeinen,
gedankenlosen, durch römische Anmaßung in Gang
gebrachten Sprachgebrauch erheben, der „römisch"
und „katholisch" nicht zu unterscheiden weiß, ungeachtet des schroffen Gegensatzes dieser beiden Begriffe. Deshalb können sich diese Gegner des Namens der neuen Kirche keinen Katholizismus ohne
Papst, Transsubstantiation, Cölibat, Ohrenbeichte
u. dgl. m. denken. Allein alle diese Stücke gehören
nicht einmal zum Wesen des römischen Katholizismus,
weil sie erst seit dem neunten Jahrhundert in langen
Zwischenräumen bis zum dreizehnten Jahrhundert
hin in der römischen Kirche festgestellt worden sind
und zwar unter beständiger Opposition der edelsten
und frömmsten Geister dieser Kirche. Erst im neunten Jahrhundert setzte sich im Abendland der Begriff

des römischen Primates fest, und zwar nur im Abendland, denn die Griechen hatten sich eben deswegen
getrennt. Ebenfalls erst im neunten Jahrhundert
brachte der Mystiker Paschasius Rabbertus die Lehre
von der wirklichen und bleibenden, d. h. nicht blos
auf die Zeit des Sakramentsempfanges beschränkten
Verwandlung des Brotes und Weines in Fleisch
und Blut Jesu Christi in Gang. Diese Lehre wurde
bis zum Ende des elften Jahrhunderts von den an-
gesehensten Theologen, namentlich von Scotus und
Berengarius bestritten und erst im Jahr 1215 unter
dem Namen der Transsubstantiation zum Dogma
erhoben. Erst von da an wurde es Pflicht des römischen Christen, die einmal geweihte Hostie immerdar als Gott selbst anzubeten! und erst im Jahr 1311
wurde allgemein verordnet, die Hostie im Frohn-
leichnamsfeste zur öffentlichen Anbetung herumzutra-
gen. Erst gegen Ende des elften Jahrhunderts unterwarf Gregor VII. eigenmächtig und gewaltthätig
die Geistlichkeit dem unnatürlichen und bibelwidrigen
Gebot der Ehlosigkeit. Erst im zwölften Jahrhundert
kamen durch Petrus Lombardus die sieben Sakramente auf, und erst im dreizehnten Jahrhundert
wurde die Ohrenbeichte unerläßliche Bedingung des
Empfanges des Abendmals.

Man behauptet, Katholizismus sei ohne orga=
nisirte Einheit unter einem gemeinschaftlichen Ober=
haupt nicht möglich. Auch durch diese Behauptung
beweist man die tiefe Versunkenheit in dem falschen
Begriff des römischen Katholizismus. In einer
Kirche allerdings, welche wie die römische die bun=
teste Fülle des jüdischen und heidnischen Ceremoniells
in ihr Rituale aufgenommen und alle verworrenen
Grübeleien der Scholastiker, alle Traumgesichte der
Mystiker zu Glaubenssätzen erhoben hat, in einer
solchen Kirche ist allerdings ein zahlreiches Dienst=
und Aufsichtspersonal und eine despotisch entscheidende
Centralgewalt nothwendig. Wo aber wie in der
wahren katholischen Kirche der Glaube an den Einen
Gott und an Jesum Christum, die Hoffnung eines
ewigen Lebens in Gott und das Gebot der brüder=
lichen Liebe der Inbegriff der ganzen Glaubens= und
Sittenlehre, wo Erbauung durch Predigt und Gesang
und geistige Vereinigung mit Christus im Abendmal
der einzige wesentliche Gottesdienst ist, da wird sich
leicht in christlich freier Weise Einheit und Ordnung
erhalten lassen. Und es wird eine freiwillige, auf=
richtige Einheit sein, während die Allgemeinheit der
römischen Kirche eine blos äußere, eine erzwungene
ist, so daß sich der römische Katholizismus, wenn man

die Herzen seiner Bekenner prüfen könnte, als ein
Katholizismus der Scheinheiligkeit und Heuchelei
darstellen würde. Der wahren katholischen Kirche,
wenn sie dies wirklich ist und bleiben soll, muß zur
Erhaltung ihrer Allgemeinheit und Einheit im Wesen
der unsichtbare Stifter und Erhalter der Kirche Jesus
Christus genügen und sein in der Bibel aufbewahrtes
Wort und Gebot und die Verheißung, daß er bei
seiner Kirche bleiben werde bis an das Ende der
Welt.

Diese Kirche aber ist die Gemeinschaft aller
Gläubigen. Christus wollte keine geistliche Büreau=
kratie gründen und den göttlichen Schatz seiner Gna=
den keiner bevorzugten Kaste als Monopol überant=
worten. Er sprach zu seinen Anhängern: „Sehet
euch vor vor den Schriftgelehrten, die in langen
Kleidern gehen und sich gern grüßen lassen auf dem
Markte und gern obenan sitzen*)." In der Ge=
sammtheit der christlichen Gemeinde wirkt der heilige
Geist, dessen Erleuchtung Christus den Seinen ver=
sprochen hat. Durch diesen Geist Gottes wird die
Versammlung der Gemeinde und der Gemeinden im
Stande sein, die Einheit im reinen christlichen Wesen

---

*) Evang. Mark. 12, 38. 39.

aufrecht zu erhalten, ohne der grausamen Zwangsmittel zu bedürfen, durch welche die römische Kirche
die Allgemeinheit in der Knechtschaft zu erhalten sich
abmüht. Und nur in der einfachen Wesenheit ist
Einheit nothwendig *); die individuelle Freiheit in
den Nebendingen zu verfluchen, ist eben nur der
fluchwürdige Dünkel und Uebermuth der römischen
Kirche. Und hat sie, wo die Noth sie zwang, nicht
selber diese Freiheit anerkannt? Hat sie nicht den
unirten Griechen und den Franzosen sehr bedeutende
Eigenthümlichkeiten zugestanden und sie doch in ihrem
katholischen Schooße behalten?

Die neue Kirche nennt sich mit vollem Recht katholisch, denn sie strebt nach der Darstellung der
wahren christlichen Allgemeinheit. Durch sie soll das
Wesen und der Begriff des Katholizismus wieder zu
Ehren gebracht werden. In der römischen Entartung ist er mit Recht verächtlich und lächerlich geworden**). Es ist die Pflicht jeder freien Seele, die

---

*) „In dubiis libertas, in necessariis unitas, in
omnibus caritas" sagt der große Kirchenvater Augustinus,
und nach ihm sogar eine römische Kirchenversammlung.

**) In protestantischen Ländern ist das Sprichwort üblich:
„Das ist zum Katholisch-werden!" In Oesterreich und
Baiern aber sagt man als strenge Drohung: „Ich werde

Aufgabe unsrer Zeit, die Idee des wahren katholischen Christenthums zur Erkenntniß, Anerkennung
und praktischen Gestaltung zu bringen. Was wundern wir uns, daß die in römischer Geistesknechtschaft
Gefangenen den Katholizismus falsch auffassen, wenn
wir sehen, daß auch die Aufgeklärten und für Aufklärung Kämpfenden noch immer „römisch" und „katholisch" verwechseln. Es muß gezeigt und unabläßig
wiederholt werden, daß der einzig wahre Katholizismus in der einfachen Urlehre des Christenthums besteht, die für jeden Geist verständlich, zu jedem
Herzen eindringlich, für alle Zeiten und Orte passend
ist. Es muß gezeigt werden, daß eben die römische
Kirche durch Verhüllung und Entstellung des christlichen Urgedankens und durch das Uebermaß ihrer
Menschensatzungen sich am weitesten von der Idee
des wahren Katholizismus entfernt hat, so daß sie
ihre weite Verbreitung nicht der freien Ueberzeugung,
sondern der furchtbarsten leiblichen und geistigen Gewalt zu danken hat. Wenn die befangenen Römischkatholischen sich brüsten, einer Kirche anzugehören,

---

dich katholisch machen!" — Welch eine schauerliche Erinnerung an die Art, wie diese Länder wieder katholisch gemacht worden sind!

4

welche in wunderbarer Einheit über die ganze Erde
verbreitet ist, so muß man ihnen geschichtlich nach-
weisen, durch welche blutige, wahrhaft henkermäßige
Grausamkeit diese Verbreitung zu Stande gebracht
und mühsam erhalten worden ist. Man muß vorzüglich den römischkatholischen Deutschen und namentlich den Baiern und Oesterreichern erzählen, daß eben sie sich nur in Folge der schrecklich-
sten Gewaltthätigkeit bei dem römischen Glaubensbekenntniß befinden. Man muß ihnen erzählen, daß
ihre Vorfahren, die gewiß ehrenhaft fromme Menschen gewesen, sich aus freiem Entschlusse und innig-
ster Ueberzeugung von Rom abgewendet, daß sie für
die Erkenntniß des freien und reinern Christenthums
Gut, Blut und Leben geopfert, und die römische
Herrschaft in Baiern und Oesterreich nur dadurch
wieder hergestellt worden, daß man die Bekenner des
reinen Evangeliums gerädert, verbrannt oder doch
vertrieben, daß man schwächere Seelen durch Ver-
führung und Bestechung gewonnen oder auch durch
baierische Fanghunde in die alleinseligmachende Kirche
gehetzt und die Jugend den Jesuiten überantwor-
tet hat.

Wenn aber protestantische Christen sich über den
Namen der neuen Kirche ärgern, so verkennen sie,

daß die neue Kirche eben durch Beibehaltung der katholischen Bezeichnung das einzubringen strebt, was die erste Reformation versäumt hat. Hätte sich diese als der wahre Katholizismus geltend gemacht und als solcher durchgreifend positiv entwickelt, anstatt sich der römischen Kirche gegenüber hauptsächlich nur defensiv abzuschließen und zu verschanzen und in diesem Kriegszustand zu verharren, so würde die Idee des wahrhaft allgemeinen d. h. katholischen Christenthums längst über das Römerthum herrschend geworden sein. Die erste Reformation protestirte gegen den römischen Katholizismus, bildete aber dem einseitigen, eigensinnigen d. i. unkatholischen Papstthum gegenüber ein verhältnißmäßig ebenso einseitiges und eigensinniges, also unkatholisches Lutherthum aus; die zweite Reformation protestirt gegen den römischen Katholizismus dadurch, daß sie den wahren ins Leben zu rufen strebt. An und für sich ist für das in seiner Reinheit dargestellte allgemeine Christenthum der Name Katholizismus freilich nicht nothwendig, und noch weit weniger paßt für diese allgemeine Kirche die protestantische Bezeichnung, die doch offenbar nur eine provisorische, auf so lange Zeit berechnete ist, als es gegen etwas dem wahren Christenthum Fremdes zu protestiren giebt. Weil nun aber

das wahrhaft allgemeine Christenthum noch nicht da
ist und vorzüglich der angemaßten Allgemeinheit der
römischen Kirche wegen nicht da ist, so muß gegen
diese falsche römische Allgemeinheit protestirt werden.
Ein weit wirksameres, weil positives Mittel der
Protestation, als das lutherische Protestiren, ist die
positive Entwickelung des wahren Katholizismus.
Dazu ist aber, solang der falsche sich breit macht, die
Behauptung des katholischen Namens unumgänglich
nothwendig, und es wäre in der That der siegreichste
Akt der ganzen vielhundertjährigen christlichen Protestation gegen Rom, wenn alle für das wahrhaft
allgemeine und freie Christenthum begeisterte Christen sich den Namen Katholiken beilegten. Den er-
leuchteten und ehrlichen Protestanten kann der Name
Katholizismus nicht zurückschrecken, denn der wahre
Protestant muß für die immer edlere Entwickelung
der evangelischen Wahrheit sein, in dieser Wahrheit
aber besteht eben der wahre Katholizismus, und der
Haß des Protestantismus darf also nicht gegen den
Katholizismus überhaupt, sondern nur gegen den
römischen gerichtet sein. Diejenigen Protestanten
aber, welche sich lieber mit dem römischen als mit
dem neuen Katholizismus befreunden wollen, beweisen eben, daß es ihnen nicht um die allgemeine

christliche Wahrheit, sondern um das zu thun ist, was
sie selbst für vollendete Wahrheit halten oder aus=
geben, daß sie gegen Rom nur deshalb protestiren,
um an Roms Stelle über die Seelen herrschen zu
können*).

Das Streben der Neukatholiken stimmt wunder=
bar mit jenem der Neuprotestanten überein. Beide
sind von dem echt christlichen Bewußtsein erfüllt, beide
streben nach der Darstellung des reinen freien allge=
meinen Christenthums. Warum sollte nun ein Name
sie trennen, da doch dieser Name, richtig aufgefaßt,
das Ziel bezeichnet, nach welchem beide Parteien stre=
ben! Wenn dieses Ziel einmal erreicht, wenn die
Sache lebendig und lebenskräftig in der Welt ist,
dann mag der Name, der sich dann von selbst ver=

---

*) Die Erklärung, welche das wiener Consistorium
Augsb. Conf. in Betreff des Pastors Molnar abgegeben,
ist ein äußerst trauriger, die Idee des Protestantismus
beschimpfender Beweis von pfäffischer Hoffart und zugleich
von pfäffischer Kriecherei. Ein protestantisches Consistorium,
welches erklärt, Ronge sei nur ein Anführer von Com=
munisten und Rebellen, bestätigt nachträglich das Urtheil,
welches auch Luthern als einen Rebellen, einen Aufwiegler
des Volkes, einen Störer göttlicher und menschlicher Ord=
nung verdammt hat. Und nach einer solchen Erklärung
wagen es jene orthodoxen Herren noch, sich lutherisch zu
nennen?

steht, wegfallen, dann mag der chriſtliche Name genügen. Bis dahin aber möge jeder Chriſt, der nach
der allgemeinen Wahrheit des Chriſtenthums ringt,
ſich Katholik nennen; dieſes Zeichen. wird ein gewal-
tiges Mittel zur Erreichung der Sache, eine ſiegreiche
Waffe gegen den gemeinſchaftlichen Feind ſein. Alle
dagegen, welche ſich von dem römiſchen Papſte oder
von irgend einem proteſtantiſchen Päpſtchen die Regel
ihres Lebens und die Bedingungen ihrer Seligkeit
vorſchreiben laſſen, ſollen fortan nur römiſche,
hengſtenberg'ſche u. ſ. w. Chriſten genannt werden.

Faſt ebenſo ſehr wie die katholiſche wird auch
die vorzügsweis d e u t ſ c h e Bezeichnung der neuen
Kirche angefochten und von den Gegnern als Anmaßung oder gar als Hochverrath ausgeſchrien.
Wir wollen daher die Berechtigung und Bedeutung
dieſer deutſchen Charakteriſirung betrachten.

Der Name Deutschkatholizismus.

Alles, was wir gegen den sich selbst widersprechenden Begriff „Römischkatholisch" angeführt, wendet man auch gegen den Namen „Deutschkatholizismus" ein. Und der Idee nach mit völligem Recht.

Der wahre Katholizismus braucht und verträgt keine Nebenbezeichnung. Er stellt eben die allgemeine christliche Kirche dar, und diese soll und kann keine Nationalkirche sein. Dies ist in der Idee völlig ausgemacht.

Allein wo es sich um die geschichtlich praktische Belebung einer Idee handelt, da bleibt die Idee freilich das Ziel, aber die Wege dahin müssen auf dem geschichtlichen Boden genommen werden. Man kann aus der Geschichte nicht hinaus, wenn man Geschichte machen will.

In der Geschichte nun steht die römische Kirche
da, tief im Boden einer tausendjährigen Vergangen=
heit wurzelnd und ungeachtet aller Bekämpfung und
Schwächung doch noch immer Gegenwart und Zu=
kunft verfinsternd, verwirrend, vielfach beherrschend.
Sie machte und macht sich gewaltsam als katholische,
d. i. ursprüngliche, allgemein wahre Kirche geltend
und hindert dadurch die Entwickelung der echten
christlichen Wahrheit, und durch das Trugbild ihrer
Katholizität verwirrt sie zugleich das Bewußtsein der
Völker, um sie geistig und leiblich zu knechten. Im
Namen des Christenthums und der großen Hoffnung,
welche die Menschheit auf die endliche Realisirung
der christlichen Wahrheit setzt, muß dem Papstthum
der angemaßte Vorzug der Katholizität entrungen
werden, durch den es das christliche Bewußtsein ver=
wirrt und die Anstalt des Heils zur politischen und
finanziellen Spekulation einer Priesterdespotie er=
niedrigt. Da nun aber die Menschheit ihren Lebens=
kampf nicht als einheitliche Masse, sondern in Völker
gegliedert vollführt, und da es sich im Kampf gegen
Rom vorzüglich auch um Befreiung der National=
selbständigkeit handelt, so hat dieser Kampf wie überall
und immer so auch jetzt in Deutschland einen hervor=
tretenden nationalen Charakter.

Dadurch ist der Name Deutschkatholizismus er=
klärt und gerechtfertigt. Es soll durch ihn keines=
wegs in verwerflicher Nachahmung der welschen
Praktik dem Begriff des Katholizismus eine willkür=
liche, herrschsüchtige Beschränkung gesetzt, sondern nur
der Antheil bezeichnet werden, welchen das deutsche
Volk für den wahren Katholizismus und zugleich für
deutsche Volksthümlichkeit an dem Kampf gegen Rom
nimmt. Da ferner das Christenthum, obwol es die
Religion der Humanität ist, doch keineswegs jenen
Kosmopolitismus befördern soll, der sich in Ver=
flachung und Verwischung aller individuellen Cha=
rakterhaftigkeit gefällt, da der wahre Katholizismus
nur in der Uebereinstimmung in den wesentlichen
Grundlehren besteht und in kirchlichen Nebendingen
eigenthümliche Gestaltungen keineswegs ausschließt,
so enthält ein deutscher Katholizismus durchaus kei=
nen so unauflösbaren Widerspruch wie der römische,
obwol selbst Rom immer eine deutsche, französische,
spanische Kirche anerkannt hat*).

*) Es sind aus Vergangenheit und Gegenwart Be=
weise vorhanden, daß Rom sogar sehr geneigt wäre, die
Eigenthümlichkeit der anglikanischen Kirche anzuerkennen,
wenn sie sich nur dem päpstlichen Primat unterwerfen wollte.

In rein kirchlicher Beziehung ist die deutsche Bezeichnung des neuen Katholizismus durchaus unwesentlich, und das Bewußtsein davon spricht sich auch in der Mehrzahl der ersten Gemeinden dieses Katholizismus aus. Von den 18 bis zum Juni d. J. bekannt gegebenen Glaubensbekenntnissen*) sprechen nur sechs die deutsche Bezeichnung aus (Leipzig, Elberfeld, Dresden, Berlin, Wiesbaden, Stuttgart), und Dresden macht die ausdrückliche Clausel, „daß die Benennung „deutschkatholisch" nicht als wesentlich zu betrachten und vorbehalten sei, sie nach Befinden umzuändern."

Das leipziger Concil aber nennt sich mit Entschiedenheit die „erste deutschkatholische Kirchenversammlung", und es geschah dies in richtiger Erkenntniß und Würdigung des nationalen Standpunktes, von welchem aus die neue Kirche zu wirken berufen ist.

Auf diesen nationalen Standpunkt sollen sich auch die Beurtheiler des neuen Kirchenstrebens stellen, so=

---

*) S. Bibliothek der Bekenntnißschriften der deutschkatholischen Kirche, herausgegeben von Dr. J. Günther, mit einem Vorwort von Dr. Karl Gottlieb Bretschneider. Erste Sammlung. Zweite Auflage. Jena, Friedr. Luden. 1845.

fern sie deutsch sind und deutsches Pflichtgefühl be=
sitzen.   Dann würde Deutschland nicht länger über
deutsche Urtheile erröthen müssen, die theils die blin=
deste Verkennung des Wesens dieser kirchlichen Be=
wegung, theils die kläglichste Verzagtheit, theils die
niedrigste Wegwerfung, vor dem welschen Hierarchen=
collegium bekunden.   Nie war es bringender noth=
wendig, das deutsche Nationalbewußtsein für eine
deutsche Bewegung zu begeistern, als jetzt, denn diese
neue religiöse Bewegung soll nicht nur den unheil=
vollen kirchlichen Gegensatz Deutschlands endlich fried=
lich vermitteln, sondern sie soll auch ein mächtiger
Vorschritt sein in der Erfüllung des großen Welt=
berufes des deutschen Volkes.

Die nationale Bedeutung und Aufgabe des neuen Kirchenstrebens.

Es bedarf hier nicht vieler Worte; ja es hieße die Kraft der klaren Wahrheit verkennen und schwächen, wenn man ihr durch Ueberredungskünste zu Hilfe kommen wollte. Wer nicht durch die einfache deutsche Wahrheit gewonnen wird, der ist für das neue deutsche Leben verloren.

Das neue Kirchenstreben soll die Sehnsucht von Jahrhunderten stillen, es soll den kirchlichen Zwiespalt Deutschlands beendigen. Und es kann dies, wenn es mit allgemeiner Begeisterung unterstützt wird. In dem neuen Kirchenbegriff, wie ihn Katholiken und Protestanten jetzt aufzufassen und darzustellen streben, können alle deutschen Christen in der christlichen Wesenheit ihren Vereinigungspunkt finden, und die ver=

schiedenen Kirchengebräuche sollen dann kein Grund
wechselseitiger Verdammung mehr sein. Durch das
neue Kirchenstreben soll Deutschland endlich für immer und gänzlich von dem römischen und dadurch
von mannigfachen andern zumeist welschen Einflüssen
befreit werden, die den deutschen Namen schänden,
das deutsche Geistesleben verwirren, verunreinigen
und stören, Deutschlands politische Entwickelung
hemmen. Es soll endlich der himmelschreiende, der
schlimmer als brudermörderische Zustand enden, daß
nach dem welschen Glaubensbekenntniß der einen
Hälfte des deutschen Volkes die andere Hälfte höllisch
verdammt genannt wird. Deutschland soll in einer
allgemeinen deutschen Kirche zu Gott beten und niemand soll in dieser Kirche Gesetze geben, als der
durch Christus geoffenbarte Geist Gottes.

Die wissenschaftliche, literarische,
militärische und politische Einigung
Deutschlands soll durch die kirchliche die
Weihe zur heiß ersehnten Vollendung
erhalten.

Das neue Kirchenstreben ist recht eigentlich der
erste volksthümlich praktische Versuch; die in neuester
Zeit so allgemein (selbst offiziell) theoretisch geweckte
und gepriesene Einheit des deutschen Volkes durch-

zuführen, deshalb hat das deutsche Volk die deutsche
Bezeichnung der neuen Kirche mit allgemeiner freu=
diger Zustimmung begrüßt, und dieser Name wird
in der deutschen Geschichte fortleben.

Aber das deutsche Kirchenstreben hat noch eine
über dieses hohe nationale Ziel weit hinausreichende
welthistorische Bestimmung und in dieser eben vor=
zugsweis die Berechtigung, sich als deutsches Stre=
ben geltend zu machen.

Das deutsche Volk ist für die neue Geschichte
der Träger und Leiter des höchsten humanen Ge=
dankens und Gefühles. Dieser höchste Geschichts=
gedanke — was auch überstürzte Philosophen da=
gegen aufbringen mögen — ist der christliche Ge=
danke. Und „die Bestimmung der germanischen Völ=
ker" — wie Hegel anerkennt — „ist, Träger des
christlichen Prinzips abzugeben. Der Grundsatz der
geistigen Freiheit wurde in die noch unbefangenen
Gemüther dieser Völker gelegt, und es wurde ihnen
aufgegeben, im Dienste des Weltgeistes den Be=
griff der wahren Freiheit nicht nur zur
religiösen Substanz zu haben, sondern
auch in der Welt frei zu produziren."

Zur weitern Erfüllung dieses hohen Berufes,
zur endlichen Gründung der wahren freien allge=

meinen christlichen Kirche, zur Bildung des wahrhaft
christlichen d. i. freien Staates ist das neue kirchliche
Streben ein, wenn auch noch unklarer und viel=
fach verworrener Anfang. An dieser Ueberzeugung
mögen sich alle begeistern, die für das neue Kirchen=
thum thätig sind, und vor dieser Ueberzeugung wer=
den alle zu schanden werden, die dieser neuen gei=
stigen und gemüthlichen Erhebung des deutschen
Volkes feindselig entgegenarbeiten.

Die zahlreichen Gegner spotten über diese freudig
stolze Zuversicht, aber eben durch die Bitterkeit ihres
Spottes beweisen sie, daß sie die gewaltige Wahr=
heit ahnen.

Die neue Kirche hat aber mit zweierlei Gegnern
und Hindernissen zu kämpfen. Die ersten und mäch=
tigsten sind die politischen, von denen im zweiten
Buche dieser Schrift gehandelt werden soll. Hier
wollen wir von und zu den Gegnern sprechen, die es
aus eigennützigen Privatrücksichten und in Folge von
allgemeinen Zeitübeln sind. Es wird dies im eigent=
lichsten Sinn eine Opposition nach unten sein, die,
wenn der Segen Gottes sie wirksam machte, uns der
Opposition nach oben entheben würde.

Gegner im Volk und Klerus und Hindernisse der Zeit.

Ein sehr wirksames Mittel, vom Beitritt zur neuen Kirche abzuhalten, ja abzuschrecken, handhaben die Gegner dadurch, daß sie triumphirend darauf hinweisen, wie noch niemand aus den höhern Ständen der neuen Kirche beigetreten sei. „Seht da" — höhnen sie — „wer sind denn die neuen Apostel, wer bildet denn die neuchristliche Kirche, wer maßt sich an, der Welt ein neues Licht anzuzünden? Unwissende Menschen der untersten Stände sind es, und einige schlaue Köpfe bemächtigen sich der Pöbelhaufen, um ehrgeizige, habsüchtige, aufrührerische Projekte durchzuführen!"

Die Gegner vergessen hierbei, daß sie durchaus und beinahe wörtlich die ersten Feinde des Christen=

thums nachahmen. Man werfe uns nicht vor, daß
wir hier Menschliches mit Göttlichem vergleichen.
Wer das Gold von Schlacken reinigt, steht natürlich
tief unter dem, der es geschaffen. Nur ersteres ist
das Werk der neuen Kirchenstifter. Das Christenthum soll in seiner ursprünglichen Reinheit dargestellt
werden. Eben gegen dieses ursprüngliche Christenthum aber haben Götzendiener und Pharisäer mit
demselben Spott gekämpft, wie jetzt Römlinge und
Buchstabengläubige. Und hat etwa das Christenthum
zuerst auf den kalten windigen Höhen der Gesellschaft
gewurzelt? Ist Christus in einem Palast zur Welt
gekommen? Waren die Apostel etwa Doktoren, Professoren, geheime Kirchenräthe und Prälaten? —
Nein, im warmen Herzen des gemeinen Volkes war
die erste Stätte der neuen Himmelslehre, von den
Verrichtungen des gemeinsten Lebens weg nahm sich
Christus seine Jünger, Handwerker, Fischer, Bettler
waren die ersten und eifrigsten Bekenner und Prediger des Christenthums; die hochgeborne und tief-
gelehrte Welt ignorirte oder verfolgte damals wie
jetzt den neuen Glauben, und Jahrhunderte vergin-
gen, bis die Herrscher es vortheilhaft fanden, das
Christenthum zum obersten Polizeimittel zu machen.
Und sagt der Weltheiland nicht durch den Evange-

listen Matthäus (11, 28): „Kommet her zu mir
alle, die ihr mühselig und beladen seid, ich will euch
erquicken!" Und ruft er nicht den Hochmüthigen das
fürchterliche Wort zu: „Was hoch ist unter den Menschen, das ist ein Gräuel vor Gott!" (Luk. 16, 15.)

Die Gegner gehen mit wahrer Pasquillanten-
wuth auf die persönlichen Verhältnisse der Häupter
der neuen Bewegung los. „Ein verliebter Pfarrer,
der heiraten wollte," sagen sie, „ein abgesetzter
Kaplan, der sich an seinen Vorgesetzten rächen wollte,
und ein Demagog, der jahrelang ohne Religion gelebt, das sind die drei Häupter der neuen Kirche."
Was wollen sie damit erreichen? Selbst wenn sie
wahr sprächen, wären sie durch den Satz geschlagen,
der in der römischen Kirche so viel gilt, daß nämlich
Gott seine Absichten oft durch unwürdige Werkzeuge
ausführt. Und welcher der Sterblichen hat den
Muth, sich ein würdiges Werkzeug Gottes zu nennen? Auch gegen Luther wurde fast wörtlich so ge-
schmäht wie gegen Czerski und Ronge, und noch
heutzutag wird in den baierischen und österreichischen
Schulen gelehrt, Luther sei nur deshalb gegen die
heilige Kirche aufgestanden, weil er von seinem
Klosterobern gestraft worden und heiraten gewollt.
Am niedrigsten und zugleich unsinnigsten sind die

Schmähungen auf den wackern Volksmann Robert Blum. Man will sein kirchliches Streben dadurch verdächtigen, daß man anführt, er habe früher ohne Religion gelebt. Aber selbst wenn dies wahr wäre, würde es für die neue Kirche ein sehr ehrenvolles Zeugniß sein, daß sie aus einem Irreligiösen einen so eifrigen Christen gemacht. Aber Robert Blum ist früher eben nicht in die römische Kirche gegangen, weil sie ihn nicht befriedigte. Und sind nicht Millionen von denen, die der römischen Kirche unterthan sind, in dem nämlichen Fall? — Möchten sie doch alle das Beispiel des thatkräftigen Mannes nachahmen! Man will es lächerlich machen, daß Blum, der an der Theaterkasse die Eintrittskarten ausgiebt, zu gleicher Zeit Stifter, Vorsteher und Apostel einer neuen Kirche sein will. Aber man hebt da nur einen höchst ehrenhaften Zug dieses Mannes hervor, der ungeachtet seines großen öffentlichen Rufes und Einflusses in würdevoller Bescheidenheit seinen Dienst versieht und seine Familie redlich ernährt. Man macht dadurch nur auf ein ebenso merkwürdiges als erfreuliches Zeichen der Zeit aufmerksam; denn höchst merkwürdig ist es in der That, daß ein Mann, der Abends an der Theaterkasse sitzt, des andern Tages

Tausende religiös zu erbauen und, sehr zum Nutzen der öffentlichen Ordnung, zu leiten weiß*).

Und zugegeben, die genannten Männer wären nur schwache unvollkommene Werkzeuge, was sie selbst bei jeder Gelegenheit in christlicher Demuth bekennen; um so deutlicher ist dann die Hand Gottes bei diesem Werke zu erkennen, weil es ungeachtet so schwacher Werkzeuge und so mächtiger Hindernisse so freudig gedeiht.

Ueber dieses Gedeihen freilich suchen die Gegner sich selbst und die Welt zu täuschen. Sie ergehen sich mit besonders selbstgefälligem Hohn in witzigen Sa-

---

*) Ich erlaube mir, hier eine persönliche Erfahrung mit-
zutheilen. Ich sah Robert Blum eines Sonnabends an der
Theaterkasse, erkundigte mich als Fremder bei ihm nach bequemen Sitzen, und wurde dienstfertig freundlich befriedigt.
Sonntags darauf wohnte ich der Versammlung der Deutschkatholiken bei, wo Robert Blum als Vorstand fungirte. Ich
sah den Mann von der Theaterkasse mit würdevollster und
zugleich liebreichster Haltung eine sehr bewegte und verwor-
rene Debatte leiten und auf die Gemüther der äußerst gemischten Anwesenden einen mächtigen Zauber ausüben. Zuletzt las und erklärte er das Evangelium und sprach das
Vaterunser. Ich war durch die geistliche Rede des Theater-
kassirers innerlich ergriffen und wahrhaft erbaut. Ich war
auch schon viele Jahre in keiner römischen Kirche gewesen,
weil sie mein religiöses Bedürfniß nicht befriedigen kann.

tiren über die neuapostolische Duodezkirche. „Seht da" — rufen sie — „diese kleinen zerstreuten Häuflein wollen die apostolisch katholische Kirche darstellen; schon dadurch ist der Wahnsinn dieses ganzen Bestrebens bewiesen."

Man muß diese Gegner, die, obwol sie sich so gern vorzugsweis die Historischen nennen, doch aus der Geschichte nichts lernen wollen, abermals auf die kleinen Anfänge des Christenthums sowol als der ersten Reformation verweisen. Wie viele Jahre hindurch galt das Christenthum der Welt für nichts als eine der vielen jüdischen Sekten. Die römischen Gelehrten und Staatsmänner würdigten den neuen jüdischen Schwärmer gar keiner Aufmerksamkeit und hatten keine Ahnung davon, daß diese Schwärmerei der Beginn einer Weltrevolution sei. Ebenso spotteten beim Anfang der Reformation Kaiser und Papst über den zänkischen Mönch, und doch sprach sich durch diesen Mönch der unbezwingbare Geist einer neuen Zeit aus. Und Luther selbst hatte geraume Zeit hindurch so wenig ein Bewußtsein von der weltkräftigen Bedeutung seines Werkes, daß er nach der ersten Unterredung mit Miltitz zu Altenburg 3. Jan. 1519 an seinen Churfürsten schrieb: „Die Sache soll in ir selbs vergehen." Als Bartholomäus Bernhardi *), Propst zu Kemberg bei Wittenberg im Jahr 1521 heiratete, schrieb Luther an Melanchthon: „Ich fürchte, der Propst von Kemberg wird vertrieben werden und mit Weib und Kind

---

*) Custos Bergmann in Wien hat unlängst in Schmidls Blättern für östreichische Literatur und Kunst sehr interessante Notizen über diesen seinen Landsmann mitgetheilt. Bernhardi war zu Schlins bei Feldkirch in Vorarlberg geboren. Er studirte wie damals viele Tiroler zu Wittenberg und war auch Rector Magnificus dieser Universität. Als Propst zu Kemberg verheiratete er sich am 24. August 1521, seinem 34. Geburtstag, mit einer Jungfrau aus Kemberg. Dieser Tag wurde in der Folge dies liberationis pastorum genannt. Bernhardi wurde hierauf nach Halle gerufen, um sich seiner Ehe wegen zu verantworten, er stellte sich aber nicht, sondern ließ zwei Schriften für die Priesterehe erscheinen. Auch Melanchthon sandte eine Apologie der Priesterehe nach Halle. Im Jahr 1547 im schmalkaldischen Krieg kamen die kaiserlichen Truppen nach Kemberg und henkten Bernhardi in seinem Arbeitszimmer über dem Tisch auf; da sie aber schnell fortmarschiren mußten, so konnte seine Gattin ihn retten. Bald aber kamen die fanatischen Soldaten wieder, ergriffen den unglücklichen Propst, schlugen ihn bis aufs Blut und schleppten ihn nach Torgau. Dort aber erbarmte sich seiner ein deutscher Offizier und sandte ihn mit einem Sicherheitspaß nach Kemberg zurück, wo er 4 Jahre darauf im 64. Lebensjahr starb. Von ihm heißt es in Sebastian Munsters Kosmografie, Basel 1550. „Im Walgön ligt Jagdberg, auß wölches gerichts dörffer einem, Schlyns genannt, ist der propst zu Kemberg in Sachsen, magister Bartholome Bernhardt, der auß allen pfaffen zu unsern zeiten der erst ein eeweib genom-

derben müssen." — Ja noch im Jahr 1525 stand die neue Kirche so schwach, daß Luther schrieb: „Meine Lehre wird vielleicht nach meinem Tod wieder untergedruckt werden."

Im Vergleich mit der ersten Reformation rechtfertigt die Verbreitung der deutschkatholischen Kirche in dieser kurzen Zeit und bei so großen Hindernissen weit mehr die größte Bewunderung als den leisesten Spott. Mögen die Gegner doch ehrlich eingestehen, ob sie beim ersten Beginn dieser Bewegung einen so raschen Fortgang für möglich gehalten. Die Zahl der deutschkatholischen Gemeinden wächst fast mit jedem Tage. In den acht Monaten seit dem Briefe Ronges bis Mitte Juni d. J. werden nicht weniger als 151 wirklich konstituirte oder in der Bildung begriffene Gemeinden gezählt. Davon zählt die Gemeinde zu Breslau gegen 8000 Glieder, Berlin gegen 3000, Danzig 800 Familien, Worms 500 Glieder. — Aber um die Bedeutung dieses großen Er-

---

men hat, bürtig." — Auf ihn und seine Ehe wurde eine Münze geschlagen, darauf sein Bildniß und Name und das Distichon:

Aspice, qui primus socialia jura sacerdos
Legitima sublit restituitque suis.

eigniſſes zu ermeſſen darf man nicht blos die Ge=
meinden und ihre Glieder zählen; man muß die
Stärke und Allgemeinheit der Idee prüfen, die hier
ins Leben tritt. Nicht die Tauſende (und doch ſind
es ſchon Tauſende), die öffentlich das neue Glaubens=
bekenntniß abgelegt haben, muß man zählen, ſondern
die Millionen, die jenen Tauſenden aus innerſter
Ueberzeugung und mit freudigſter Hoffnung Beifall
zurufen. Wäre die Zahl der erſten Träger des neuen
Gedankens auch viel geringer; genug daß der Ge=
danke einmal verkörpert iſt. Man darf mit Be=
ſtimmtheit vorausſagen, daß, wie das Entſtehen der
neuen Kirche die Welt überraſcht hat, ſo auch ihr
Wachsthum alle Berechnungen der Freunde und
Feinde weit übertreffen werde.

Immerhin nenne man daher einſtweilen die
neue Kirche eine Sekte und verbiete ſogar, ihr den
Namen Kirche beizulegen. Dadurch wird ſie eben
erſt recht zur Kirche und zur überwiegend allgemei=
nen Kirche gemacht werden. Auch das Chriſtenthum
galt lange Jahre hindurch blos für eine Sekte! Und
leider iſt der Geiſt des einfachen Chriſtenthums heut=
zutag und ſeit vielen Jahrhunderten weit eher und
befriedigender in den Sekten zu finden als in den
großen herrſchenden Kirchenthümern. Oder würde

wol Christus bei einem pompösen Hochamt in der Peterskirche oder bei der Rockanbetung zu Trier sein Christenthum erkennen? Weit sicherer würde er die Herrnhuter als seine Jünger grüßen. —

'Die Römischen trösten sich ferner vorzüglich damit, daß die neue Kirche bisher nur unter protestantischen Regierungen Bestand und Fortgang gewonnen. Darauf bauen sie folgende Behauptungen: „An der ganzen Sache ist durchaus nichts neues; es ist lediglich eine neue Feindseligkeit der Protestanten gegen die heilige alleinseligmachende römische Kirche. Hätten die protestantischen Regierungen gleich anfangs gegen die Sektirer pflichtgemäß streng gehandelt*), so wäre diese Ausgeburt des übermüthigen, aufrührerischen Zeitgeistes todt geboren worden. Allein wenn die Protestanten durch Begünstigung der neuen Sekte dem heiligen römischen Stuhl zu schaden vermeinten, so irrten sie sich. Die römische Kirche hat durch diesen Abfall nichts verloren. Diese Abtrünnigen waren längst vom Ketzerthum angesteckt und in ihrem Herzen der heiligen Kirche untreu. Wenn sie nun endlich offen

---

*) Die meisten protestantischen Regierungen beeilen sich, dieses Versäumniß einzubringen.

abfallen, so gewinnt die allein wahre Kirche, weil
sie erstlich von falschen heuchlerischen Anhängern gereinigt und weil durch die Frechheit dieses Abfalls
die Anhänglichkeit der wahren Gläubigen gestärkt
wird."

So die Päpstischen. Sie sollten sich aber solcher
Behauptungen schämen. Wie wagt man es von
der treuen Anhänglichkeit der Katholiken in katholischen Staaten zu sprechen, wenn diesen Deutschen
der Zweifel an römischer Unfehlbarkeit als Hochverrath an ihrem deutschen Vaterland zugerechnet wird!
Wie wagt man es über die Begünstigung zu klagen,
welche protestantische Regierungen der deutschen
Kirche angeblich angedeihen lassen, während von
Seite der römischkatholischen Regierungen, gleich
vom ersten Anfang der Bewegung an, alles mögliche angewendet wurde, die protestantischen Regierungen in dieser Hinsicht — katholisch zu machen.
Und daß die neue Reform vom Protestantismus
wesentlich verschieden ist, beweisen wol am besten
die vielen Uebertritte von Protestanten, sogar von
protestantischen Geistlichen. Allerdings hat eine
kurze Zeit lang die freisinnigere Gerechtigkeit pro-
testantischer Regierungen das Aufkommen der neuen
Kirche erleichtert, allein auch ohne diese Begün-

figung wäre der neue Kirchengedanke endlich selbst
unter katholischen Regierungen lebensmächtig geworden, und er wird dies auch gewiß noch werden, weil
er das Produkt eines unwiderstehlichen Zeit= und
Völkerdranges ist.   Braucht es dafür eines weitern
Beweises als des Hinblicks auf die erste Reformation? Damals war Rom auf dem Gipfel seiner
Macht, die ganze abendländische Welt lag vor dem
päpstlichen Stuhl im Staube, der mächtigste Kaiser
setzte seine höchste Ehre darein, der Schirmvogt der
römischen Hofkirche zu sein; und dennoch stürzte
diese Kirchenmacht, dennoch erlagen Papst und
Kaiser vor dem neuen Kirchengedanken, den ein
armer einzelner Mönch verkündigte.   Und ist die
neue Reform nicht wieder unmittelbar aus dem
Schooß der Kirche selbst hervorgegangen? Sind es
nicht geweihte Priester und römischkatholische Gottes-
gelehrte, die sich von Rom lossagen? Haben nicht
mehrere derselben einträgliche Pfründen und römische
Titel und Würden geopfert, um ihrer bessern Ueberzeugung zu folgen? — Aber man irrt sich auch
gänzlich, wenn man glaubt, die neue Kirche finde
nur unter den in protestantischen Ländern zerstreut
lebenden Katholiken Anklang.   Auch in den römischkatholischen Ländern sind alle, deren Verstand nur

einigermaßen selbstthätig ist, mit der deutschkatholischen Kirche einverstanden. Wir denken hier nicht
etwa blos an Baden, sondern wir wissen es durch
eigene unmittelbare Anschauung, daß auch in Baiern
und Oesterreich die neue Kirche in Kopf und Herzen
von Millionen ihre Stätte gefunden. Wollte und
könnte man in diesen Ländern, und zwar selbst in
dem als stockrömisch verschrienen Altbaiern und Tirol
die einzelnen Stimmen sammeln, d. h. wollte und
könnte man jeden Einzelnen auf Ehr und Gewissen
fragen, ob er die Abschaffung der Ohrenbeichte, die
Priesterehe, den Gottesdienst in der Landessprache
u. s. w. nicht für höchst vernünftig und wünschenswerth halte, und könnte dann jedermann ohne weltliche Furcht und Hoffnung ehrlich seine Ueberzeugung
aussprechen, so würde man mit Staunen erfahren,
wie sehr Geist und Gemüth der Altkatholiken auf die
neukatholische Kirche längst vorbereitet sind. Doch
nein, man würde nicht staunen, denn man weiß dies.
Daß man es wisse, verräth die Angst und Strenge,
mit der man dem Uebertritt zur neuen Kirche ent-
gegenarbeitet. Diese ängstliche Strenge ist namentlich in Oesterreich und Baiern und durch den Einfluß dieser Staaten auch weit über ihre Grenzen
hinaus eine, wenn auch nicht die einzige Haupt-

ursache, daß von den römisch genannten Katholiken in katholischen und gemischten Staaten noch immer so wenige sich laut für die neue Kirche erklären, obwol doch, wie gesagt, alle, die nur überhaupt eines eigenen Urtheils mächtig sind, innerlich der neuen Kirche angehören.

Wir sagen, die österreichische und baierische Strenge sei nicht das einzige Haupthinderniß der neuen Kirche, wie manche behaupten und dadurch dieses Kirchenstreben gänzlich auf politischen Boden verpflanzen wollen. Was vermöchte jene Strenge einem allgemeinen Volksdrang gegenüber, der sich seiner klar bewußt wäre und dieses Bewußtsein ehr= lich und muthig kund gäbe? Wenn die römisch= katholische Bevölkerung in Masse, ja wenn nur mehrere ganze Gemeinden sich für die neue Kirche erklärten, dann würde man es hoffentlich gerathen finden, auf die Anwendung der Hochverrathsgesetze zu verzichten. Es unterliegt keinem Zweifel, wenn alle annoch römischkatholisch genannten Deutschen, deren Ueberzeugung für die neue Kirche ist, diese Ueberzeugung öffentlich bekennen und ihr praktisch folgen würden, so wäre jeder Widerstand vergeblich, und die katholischen Regierungen würden dann wahr= scheinlich gar keinen Widerstand versuchen. Daß

diese so wünschenswerthe Erscheinung noch immer
ausbleibt, liegt in allgemeinen und besondern Uebeln
der Menschennatur und der Zeit.

Die Macht der Gewohnheit ist hier wie überall
ein Haupthinderniß der Veränderung. Unzähligen
Römischkatholischen geht es so wie denen, die viele
Jahre lang im Kerker gelebt und nun nicht mehr in
die Freiheit wollen; oder sie gleichen wenigstens
denen, die in einer schlechten und kostspieligen Woh-
nung blos deswegen verbleiben, weil das Ausziehen
mit Unbequemlichkeiten verbunden ist. Wie viele
schwärmen in Gedanken, Gesprächen und wol gar
in Schriften für die kirchliche wie für noch viele andere
Reformen; sobald sie aber ihrestheils den ersten
Schritt dazu thun, die Reform bei sich selbst anfan-
gen sollen, schrecken sie davor zurück, weil dadurch
die liebe süße Gewohnheit ihrer Tagesordnung gestört würde.

Eine andere nicht minder mächtige Ursache des
beklagten Zustandes ist die jetzt vorzüglich in den
sogenannt höhern und gebildeten Ständen herrschende
Stumpfheit, das gänzliche Unvermögen zu jeder Erhebung, die über das Entzücken über eine Tänzerin
oder einen Virtuosen hinausgeht. Man erkennt wol
das Schlechte wie das Bessere, aber man hat nicht

die Kraft, nicht den Muth, oder man nimmt sich
nicht die Zeit, jenes wegzuwerfen und dieses zu ergreifen. Es gilt für genialen Leichtsinn, alles gehen
zu lassen, wie es eben gehen will. Jeder Einzelne
tröstet sich damit, daß er allein es ja doch nicht
ändern könne; jeder erwartet das Heil von andern
und alle hoffen, es werde ihnen einmal plötzlich im
Schlaf zu Theil werden. Es hat sich in unsrer Zeit
ein Heldenthum der Trägheit und Feigheit gebildet.
Derjenige gilt für den größten Helden, der sich am
klügsten und anständigsten in alle Schlechtigkeiten
und Dummheiten zu schicken weiß. — „Ach warum
soll ich mir die Finger verbrennen, warum soll ich
mir Verdruß und Unruhe bereiten, mir das kurze
Leben verbittern!" — mit solchen Redensarten entschuldigt man den Verrath am Heiligsten, die Ver-
götterung des Verworfensten.

Diese in allen öffentlichen un Privatangelegen-
heiten wirksame Gesinnungslosigkeit äußert sich am
auffallendsten und verderblichsten in religiösen Dingen,
denn es gilt vielen Tausenden für den Gipfel der
Weltbildung, die Religion mit völliger Gleichgiltig-
keit zu betrachten. Dieser Indifferentismus ist vorzüglich daran schuld, daß nicht nur in den katholischen Staaten der Beitritt zur neuen katholischen

Lehre noch immer ausbleibt, sondern daß auch in den
protestantischen Ländern gerade diejenigen nicht beitreten, welche durch Stellung und Reichthum vorzüglich im Stand wären, die neue Kirche mächtig zu
fördern. Allenthalben und vorzüglich auch in Oesterreich hört man die Gebildeten und Halbgebildeten
und die Eingebildeten sagen: „Die Deutschkatholiken
haben vollkommen recht; aber wer wird sich denn
heutzutag der Religion wegen in solche Aufregung
und Anstrengung versetzen? Das hieße ja auf alle
Aufklärung verzichten. Ob so oder so, das Ganze
ist ja doch nur eine Förmlichkeit, die dem Gebildeten
völlig gleichgiltig und überflüssig ist, dem Pöbel aber
um so besser zusagt, je förmlicher sie eben ist.“

Solche niederträchtige Jesuiterei wird wesentlich
dadurch unterstützt, daß heutzutag auch in den römischkatholischen deutschen Staaten der römische
Kirchenzwang dem Einzelnen nur selten und in ge-
ringem Grade fühlbar wird. In Oesterreich z. B.
kümmern sich in der Regel weder geistliche noch weltliche Behörden darum, ob Dieser oder Jener in die
Kirche und zur Beichte gehe oder nicht*). Nur auf

*) In Altbaiern ist es freilich anders. Auch in Tirol
und Salzburg, wo der josephinische Geist nicht durchgedrun-
gen, sammeln die Hausherren von ihren sämmtlichen Inwoh-

dem Lande sind die Beamten angewiesen, dem Volk ein gutes Beispiel zu geben; sonst braucht niemand wirklich römischkatholisch zu sein, wenn er nur so heißt und scheint. Man findet es also nicht nur gänzlich unnöthig, sich einer neuen Religionsform wegen Unbequemlichkeiten und Verdruß zu verursachen, sondern man hält das reformatorische Streben geradezu für zweckwidrig und thöricht, indem man ganz richtig erkennt, daß der Beitritt zur frisch begeisterten neuen Kirche strengere Religionspflichten auflegen würde, als das äußerliche Verharren in der alten Kirche, welche einen so hohen Grad von Faullenzerfreiheit gewährt.

Allein das Uebel ist noch weit größer und tiefer. Bei Unzähligen hat sich nämlich der Indifferentismus bis zur völligen Ungläubigkeit und Irreligiosität gesteigert, und dies ist namentlich in Baiern und Oesterreich der Fall, wo der Unglaube auf zweierlei Weise durch das herrschende Kirchensystem befördert wird. Erstlich ist es eine bekannte Wahrheit, daß die

---

nern die Beichtzettel ein. Am schlimmsten sind in Oesterreich die Studenten daran. Die Philosophen sind gehalten, jährlich fünfmal und zwar zur vorgeschriebenen Zeit zu beichten, und auch Juristen und Mediziner müssen an Sonn= und Feiertagen gemeinschaftlich und unter Aufsicht der Professoren in der Universitätskirche Messe und Predigt hören.

Extreme sich berühren. Die greifbare Unvernunft des mönchischen Kirchenwesens bringt Unzählige dahin, mit diesem Unwesen das Christenthum selbst wegzuwerfen. Die Liguorianer und Jesuiten haben in Oesterreich und Baiern tausendmal mehr Ungläubige erzeugt als die keckſten Philosophen. Dann begnügt sich die römische Kirche, wie bekannt, fast gänzlich mit einer blos äußerlichen Anhänglichkeit und Ergebenheit. Sie ist im vollſten Sinn des Wortes eine geiſtige und moralische Faullenzeranſtalt. Dadurch befördert sie den laueſten Indifferentismus gegen jede innere kirchliche Wahrheit, und in Folge deſſen leben in Oesterreich und Baiern Hunderttauſende, die zwar äußerlich d. i. in den Taufbüchern und Conscriptionstabellen zur römischen Kirche gehören, in der That aber gänzlich außer aller Kirche leben. Unkirchlichkeit führt aber gewöhnlich zur Irreligioſität. In dieser Unkirchlichkeit aber erkennt und verehrt unsre Zeit abermals ein besonderes Heldenthum. Religiöse und kirchliche Bedürfnisse zu haben, gilt für Verstandes- und Herzensschwäche. Je knechtischer man sich vor allen Gattungen weltlicher Herren wegwirft, desto übermüthiger empört man sich gegen den ewigen Herrn des Lebens und des Todes.

Diese sich vorzugsweis aufgeklärt Nennenden

sind in zweifacher Gruppirung der neuen Kirche ent=
gegen. Die eine Partei spottet über das neukirch=
liche Streben, weil es sich nach ihrer Meinung in
unsrer Zeit nicht um Abschaffung des Papstthums,
sondern um Abthuung jeder positiven Religion über=
haupt handeln soll. Diese Partei, die durchaus in
der Nachäffung einer längst abgemachten Periode der
französischen Geschichte befangen ist, trägt vorzüglich
die Schuld aller Rückschritte, welche unsre Tage
trüben und schänden. Denn erstlich schrecken sie die
wirklich wohlmeinenden Regierungen vom Vorschritt
ab und geben den übelwollenden Mächten einen er=
wünschten Vorwand für den Rückschritt, und dann
zwingen sie das Volk, sich in die Arme der Zeloten
und Jesuiten zu werfen. Denn da das Volk für
sein ewiges religiöses Bedürfniß in den Lehren dieser
Freisinnigen keine Befriedigung findet und sich im
Dunkel der übernatürlichen Ahnungen nicht selber zu
rathen weiß, so bleibt es denen preisgegeben, die
auf das religiöse Bedürfniß der Menschheit spe=
kuliren.

Die andere Partei der solchergestalt Aufgeklärten
will von einer neuen Kirche deshalb nichts wissen,
weil nach ihrer Meinung jetzt die Zeit da sei, wo
die gebildeten Stände für sich keine positive Religion

mehr brauchen, und wo eine solche lediglich noth=
wendig sei, um das gemeine Volk im Zaum zu
halten. Zu diesem Zwecke aber sei die altkatholische
Religion besser als jede andere, also müsse man sie
klugerweise aufrecht erhalten. Diese gegen Gott
und Menschheit frevelnde Heuchelei wird vorzüglich
von gar vielen hohen Herrschaften und Machthabern
geübt. Sie sind in ihrer Ueberzeugung vollkommen
aus dem römischen Kirchenthum heraus, im Ver=
trauen ergehen sie sich im leichtfertigsten und beißend=
sten Spott über die Satzungen und Gebräuche dieser
Kirche; äußerlich, und öffentlich aber machen sie diese
Gebräuche pünktlich und mit ostensibler Salbung mit,
lediglich um das liebe Volk hübsch in der Dummheit
und Seelenknechtung zu erhalten. Dieses guten
Beispiels wegen sieht man z. B. in Oesterreich
deutsche Herrschaften den slavischen und madjarischen
Predigten ultramontaner Fanatiker beiwohnen, obwol
sie kein Wort davon verstehen; man sieht diese hohen
Grundobrigkeiten bei den langweiligsten katzenmusi=
kalischen Hochmessen ausharren, scheinbar tief andäch=
tig aus einem Buche betend, während sie einen
lüderlichen französischen Roman lesen! —

Neben diesen Indifferenten und Ungläubigen
und zum Theil zu ihnen gehörend ist eine andere

zahlreiche Classe gegen die neue Kirche gleichgiltig
oder gar feindlich, weil sie angeblich die politischen
Bestrebungen unsrer Zeit störe und aufhalte*). —
„Die kirchlichen Geschichten“ — heißt es bei dieser
Partei — „sind ein= für allemal abgemacht, nur
Schwärmer und alte Weiber können sich für sie noch
interessiren. Die einzige Aufgabe unserer Zeit ist
der politische Fortschritt. Dieser wird durch Auf=
regung kirchlicher Zänkereien aufgehalten — also
weg mit den neuen Aposteln! Was die historisch
überkommenen Kirchenzustände noch Unverständiges
und Lästiges an sich haben, wird im Lauf der Zeit
durch die Macht der Bildung, die immer allgemei=
ner wird und zu machen ist, von selbst wegfallen,
es ist also völlig überflüssig, daran Kräfte zu ver=
schwenden, die für den politischen Fortschritt so noth=
wendig sind, u. s. f.“ — Die also räsonnirende
Partei ist besonders zahlreich in Oesterreich. Von
ihr wurde auch das Kämpfen des Verfassers gegen
Rom und Jesuitismus mit Bedauern und Gering=
schätzung angesehen. Man tröstet sich dort mit der

---

*) In der deutschen Presse sind es vorzüglich die Augs=
burger Allgemeine Zeitung und Wolfgang Menzels Literatur=
blatt, welche diese Klage unaufhörlich und mit immer
größerer Bitterkeit aussprechen. Gewiß sehr mit Unrecht.

Meinung, Rom, Jesuiten und Liguorianer würden uns nichts mehr schaden können. Von dieser Seite also so große Gefahren zu sehen, sei kindische Gespensterfurcht und grundlose Uebertreibung. Man möge doch die Schwärmer schwärmen und die alten Weiber ihren Heiligen die Füße küssen lassen; mit solchen Albernheiten sich herumzuzanken sei lächerliche Zeitverschwendung. „Politisch wollen und sollen wir vorwärts, und nur was den politischen Fortschritt befördert, ist für uns von Interesse. Zu viel Kraft und Zeit, zu viel Geist und Blut hat das deutsche Volk dem Kirchenthum geopfert; soll nun in unsrer aufgeklärten Zeit das vergebliche und verderbliche Treiben von neuem beginnen? Fort damit für immer! damit wir auf dem praktischen Boden der politischen Interessen mit einigen und ungeschwächten Kräften vorwärts streben können."

Man braucht sich, um diese Gegner zu widerlegen, nicht auf den rein religiösen Standpunkt zu stellen, obwol auch dieser im höchsten Grad zugleich ein politischer ist; aber vom eigentlich politischen Standpunkt aus, der vermeintlich so ganz und gar der ihrige ist, muß man diese Gegner erinnern, daß die kirchlichen Interessen zugleich zu den höchsten politischen gehören. Ohne durchgängige und tief=

greifende Kirchenreform ist auch kein wahrer und
dauernder politischer Fortschritt möglich. Jede poli=
tische Reaktion ist von einer kirchlichen begleitet und
eingeleitet, eine beruft und stützt sich auf die andere.
Dies empfinden namentlich Oesterreich und Baiern,
aber auch Preußen und Sachsen. Der erste Anfang
der ganzen großen Reaktion war die Wiedereinfüh=
rung der Jesuiten im Jahr 1814, und die Anfangs=
worte der Bulle „Sollicitudo omnium" drücken in
einem ganz andern Sinn, als sie gemeint sind, eine
traurig verhängnißvolle Wahrheit aus. Die so
dringend nothwendige Reform unsers ganzen gesel=
ligen Lebens kann durchaus nur auf Grundlage eines
gereinigten und in seiner Urwahrheit lebendig ge=
machten Christenthums zu Stand kommen. Den
wahren christlichen Staat müssen wir bauen, dann
werden alle unsre politischen Wünsche erfüllt sein.
Geradezu thöricht ist es, als Aufgabe der Zeit dar=
stellen zu wollen, den christlichen Staat zu beseitigen.
Es hat ja noch gar keinen wahrhaft christlichen, d. h.
auf christliche Freiheit, Gleichheit und Gerechtigkeit
gegründeten Staat gegeben. Auf das entstellte und
verstümmelte Christenthum hat man bisher wahrhaft
unchristliche Staatseinrichtungen gestützt; um diese
zu beseitigen, muß also die Entstellung des Christen=

thums beseitigt werden. Wer für den politischen
Fortschritt ist, der soll sich ferner freuen, daß unser
politisches Streben jetzt die religiöse Wärme und
Weihe bekommen hat. Daburch wird das politische
Streben in den Augen des Volkes wie der Regie=
rungen Würde und unwiderstehliche Macht gewinnen.
Diejenigen aber, welche, weil sie selber in dem Wahn
befangen sind, Religion entbehren zu können, auch
das religiöse Bedürfniß des Volkes leugnen oder
vernachlässigen und das Volk auf diese Art den
Finsterlingen preisgeben, gefährden, ja vereiteln
jeden politischen Fortschritt. Denn der Jesuitismus,
welcher sich des verlassenen und verspotteten Reli=
gionsdranges des Volkes bemächtigt, arbeitet weit
weniger für religiöse als für politische Zwecke, die
unsern politischen Wünschen aufs feindlichste entgegen
sind. Weil diese Aufgeklärten für ihre Person den
Druck des mönchischen Kirchenzwanges nicht unmit=
telbar empfinden, so haben sie auch kein Verständniß
und kein Gefühl des allgemeinen Druckes, welchen
das herrschende römische Kirchensystem auf das ge=
sammte geistige, gemüthliche und politische Leben des
Volkes ausübt. Die mächtigste Wurzel aller unsrer
geistigen und politischen Uebel ist in dem herrschen=
den Kirchenthum. Wer also für den politischen

Fortschritt kämpft, muß gegen Rom und Jesuiten kämpfen, denn solang Rom und Jesuiten Einfluß bei uns haben, ist ein politischer und sozialer Fortschritt, wie wir ihn wünschen und brauchen, unmöglich. Das einzig sichere Mittel aber, jene feindlichen, geistwidrigen welschen Mächte zu verdrängen, liegt in der Befreiung des Volkes aus ihren Seelenbanden. Diese Befreiung aber kann nur erreicht werden, wenn dem religiösen Bedürfniß des Volkes eine vernünftige Nahrung und Befriedigung geboten wird, und wenn die Gebildeten sich von dieser vernünftigen Religion nicht ausschließen. Die vernünftigste Religion aber ist das Christenthum in seiner Urwesenheit, es ist fürwahr die populär gemachte höchste Philosophie. — Aber nicht nur für die innern Zustände, sondern auch für die äußere Politik ist die Kirchenreform das wesentlichste Mittel des Fortschritts. Durch Herstellung eines vernünftigen Christenthums sollen wir uns von fremder Herrschaft, von falschen Freunden und fanatischen Feinden befreien und dadurch für die Rolle reif werden, welche die Vorsehung dem deutschen Volk zugetheilt hat.

Wir glauben es uns nicht versagen zu dürfen, für diese unsere Darstellung das Zeugniß einer verehrten deutschen Autorität anzuführen. Leopold

Ranke sagt auf der erſten Seite ſeiner Deutſchen
Geſchichte im Zeitalter der Reformation folgendes:

„In Schule und Literatur mag man kirchliche
und politiſche Geſchichte von einander ſondern; in
dem lebendigen Daſein ſind ſie jeden Augenblick ver=
bunden und durchdringen einander.“

„Wie es überhaupt keine menſchliche Thätigkeit
von wahrhafter geiſtiger Bedeutung geben wird, die
nicht in einer tiefern mehr oder minder bewußten
Beziehung zu Gott und göttlichen Dingen ihren Ur=
ſprung hätte, ſo läßt ſich eine große des Namens
würdige Nation gar nicht denken, deren politiſches
Leben nicht unaufhörlich von religiöſen Ideen erhoben
und geleitet würde, welche ſie dann weiter auszu=
bilden, zu einem allgemein gültigen Ausdruck und
einer öffentlichen Darſtellung zu bringen hat.“ —

Daß ein mächtiges Hinderniß der lebhaftern und
allgemeinern Theilnahme an der neuen Kirche auch
das unſre Zeit knechtende Induſtrie=Ritter= und
Heldenthum iſt, bedarf keiner ſehr weitläuftigen Aus=
einanderſetzung. Unſre Staaten ſcheinen ſich ſammt
und ſonders in große Fabriken und Banken verwan=
deln zu wollen und als höchſter Regentenruhm wird
es geprieſen, Eiſenbahn=Großfuhrmann zu ſein. In
dieſes ſeinem verhältnißmäßig beſchränkten Weſen

nach edle und wohlthätige, in der jetzigen maßlosen Uebertreibung und Ueberschätzung aber gemeine und verderbliche Treiben werden so viel als nur irgend möglich alle und jeder hineingerissen. Alles besitzt Aktien oder wird von Aktien besessen. Das Steigen und Fallen der Papiere bildet den Herzschlag unsrer Zeit, und jede nicht nach Procenten zu schätzende Bewegung verursacht angstbeklommenes Herzklopfen. Daher klammert sich alles ängstlich an das Bestehende, wie elend es auch sein möge, denn eben größtentheils. aus diesem Elend bezieht man seine Procente. Die neue Kirche bedroht nun nicht nur die Procentensicherheit, sondern sie fordert von ihren Bekennern auch wirkliche bare Geldopfer. Jene Rentenbedrohung wird mehr vorausgesetzt, als sie wirklich vorhanden ist, weil man geneigt und durch hohe Beispiele gewöhnt ist, in jeder Volksbewegung sogleich einen Umsturz alles Bestehenden zu fürchten; das Geldopfer jedoch braucht die neue Kirche dringend nothwendig, denn sie ist auch darin wahrhaft urapostolisch, daß sie bettelarm ist. Dieser letztere Umstand nun — zur Schande des Jahrhunderts sei es gesagt — hält manche, die sonst beitreten wollten und es ohne bürgerliche Gefahr könnten, vom Beitritt zur neuen Kirche ab. — „Ja man ist ohnehin

schon viel in Anspruch genommen, wie kann man nun
noch die Leistungen für die neuen Gemeindebedürf-
nisse auf sich nehmen, die obendrein in voraus noch
gar nicht berechnet werden können," — so sagen
viele, so sagen gerade solche, welche die Mittel hätten, der neuen Kirche emporzuhelfen! — So oft
irgend eine halbhundertjährige Tänzerin ihre dürren
Beine ins Parterre hinabreckt oder ein musikalischer
Gaukler seine tausendmal wiederholten Kunststückchen
leiert und trommelt, so oft muß alles, was auf Weltbildung Anspruch macht, dabei sein; aber auch nur
einen Theil dieser jährlichen Luxusausgaben den
höchsten politischen und kirchlichen Interessen seiner
Zeit und seines Volkes zu widmen, davor erschrickt
man! — Und dieser schwere Vorwurf trifft auch die
wirklichen Mitglieder der neuen Kirche. Sie bringen ihrer hohen Sache zu wenig Opfer. Sie haben
durch den Beitritt zu der neuen Christengemeinde
sich der Möglichkeit eines Weltkampfes ausgesetzt,
der vielleicht Blut und Leben von ihnen verlangen
wird; und man sieht sie zaudern, ihrer heiligen Sache
auch nur ein kleines Geldopfer zu bringen. Ich
wohnte der Versammlung einer Gemeinde bei, welcher von dem Vorstand vorgeschlagen wurde, man
möge sich freiwillig besteuern, jedermann möge

wöchentlich geben, so viel er im Stande, damit sich eine Kasse für die laufenden Ausgaben bilde, und die Gemeinde nicht durchaus von der Wohlthätigkeit ihrer protestantischen Mitbürger erhalten würde. Dieser Vorschlag hätte, wenn wahre Begeisterung in der Gemeinde lebte und das böse Zeitübel nicht so allgemein wäre, mit einstimmigem Jubel angenommen werden müssen; — aber er fiel durch, nicht eine einzige Stimme unterstützte ihn, man zog es vor, Almosen zu nehmen, als sich von irgend einer Luxusausgabe, deren doch jedermann hat, etwas abzuziehen!

Ein anderes Zeitübel, welches der neuen Kirche, wie jeder andern Lebenserneuerung mächtig entgegenwirkt, ist der jetzt so allgemeine Mangel an Geradsinnigkeit, Ueberzeugungstreue, ehrlicher muthiger Aufrichtigkeit. Millionen sind ihrer innersten Ueberzeugung nach gänzlich für die neue Kirche, aber sie fühlen nicht den unwiderstehlichen Drang, ihre Ueberzeugung zu bekennen und ihr gemäß zu leben. Ueberzeugungstreue hat in unsrer heuchlerischen Zeit Würde und Werth verloren; anders denken und anders thun, wird als höchste Lebensweisheit gepriesen. So möchten denn auch Unzählige recht gern Deutsch-katholiken sein, aber sie haben nicht die Kraft und

nicht den Muth, es durch freien Entschluß zu wer=
den. Sie bleiben in der alten Kirche und machen
pflichtschuldig die Gebräuche derselben mit, obwol sie
nicht daran glauben, darüber spotten. Für das
Schimpfliche, Entehrende eines solchen Heuchellebens
hat man kein Gefühl mehr, und der männliche Muth,
der seine Ueberzeugung wahr ausspricht, wird als
Thorheit und Wahnsinn verspottet. An dieser feigen
Lügenhaftigkeit ist die Zeit wahrhaft todtkrank, und
es ist nicht abzusehen, woher der Heiland gegen die=
ses Weltübel kommen soll. — Es hieße aber den
gerügten Fehler an und in uns selbst beweisen, wenn
wir hier nicht offen aussprächen, daß diese Heuchel=
sucht der Zeit größtentheils nur die natürliche Folge
jenes unnatürlichen Regierungssystems ist, welches
ohne alle Achtung vor der freien Selbständigkeit des
Menschengeistes lediglich Zwangsgesetze giebt, denen
die Unterthanen ohne alle Rücksicht auf ihre Ueber=
zeugung und auf ihr moralisches Gefühl äußerlich
gehorchen müssen.

Daß der Fanatismus der römischen Geistlich=
keit*) dem neuen Kirchenstreben mit wahrhaft fieberi=

---

*) Daß die orthodoxen protestantischen Zionswächter
mit der römischen Klerisei unisono die deutsche Kirche ver=

scher Leidenschaftlichkeit entgegenwirkt, ist aus öffent=
lichen Predigten, Hirtenbriefen und wüthenden Flug=
schriften bekannt, und wir haben gesehen, wie die
jesuitische Praxis auch die frechste Lüge nicht ver=
schmäht, um die neue Kirche und ihre Stifter und
Bekenner zu verdächtigen. Aber wer vermag erst
die Anstrengungen zu ermessen, die im geheimen, die
im Beichtstuhl gemacht werden, um das neue Licht
als eine Flamme der Hölle darzustellen. Man meint
freilich, daß durch die fanatische Wuth die gute Sache
nur gefördert werde, und es sind sogar öffentliche
Danksagungen an die römische Geistlichkeit ergangen
für den Eifer, mit dem sie die deutschkatholische
Kirche verbreite; allein man hat mit dieser Freude
doch sehr unrecht und sie geht auch gewiß nicht recht
von Herzen. Allerdings mögen Einzelne durch die
tollen Uebertreibungen der Fanatiker dem neuen
Glauben geneigt gemacht und gleichsam mit Gewalt
in die neue Kirche geführt werden; ungleich größer
aber ist die Zahl derjenigen, welche durch den römi=
schen Diensteifer ihrer Gewissensräthe mit Haß und

---

dammen und zwar größtentheils aus echt römischen Gründen,
dies auszuführen überlassen wir einem Protestanten, der für
die Befreiung seines Bekenntnisses gegen pfäffischen Seelen=
bann kämpfen will.

Verachtung gegen die neue vaterländische Kirche er=
füllt werden. Daß dies so ist, das haben — wir
wiederholen es — großentheils jene Liberalen ver=
schuldet, die angeblich nur für den politischen Fort=
schritt thätig sein wollten und dabei das religiöse Be=
dürfniß des Volkes entweder ganz ignorirten oder es
sogar offen verspotteten und dagegen mit blinder
Rücksichtslosigkeit verkündigten, die Revolution unsers
ganzen Lebens müsse mit Abschaffung des Christen=
thums beginnen. Je öfter und länger dies geschehen,
desto leichter finden jetzt Römlinge und Stockluthe=
raner bei dem Volke Glauben, wenn sie predigen,
die neue sogenannte Kirche sei nur der schlaue An=
fang des längst beabsichtigten Sturzes der Religion
überhaupt.

Als ein höchst betrübendes Zeichen unsrer Zeit
aber muß es erkannt werden, daß die katholischen
Geistlichen dem neuen Kirchenstreben nicht nur nicht
zahlreich und begeistert beitreten*), sondern sogar auf

---

*) Die ehrwürdige Geistlichkeit einiger Bezirke Badens
und Würtembergs macht hiervon allerdings eine ehrenvolle
Ausnahme, aber doch nicht in dem Grade, wie es Pflicht
wäre. Wenn man seine Ueberzeugung einmal so kundgegeben,
wie diese Priester gethan, so ist man vor Gott und der Welt
verpflichtet, dem ersten Schritt die weitern folgen zu lassen.

die grimmigste Weise dagegen wirken. Die Reform
bezweckt doch zunächst und vorzüglich das Heil, das
zeitliche und ewige Heil der katholischen Geistlichen.
Die Laien leiden unter dem römischen Kirchenzwang
in unsern Tagen doch nur mehr in geringerm, ent-
fernterm Grade; die Priester aber unterliegen ihm
mit ihrem ganzen innern und äußern Leben. Sie eben
sollen durch die neue deutsche Reform aus willenlosen
Knechten eines fremden Bischofs freie deutsche See-
lenhirten des deutschen Volkes werden; sie sollen aus
ihrer kastenartigen Abgeschlossenheit gerettet und in
freien und frohen Zusammenhang mit der bürgerlichen Gesellschaft gebracht werden; sie sollen der
qualvollen Nothwendigkeit, sich in einen übernatürlichen Heiligenschein zu hüllen, enthoben, der allgemeinen Menschenrechte wieder theilhaft und aus der
Knechtschaft der Unnatur erlöst werden, durch die sie
zu einem elendern und eklern Dasein verdammt sind,
als die Verschnittenen türkischer Harems.

Man wird vielleicht sagen, aus der freiwilligen
Verzichtleistung auf so große Vortheile sei eben die
Stärke der religiösen Ueberzeugung zu erkennen.

Wo diese ehrliche Ueberzeugung wirklich vorhanden ist — und gewiß ist dies bei vielen frommen
Priestern der Fall — da sei sie in Ehren; allein es

7

ist gewiß und jedermann kann sich durch eigene Erfahrung davon überzeugen, daß bei weitem die meisten römischkatholischen Priester gänzlich von der
Wahrheit und Zweckmäßigkeit der Reformen überzeugt sind, welche die neue Kirche ins Leben ruft.
Im vertrauten Umgang mit katholischen Priestern
überzeugt man sich, daß die Mehrzahl derselben an
die römischen Dogmen und Ceremonien nicht nur
nicht mehr glaubt, sondern sie offenbar verspottet.
Längst sind alle denkenden Priester der römischen
Kirche dahin gelangt, wo die römischen Auguren
standen, die sich bei ihren Amtsverrichtungen gegenseitig nicht ohne heimliches Lächeln ansehen konnten.
Mit Rücksicht auf die allgemeine Weltbildung, der
sich auch der römische Klerus nicht entziehen konnte
und in Deutschland besonders nicht entzogen hat,
könnte man dies voraussetzen; allein wir bauen unser
Urtheil nicht auf eine solche Voraussetzung, wir
sprechen im allgemeinen und namentlich in Betreff
unsers Vaterlandes Oesterreich aus eigener vielfältiger Erfahrung. Und die römischjesuitische Partei
selbst bestätigt unser Urtheil dadurch, daß sie offenbar
mit dem größten Theil des Welt= und Klosterklerus
unzufrieden ist, ihm eine zu freie weltliche Bildung
zum Vorwurf macht und deshalb zur Aufrechthaltung

und neuen Verbreitung des alten Unwesens neue Mönche einzuführen strebt. Die Liguorianer und Jesuiten in Oesterreich machen aus dieser ihrer Sendung durchaus kein Geheimniß. Offen predigen sie, daß sie gekommen sind, die ungläubigen pflichtvergessenen Priester, die sich der höllischen Weisheit der Zeit hingegeben, zu schanden zu machen. Mit giftigstem Haß verfolgen sie jeden Prediger, der das reine Wort Gottes und nicht den Legenden- und Märchenunsinn des alten Kirchenthums vorträgt. Priester, die sich mit weltlichen Wissenschaften beschäftigen, werden von den Liguorianern und Jesuiten geradezu als Gotteslästerer und Heiden verschrien. Die öffentlichen theologischen Lehranstalten, die doch längst nicht mehr den freien wissenschaftlichen Geist der josephinischen Generalseminarien bewahren, werden dennoch von Liguorianern und Jesuiten als Pflanzschulen übermüthiger Menschenweisheit und gottloser Ungläubigkeit verdammt. Es kann nun — wie gesagt — durchaus nicht in Abrede gestellt werden, daß die Finsterlinge der Hauptsache nach recht haben. Der zeitgemäß gebildete Klerus ist weit über die kindische und alteweibermäßige Auffassung des Christenthums hinaus und in Betreff der päpstlichen Dogmen entschieden ungläubig. Aber wie tief betrü-

benb ift es also, daß deſſenungeachtet nur ſo wenige
Prieſter der erkannten Wahrheit öffentlich das Zeug=
niß geben und für ihre Verbreitung ehrlich und
muthig wirken wollen. Welch einen entſetzlichen
Geiſtes= und Herzenszuſtand verräth es, das päpſt=
liche Joch zu tragen, den römiſchen Kirchendienſt zu
leiſten, ohne an ihre Rechtmäßigkeit und chriſtliche
Urſprünglichkeit zu glauben! Es zeigt ſich hier, daß
gerade diejenigen, welche die Menſchheit veredeln
ſollen, am meiſten der lügneriſchen Weltklugheit fröh=
nen, die unſre Zeit ſchändet.

Wir wollen hiermit kein ungerechtes oder un=
billiges Urtheil geſprochen haben. Daß unter ſtreng
katholiſchen Regierungen einzelne Prieſter es nicht
wagen, mit ihrer beſſern Ueberzeugung vorzutreten,
wollen wir als hinreichend entſchuldigt gelten laſſen.
Allein wenn alle, die mit dem Brief Ronges Wort
für Wort einverſtanden waren, wenn alle, die gegen
einen Ceremonien=, Bilder= und Reliquiendienſt ſind,
der nun ſchon von Kindern beſpöttelt wird, wenn
alle, die das Eheverbot als natur=, vernunft= und
bibelwidrig erkennen, wenn dieſe alle in edler Ueber=
zeugungstreue ſich erhoben und die Regierungen zur
Einführung der ſo nothwendigen Reformen aufgeru=
fen hätten! — —

Doch für eine solche Erhebung fehlt es unsrer entnervten Zeit an Männern. Selbst in Ländern, wo mit dem Beitritt zur Reform gar keine Gefahr verbunden ist, entschließen sich nur so äußerst wenige zu einer That, durch welche sie doch wahrlich eine neue segensreiche Epoche der Weltgeschichte eröffnen helfen würden.

Und warum hat, wie versichert wird, Wessenberg die Aufforderung, sich an die Spitze der neuen deutschen Kirche zu stellen, mit Entrüstung von sich gewiesen? Begründet die neue Kirche nicht eben alle jene Reformen, welche Wessenberg früher selbst einführen wollte, und hat er sich nicht überzeugt, daß die so dringend nothwendige Reform auf dem Wege der hergebrachten Ordnung und in Verbindung mit Rom durchaus unmöglich ist? Daß Wessenberg seine innere Ueberzeugung nicht geändert, bewies er erst neulich, als er folgende Worte in ein öffentliches Blatt schrieb *):

„Man ist in großem Irrthum, wenn man von der Herstellung und Verbreitung eines Ordens Er=

---

*) In der Jenaer Literaturzeitung. Wessenberg spricht von Italien, jedermann aber wird einsehen, daß alles Gesagte auch auf die deutschen römischkatholischen Staaten paßt.

sprießliches erwartet, den einer der frömmsten und weisesten Päpste, Clemens XIV. nach reiflichster Untersuchung als mit dem Frieden und der Ordnung in Kirche und Staat unvereinbarlich für immer aufgehoben hat. Wem muß der Eifer nicht auffallen, womit man jetzt in den meisten italienischen Staaten diesen Orden hegt, und ihm wieder den wichtigsten Theil des Unterrichts und den entschiedensten Einfluß auf die Volksreligion einräumt, obgleich es notorisch ist, daß derselbe ohne alle Verbesserung wieder auftritt, die nämlichen Maximen, wie vor seiner Aufhebung geltend macht und die nämliche Verfälschung der christlichen Sittenlehre sich ungescheut erlaubt. Was können alle wohlmeinenden Vorschläge für die Förderung der Nationalwohlfahrt frommen, wenn das Wichtigste, die sittlichreligiöse Volksbildung so unreinen, zweideutigen Händen anvertraut ist?"

Das sicherste, ja das einzige Mittel, dieser Verfälschung der christlichen Sittenlehre ein Ende zu machen, die sittlich = religiöse Bildung den unreinen zweideutigen Händen zu entwinden und so die Nationalwohlfahrt und die Nationalehre zu fördern, ist die Förderung der neuen deutschkatholischen Kirche.

Warum wies also der aufgeklärte deutsche Bischof den flehenden Ruf dieser Kirche von sich? —— —

Wir maßen uns über die Bewegnisse dieses Verfahrens, wodurch unsterbliches Verdienst und weltgeschichtlicher Ruhm versäumt worden, kein Urtheil an; im allgemeinen aber ist man zu dem strengen Urtheil gezwungen, daß hierbei in der römisch-katholischen Geistlichkeit der deutschen Lande neben dem Lügendämon, von welchem unsre Zeit im allgemeinen besessen ist, noch kleinliche persönliche Rücksichten, Bequemlichkeit, Eigennutz und vorzüglich auch Misgunst gegen die zuvorgekommenen und berühmt gewordenen Anfänger der Reform nachtheilig wirksam sind.

Eine Haupturfache, welche sowol katholische als protestantische Geistliche gegen die neue Kirche aufbringt, ist die demokratische Verfassung derselben, obwol diese durchaus die ursprüngliche apostolische Verfassung des Christenthums ist. Die Geistlichen fürchten, durch die neue Kirche ihre Amtsgewalt zu verlieren. Sie wollen lieber in der alten Kirche nach oben hin willenlose Knechte sein, weil sie dabei wieder ihre Gemeinde in Seelenknechtschaft halten können. Sie wollen ihre Würde lieber dem Machtgebot eines fremden Bischofs verdanken, als der eigenen Tüchtigkeit, der freien Wahl und der dankbaren Verehrung der Gemeinde.

Und doch bestimmt die leipziger Kirchenversammlung den Geistlichen der neuen Kirche durchaus eine Stellung, die ein vernünftiges Ehrgefühl vollkommen befriedigen muß. Sie verfügt im dritten Abschnitt ihres Dekretes folgendes:

28. Die Gemeinde braucht ihr altes Recht, sich ihre Geistlichen und ihren Vorstand frei zu wählen. Wahlfähig zum Amte eines Geistlichen sind nur Theologen, die sich durch Zeugnisse über ihre Kenntnisse und ihren Lebenswandel ausweisen können.

29. Jeder Geistliche wird in die Gemeinde und in sein Amt durch einen feierlichen Akt eingeführt.

30. Die Anstellung eines Geistlichen in einer Gemeinde ist unwiderruflich, und es gelten hinsichtlich dessen Absetzbarkeit nur die in einem Lande bestehenden gesetzlichen Bestimmungen. Ueber Absetzungsgründe, die nicht in den Bereich des Gesetzes fallen, kann nur von den einzurichtenden Provinzialsynoden entschieden werden.

31. Die Gemeinde wird vertreten durch die Geistlichen und die gewählten Aeltesten.

32. Der oder die Geistlichen haben die Verwal=
tung der geistlichen Verrichtungen, die Aeltesten die
Verwaltung aller übrigen Gemeinde=Angelegenheiten.
Es ist jedoch der Geistliche zugleich Mitglied des Col=
legiums der Aeltesten.

33. Bei Versammlungen der Gemeinde gebührt
dem oder den Seelsorgern der Ehrenplatz zur
Seite des Vorstandes der Gemeinde, welcher aus der
Mitte der Aeltesten gewählt wird. Es steht dem
Geistlichen in allen geistlichen Angelegen=
heiten das erste und letzte Wort zu.

Aber die in der Berauschung des hierarchischen
Dünkels befangenen römischen und protestantischen
Geistlichen ziehen den unrühmlichen Antheil an der
despotischen Gewalt, den sie nach unten hin ausüben
dürfen, der freien Leitung einer freien Gemeinde vor;
und so bleiben sie denn freiwillig in Finsterniß und
Heuchelei, bis das Wort des Propheten (Hesekiel 34,
10. 11. 12) an ihnen in Erfüllung gehen wird:

„So spricht der Herr Herr: Siehe, ich will an
die Hirten und will meine Herde von ihren Händen
fordern und will mit ihnen ein Ende machen, daß
sie nicht mehr sollen Hirten sein und sollen sich nicht
mehr selbst weiden. Ich will meine Schafe erretten
aus ihrem Maul, daß sie sie fortan nicht mehr fressen

sollen.   Ich will mich meiner Herde selbst annehm
und sie erretten von allen Oertern, dahin sie z
streut war zur Zeit, als es trüb und finst
war."

Zweites Buch.

„Es ist ein Unglück, das ich sahe unter
der Sonne, nämlich Unverstand, der unter
den Gewaltigen gemein ist."

Pred. Sal. 10, 5.

Die politische Bedeutung der neuen Kirche.

Die religiöse Hochschätzung der neuen Kirche, die wir im ersten Buche ausgedrückt, wird von den Gegnern als phantastische Uebertreibung verurtheilt und verspottet werden.

Wir geben zu, daß die Phantasie an unsrer Anschauung und Darstellung dieser Kirchenverhält= nisse einen bedeutenden Antheil hat, aber nur in dem Sinn, als die Phantasie diejenige Geisteskraft ist, durch die wir Ahnungen der Zukunft erhalten.

Die neue Kirche in der hohen Bedeutung, die wir ihr beilegen, ist allerdings noch nicht die Kirche der Gegenwart, aber gewiß die der Zukunft. Der neue Kirchengedanke ist keineswegs schon allgemein klar geworden, die Priester desselben, die jetzt zum

neibischen Aerger so vieler triumphirend durch Deutschland ziehen, sind vielleicht nur die Vorläufer dessen
oder derer, die das neue Gottesreich auf Erden aus-
bauen werden; und was davon vor unsern Augen
bereits gestaltet ist, muß allerdings als ein von der
Vollendung noch weit entfernter Anfang betrachtet
werden. Aber gewiß ist es der Anfang zum ent-
schiedenen Bessern, es ist ein neuer Versuch, eine
Kirchenform darzustellen, in welcher das Christenthum endlich seine volle Bestimmung erreichen, seine
höchsten Wirkungen entwickeln könnte.

Jesuiten und Philosophen mögen darüber
schmähen. Jene, ob römischen, ob hengstenberg'schen
Zeichens, mögen glauben und glauben machen, die
Bestimmung des Christenthums sei durch Ceremoniendienst und Buchstabenanbetung erreicht; diese mögen
fortfahren, die Ausartung des Christenthums mit
dem Wesen desselben zu verwechseln und daher dieses
Wesen selber zu verwerfen. Das Christenthum muß
endlich zur lebendigen, das gesammte Leben durch-
dringenden und befreienden Wahrheit werden; und
das deutsche Volk ist nach dem Zeugniß der Geschichte
berufen, diese Wahrheit zu entwickeln.

Hiermit ist auch die politische Bedeutung der
neuen deutschen Kirche ausgesprochen.

Diese Bedeutung wird von den Gegnern in so hohem Grade misfällig anerkannt, daß sie darüber die religiöse Richtung der neuen Bewegung verkennen, oder diese nur insofern gelten lassen, als sie angeblich eine durchaus irreligiöse, aller positiven Religion widerstreitende sei.

Dieser Vorwurf ist durch die gottesdienstlichen Versammlungen und durch die öffentlich bekannt gegebenen Glaubensbekenntnisse der neuen Gemeinden so triftig widerlegt, daß es überflüssig ist, dagegen viele Worte zu machen. Selbst misgünstige Augenzeugen müssen bekennen, daß der Gottesdienst der Neukatholiken überall ungeachtet der unpassenden profanen Lokalitäten tief ergreifend und wahrhaft erbauend ist, und selbst die Gegner geben zu, daß durch die neue Kirche viele Personen, die ehedem jahrelang außer aller Kirche gelebt, wieder zu christlichem Bewußtsein erwärmt worden sind. Die neue Kirche muß sich also über den Vorwurf der Gottlosigkeit damit trösten, daß ja auch den ersten Christen vorgeworfen wurde, daß sie in ihren Versammlungen Unzucht trieben und Kinder schlachteten.

Wenn die Gegner die politische Wichtigkeit der neuen Kirche sehr hoch anschlagen, so thun sie dies im völligen Einklang mit den Freunden und Anhän-

gern derselben; und diese Wichtigkeit geht weit über
diejenige hinaus, welche jeder religiösen Bewegung
an sich, ohne alle Rücksicht auf besondere Zeitver=
hältnisse eigen ist.

Das kirchliche Streben unsrer Zeit
ist im Bewußtsein des Volkes politisch
geworden, wie es dies früher immerdar im Be=
wußtsein der weltlichen und geistlichen Herrscher
gewesen ist. Früher gebrauchten die Herrscher die
religiöse Begeisterung der Völker für herrschsüchtige
Zwecke, ließen die gläubigen Unterthanen sich gegen=
seitig den Himmel streitig machen und in jenseitigen
Seligkeiten schwelgen, während sie selbst das Dies=
seits zu höchsteigenem Nutzen und Vergnügen aus=
beuteten: jetzt wollen die Völker, weil sie mündig
geworden, ihre dies= und jenseitigen Angelegenheiten
mit freiem Selbstbewußtsein selber leiten und die
irdische Gegenwart mit der überirdischen Zukunft in
eine solche Verbindung bringen, daß sie schon von
diesem Leben einen wirklichen Lebensgenuß haben
sollen, nicht aber alles Leben erst vom Tod erwarten
müssen. Gelingt die Lösung dieses hohen Problems,
so bekommen natürlich einen verhältnißmäßigen An=
theil des neuen Lebensgenusses auch alle Herrscher,
die mit ihren Völkern organisch eins sein wollen.

Das höchste Ziel dieser Aufgabe ist es, daß an die Stelle des Priester- und Beamtenstaates die wahre allgemeine christliche Gemeindenkirche und der freie, auf das Recht der Vernunft und das christliche Sittengesetz gegründete bürgerliche Verein trete. Nur eine solche Kirche ist wahrhaft ein Reich Gottes auf Erden und nur in einem solchen Staat ist die Obrigkeit wirklich von Gott eingesetzt.

An dieser hohen Aufgabe arbeitet der deutsche Geist seit Jahrhunderten und die neue Kirche ist abermals ein praktisches Resultat dieser Arbeit. Mit Ungestüm drängte die Zeit zu politischen Reformen hin. Alles andere schien vergessen. Zollverein, Eisenbahnen, Konstitution, Oeffentlichkeit und Mündlichkeit, Preßfreiheit — waren die Losungsworte der Zeit. Da erwachte das deutsche Volk zum Bewußtsein seines höhern geistigen Berufes. Es besann sich, daß jene hohen politischen Güter theils unerreichbar sind, theils ihrer vollen wohlthätigen Wirkung beraubt bleiben, solang die kirchlichen Zustände bleiben, wie sie waren und sind. Dieser Ueberzeugung gemäß ging das deutsche Volk an eine neue Kirchenschöpfung, auf deren Grundlage alles das gedeihen könnte, was Bedürfniß und Sehnsucht der Welt und zunächst Deutschlands ist.

Die edelsten Denker der Nation freuten sich über dies Beginnen, sie fanden darin die Bestätigung der oft bespöttelten Wahrheit, daß das deutsche Volk zwar langsam, aber mit umfassender und durchdringender Vollständigkeit, mit gemüthlicher Wärme und geistigem Schwung an der Umbildung seiner Zustände arbeite.

Da sprach plötzlich die deutsche Politik das Verdammungsurtheil über dies deutsche Streben aus und brandmarkte das, was die Edelsten des Volkes als einen Triumph des deutschen Geistes priesen, als Verbrechen gegen göttliche und menschliche Gesetze.

Was ist die Ursache dieser politischen Gewaltthat, durch welche Deutschland abermals gegen sich selber zu wüthen beginnt?

Es steht der neuen Kirche die alte Politik entgegen.

Die alte Politik.

Diese alte Politik ist die Politik der blindesten Verkennung des Lebens, der hochmüthigsten Selbstüberhebung und Geringschätzung des Volksgeistes, es ist die Politik des misgünstigsten Argwohns, des gierigsten Eigennutzes, der trägsten büreaukratischen Bequemlichkeit, es ist die Politik der übermüthigsten, gewaltthätigsten Herrschsucht und zugleich der verzagtesten Furcht.

Die Grundsätze dieser alten Politik pflanzen sich in der Welt und namentlich in dem unglücklichen Deutschland als eine Krankheit fort, welche das Mark der Völker aufzehrt. Diese Politik ist schuld, daß sich die christliche Geschichte von der heidnischen und barbarischen nur durch größere Schlechtigkeit, durch grausameres Gewaltherrschen und durch allge-

8 *

meinern Mangel edlerer Volkserhebungen unter=
scheidet. Diese Politik ist schuld, daß der Strom
der christlichen Geschichte, wenn er irgend die gewalt=
same, zur Versumpfung zwingende Eindämmung
durchbricht, dies nur dadurch im Stand ist, daß die
Verzweiflungsthränen und das Herzblut der Völker
ihn schwellen.

Diese Politik ist immer und überall jeder Regung
des Volkslebens störend und vernichtend entgegen=
getreten. Immer und überall hat sie über jede
Erneuerung des Lebens einen Fluch ausgesprochen,
uneingedenk des bekannten Satzes: „Ist alles
Neue schlecht, so war es auch das Alte,
als es neu war." — Wo sich immer ein Volk
nach eigenthümlicher Erkenntniß für eigenthümlich
selbständige Zwecke und den eigenen Volksvortheil
erhoben, da hat diese alte eigennützig und gewalt=
thätig herrschsüchtige Politik aus allen Kräften mit
ängstlichster Hast dagegengearbeitet, wodurch sie eben
nur bewiesen und beweiset, daß ihre Zwecke selbst=
süchtige, von den Interessen der Völker getrennte,
ja ihnen entgegengesetzte Zwecke sind.

Aus dieser kurzen Charakteristik der alten Politik
ergeben sich von selbst die allgemeinen Bewegnisse,
aus denen sie auch die neue deutsche Kirche im Keim

erstiden will. Da jedoch von Seite der Wortführer
dieser Politik mit großer Salbung angeblich unwider=
stehlich nöthigende Gründe zur Unterdrückung der
neuen Kirche angeführt werden, so müssen wir diese
scheinbaren und unzulänglichen Gründe widerlegen
und zugleich die bedeutendsten eigentlichen Ursachen
der Feindschaft gegen das neue Kirchenstreben her=
vorheben.

Vorläufig müssen wir hier nur erwähnen, daß
man sich sehr irren würde, wenn man annähme, die
Machthaber der alten Politik seien aus wirklicher
religiöser Ueberzeugung gegen die neue Kirche und
glaubten aufrichtig an die Unfehlbarkeit der römischen
Kirche, an ihre Weltnothwendigkeit und daher an
die Pflicht, alles unverändert aufrecht zu erhalten,
was sie festgesetzt. Die bei weitem überwiegende
Mehrzahl dieser praktischen Politiker ist entschieden
ungläubig und in ihrem ganzen Denken und Fühlen
entschieden frivol, und es gehört eben eine solche
praktisch politische Stärke der Selbstüberwindung und
Verstellung dazu, um bei solchem Innern äußerlich
streng kirchlich zu erscheinen. Aber diesen Politikern
ist eben alles nur ein politisches Mittel für den Zweck
der Fesselung des Volksgeistes, und eine strenge

Kirchenform erweist sich ihnen als ein besonders
wirksames Mittel ihrer Politik.

Nichtsdestoweniger erkennen diese politischen
Gewaltherren sehr wohl, daß sich das bestehende
Kirchenwesen von Jahr zu Jahr unwirksamer zeige,
und daß Reformen unumgänglich nothwendig seien,
wenn man nicht aus hartnäckiger Anhänglichkeit an
einzelne unwesentliche Stücke das Ganze verlieren
wollte.

Es tritt hier dieselbe Erscheinung hervor, wie
bei der ersten großen Reformation. Auch damals
waren die Fürsten von der Nothwendigkeit der
Kirchenreinigung überzeugt. Kaiser Karl V. sprach
im Jahr 1541 öffentlich: „Ich bin mir meiner red-
lichen Absicht für die Verbesserung der Kirche bewußt
und werde mich derselben mit oder ohne
den Willen des Papstes annehmen.“ —
Selbst die Herzöge von Baiern waren damals der
Reform nicht abgeneigt und führten anfangs wirklich
manche Verbesserung ein. Aber sogar die Päpste
leugneten damals die Nothwendigkeit der Kirchen-
verbesserung nicht, und Hadrian VI. meinte es gewiß ehrlich, als er seinem Legaten für den Reichstag
zu Nürnberg folgende Instruktion mitgab: „Du

sollst sagen, daß wir's frei bekennen, Gott lasse diese Verfolgung seiner Kirche geschehen von wegen der Menschen und sonderlich der Priester und Kirchenvorsteher Sünden. Du sollst sagen, daß wir allen Fleiß anwenden wollen, damit vor allem der römische Hof selbst reformirt werde, wovon alle diese Uebel ihren Anfang genommen, damit wie die Krankheit, so auch die Heilung von dorther ihren Anfang nehme. Solches zu vollziehen, schätzen wir uns so viel strenger verpflichtet, je mehr wir sehen, daß die ganze Welt diese Reformation begehrt." — Unter Paul III. verfaßten die Cardinäle ein Concilium delectorum Cardinalium et aliorum praelatorum de emendanda ecclesia, worin es eingangs heißt: „Die Päpste haben sich häufig Diener gewählt, nicht um von ihnen, wie es Pflicht gewesen wäre, gute Lehren und Rathschläge anzunehmen, sondern um sich das für erlaubt erklären zu lassen, wonach ihre Begierden getrachtet." — Der Cardinal Gaspar Contarini sagte in einer Schrift, die er dem Papst überreichte: „Christi Gesez ist ein Gesez der Freiheit und verbietet eine so grobe Knechtschaft, die daraus folgen müßte, wenn der Papst unumschränkten Willen hätte. Könnte

das wohl eine Regierung heißen, deren Regel der
Wille eines Menschen ist, der von Natur zum Bösen
neigt, und von unzähligen Affekten bewegt wird?
Nein! alle Herrschaft ist eine Herrschaft
der Vernunft. Sie hat den Zweck, diejenigen,
die ihr unterworfen sind, durch rechte Mittel zum
Ziel des Glücks zu führen. Der Papst muß wissen,
daß es freie Menschen sind, über die er seine Macht
ausübt. Nicht nach Belieben soll er befehlen oder
verbieten oder dispensiren, sondern nach der Regel
der Vernunft, der göttlichen Gebote und der Liebe."

So dachte man damals, aber politischer Eigensinn, politische Irrthümer hinderten die Machthaber,
dieser Ueberzeugung gemäß und getreu zu handeln.
Und doch hatte die damalige Politik einen wesentlichen Vorzug vor der jetzigen. Damals thaten
Kaiser und Päpste wirklich etwas für die Kirchenreform, wenn auch ungenügendes oder verkehrtes;
heutzutag aber will man der eigenen Ueberzeugung
und dem Drange des Zeitgeistes zum Trotz in kirchlichen Dingen nicht nur nicht vorwärts gehen, sondern sogar einen Rückschritt erzwingen.

Die Ursachen dieses unglückseligen Verfahrens
müssen hervorgehoben, geprüft und verworfen werden.
Daß darunter die leidige büreaukratische Bequem-

lichkeit und Trägheit eine wichtige Rolle spielt, soll hier nur kurz erwähnt sein. Die Staats= und Kirchenmaschine ist so herrlich im Gang, jeder hat sein bischen mechanische Arbeit dabei so eingeübt, daß er sie im Schlafe verrichten könnte; und nun sollte plötzlich eine gänzliche Veränderung vorgenommen werden, die aus dem beliebten Schlendrian heraus= rißen und zu vielerlei Denken und Thun nöthigen würde! Davor entsetzen sich die weltlichen und geist= lichen Maschinenarbeiter, und da sie fest überzeugt sind, der Staat sei ihretwegen vorhanden, so soll sich die Menschheit ewig als Maschine behandeln lassen.

Ursachen der altpolitischen Feindschaft gegen die neue Kirche.

Wie bereits erwähnt, ist es ein äußerst traurig bezeichnendes Merkmal unsrer politischen Zustände, daß die Regierungen geradezu in jeder neuen Lebensregung eine Gefahr für sich erblicken. Welch ein beschämender und verurtheilender Widerspruch ist dies mit dem vernünftigen Beruf und Zweck des politischen Lebens! Entwickelung der Humanität im einzelnen und allgemeinen ist der Hauptzweck des Staatsvereins, und die Regierungen haben ihre Macht einzig und allein für diesen Zweck. Nun ist aber seine immer vollkommnere Erreichung doch offenbar nur durch rastloses Uebergehen vom Veralteten zum Neuen möglich; und doch arbeiten die Regierungen immer und überall dem verjüngenden

Vorschritt solang als nur irgend möglich entgegen!
Sie lassen sich das, was sie freithätig gestalten und
fördern sollten, nur abtrotzen, und beweisen dadurch,
daß sie sich in verderblicher unnatürlicher Selbstsucht
als Zweck, nicht als Mittel für den Staatszweck
betrachten. Hierin liegt hauptsächlich die Schuld,
daß die Geschichte der Menschheit bisher noch immer
einen so unmenschlichen Charakter hat.

Die Regierungsleute leugnen nun freilich, daß
sie dem Vorschritt abgeneigt seien. Nur dem über=
eilten, einseitigen Vorwärtsdrängen müßten sie ent=
gegenarbeiten und nur den gemäßigten, organischen,
natürlichen Vorschritt dürften und könnten sie fördern.
So hört man allenthalben sagen, und allenthalben
finden sich zahlreiche bequeme und träge Leute, welche
in dieses Gerede einstimmen, den langsamen natur=
gemäßen Vorschritt preisen und mit grellster Ueber=
treibung die Gefahren der Uebereilung schildern.

Allein bei weitem das meiste Unglück der Ge=
schichte ist durch autokratische Verzögerung und Hem=
mung des Vorschrittes entstanden, und selbst die
wenigen Fälle, wo die Ueberstürzung der Volkspartei
Unheil angerichtet, sind durch zu langes und hart=
näckiges Festhalten an jenem unglücklichen Verzö=
gerungssystem veranlaßt worden.

Und wie wagt es die vereinzelte und beschränkte Regierungspartei, sich das ausschließliche Vorrecht zuzuschreiben, zu bestimmen, ob etwas ein natürlich nothwendiger Vorschritt sei oder nicht? Wird sich das Bedürfniß der Völker etwa in den Aktenstößen und Schematismen der Regierungen äußern und nicht in Kopf und Herz der Völker? Stellen die Regierungen die Natur des Volkes dar, da sie sich doch absichtlich und offenbar von dem Organismus des Volkslebens getrennt haben? Wenn also von einseitiger Auffassung der Staatsverhältnisse die Rede ist, so kommt diese eben größtentheils und zunächst nur bei der einseitigen Regierungspartei vor, und man muß das, was sich in der denkenden Mehrzahl des Volkes ausspricht, als Ausdruck des natürlichen Volksgedankens und Volksgefühls gelten lassen. Und zeigt nicht die Geschichte in vielen großen Beispielen, daß der Gedanke der wohlthätigsten Reformen, der Ausdruck des wirklichsten und natürlichsten Bedürfnisses der Völker, ja der gesammten Menschheit sogar von einzelnen freien Männern ausgegangen ist?

In der hartnäckigen Verkennung und hochmüthigen Verachtung solcher Volksstimmen liegt der Grund der fürchterlichsten Staatsübel, unter denen

nicht etwa blos die Völker, sondern auch die Regierungen gelitten und leiden, und auch heutzutage
droht der neuen deutschen Kirche gegenüber ein
solches Uebel herbeigeführt zu werden durch die
autokratische Abneigung gegen jede volksthümlich
selbständige Thätigkeit.

Abneigung gegen jede volksthümlich selbständige Thätigkeit.

Die deutschkatholische Kirche ist neu und demokratisch; das Volk maßt sich an, für etwas gesetzlich Aufgezwungenes ein natürlich Zusagendes einzuführen — dies ist der Hauptgrund, warum das neue deutsche Streben verdammt, verfolgt und unterdrückt werden soll.

Und doch hat dieses Streben seinen Ursprung in einer Erkenntniß, welche die Regierungen mit dem Volke theilen. Es ist dies die Erkenntniß, daß in den religiösen und kirchlichen Zuständen eine Reform nothwendig sei, wenn nicht die naturgemäß segensreiche Wirksamkeit dieser Institute ins verderblichste Gegentheil umschlagen soll.

Dieser Erkenntniß hatten sich auch die Regierungen nicht entziehen können, aber theils versäumten sie in gewohnter Bequemlichkeit und Unentschlossenheit überhaupt jedes rasche Handeln, theils ergriffen sie gänzlich verkehrte und schädliche Maßregeln.

Was sie thaten ist bekannt. Die protestantischen Regierungen wollten das Christenthum durch philosophische Vorlesungen rechtfertigen und befestigen lassen, sie wollten das protestantische Kirchenthum dadurch stützen, daß sie es zu einem Nebenbau der britischen Staatskirche erniedrigten, sie wollten der deutschen Gesittung durch Einführung des scheinheiligen britischen Sabbathmuckerthums u. dgl. aufhelfen. In noch unglückseligerer Verblendung geriethen die katholischen Regierungen auf den Einfall, Religion und Sittlichkeit sinke deshalb, weil der Papst nicht mehr genug Ansehen und die Geistlichkeit zu viel Bildung hätte. Daher räumten sie dem römischen Bischof neuerdings Herrscherrechte in ihren Landen ein, und suchten die zeitgemäßere Bildung des Klerus durch Aberglauben und Fanatismus der Jesuiten und Liguorianer zu verdrängen.

Als nun durch solche unselige Maßregeln das Unheil sich vergrößerte, als neuerdings Unglück und

Schande zugleich über Deutschland hereinzubrechen drohte, da erhob sich der deutsche Volksgeist zu rettender Thätigkeit, überraschte die Welt mit einer neuen Kirchenschöpfung und gab dadurch den Regierungen den Wink, wie der neu erwachte religiöse Drang zeitgemäß und zum Wohl der ganzen gesellschaftlichen Verfassung benützt werden könnte.

Allein dieser Wink wurde theils verkannt, theils ungeachtet des Verständnisses nicht beachtet. Denn noch immer herrscht der hochmüthige und zugleich ängstliche Grundsatz der alten Politik, daß alle wichtigen Reformen entweder wirklich nur von der Regierung ausgehen können, oder daß man sich wenigstens so geberden müsse, als ob dies wirklich der Fall wäre. „Alles für, aber nichts durch das Volk!" Dieser Grundsatz, dessen erster Theil eine geschichtlich erwiesene Lüge, wie der zweite eine absolute Unmöglichkeit ausspricht, beherrscht und verblendet noch immer die Büreaukraten.

Theoretisch zwar ist dieser verderbliche Grundsatz ziemlich allgemein überwältigt. Es ist ins Bewußtsein der Völker gedrungen, daß die Regierungen durch gewaltthätige Befolgung dieses Grundsatzes weit über ihre menschliche und göttliche Berechtigung hinausgehen.

Davon soll hier nicht ausführlicher die Rede sein, aber in dem unmittelbar praktischen Streben dieser Schrift liegt es, auf die unbedingte Unmöglichkeit hinzuweisen, jenen autokratischen Grundsatz durchzuführen.

Diese Unmöglichkeit ist namentlich in Betreff aller Gegenstände der Ueberzeugung und des Gewissens nicht etwa eine blos theoretisch behauptete, sondern sie ist durch die Geschichte aller Zeiten bewiesen. Kein Volk, welches einmal zur Denkkraft erwacht ist, läßt sich religiöse Ueberzeugungen gebieten. Durch Zwangsgebote wird höchstens ein äußerliches scheinheiliges Kirchenwesen begründet und eingeübt, welches, je länger es währt, desto mehr das schlimmste Gegentheil von dem erzeugt, was kirchliche Institute erzeugen sollen. Unmöglich ist es ferner, daß bei geistigen, daß namentlich bei kirchlichen Reformen die Initiative vorzugsweis oder gar einzig und ausschließlich von den Regierungen ausgehe, denn es fehlt namentlich den autokratischen Regierungen wegen ihrer vom Organismus des Volkslebens getrennten Stellung fast durchaus das Verständniß für die Zeit, für das Maß, für die Art und Richtung des religiösen Bedürfnisses der Völker. Die Geschichte zeigt in vielen sehr abschreckenden

9

Beispielen, auf welche verderblichen Abwege Regie=
rungen gerieten, welche diese Wahrheit verkannten
und sich apostolischen Beruf anmaßten. Die auto=
kratische Einmischung in Glaubenssachen ist vorzüg=
lich schuld daran, daß die edle christliche Liebeslehre
in so gräßlicher Weise zur blutigsten Glaubens=
tirannei geworden ist und die Geschichte der Mensch=
heit mit Gräueln erfüllt hat, wie sie selbst im Leben
der rohesten Naturvölker nicht vorkommen.

Die Gegner leugnen die Unmöglichkeit autokra=
tischer Kirchenschöpfungen und stützen ihre Widerrede
ebenfalls auf die Geschichte. Sie weisen gewöhnlich
auf Baiern und Oesterreich hin und erinnern daran,
daß diese Länder und besonders Oesterreich zur Zeit
der Reformation vorherrschend protestantisch gewesen.
Hätten nun die Regierungen nachgegeben, so wäre
dieser Zustand geblieben und gewachsen. Die Regie=
rung blieb aber der römischkatholischen Ueberzeugung
getreu und brachte es dahin, daß jetzt die Oester=
reicher fast durchaus eifrige Anhänger der römischen
Kirche sind.

So demonstriren die Gegner des freien Kirchen=
lebens; aber die baierische und österreichische Regie=
rung hätten wahrlich alle Ursache, eine solche Argu=
mentation streng zu verbieten, denn nichts kann ihnen

mehr schaden als solche Berufungen auf jene Ver=
gangenheit. Damals wurde die neukirchliche Ueber=
zeugung in jenen Ländern gestürzt, nicht weil man
die Bekenner derselben eines bessern überzeugte, son=
dern weil man sie folterte, spießte, verbrannte,
viertheilte oder wenigstens aus dem Lande jagte;
weil man die schwächern Seelen theils durch Furcht,
theils durch Hoffnung zu Heuchlern machte, weil
man sich der Jugend bemächtigte, sie den Jesuiten
überantwortete und durch diese die bei jenen Völkern
kaum erwachte Denkkraft wieder ersticken ließ. Sollte
aber wirklich irgend eine unsrer deutschen Regierun=
gen das Herz haben, das Gewaltsystem gegen den
freien Volksgeist bis zu solchen blutigen Consequenzen
durchzuführen? Sollte z. B. Oesterreich sich unge=
achtet der fürchterlichen Erfahrungen der Geschichte
selbst heutzutag noch nicht in der Ueberzeugung be=
festigt haben, welche schon Kaiser Max II. errungen
hatte, als er über die pariser Bluthochzeit folgende
beherzigenswerthe Worte schrieb: „Religionssachen
wollen nicht mit dem Schwert gerichtet und gehan=
delt werden. Kein Gottesfürchtiger, Ehrbarer und
Friedliebender wird es auch anders sagen. Zudem
so hat auch Christus und seine Apostel viel ein
anderes gelehrt. Denn ihr Schwert ist die Zung,

Lehr Gottes Worts und chriſtlicher Wandel geweſt.
Zu dem, ſo ſollen die tollen Leut nunmehr billig in
ſo vielen Jahren geſehen und erfahren haben, daß
es mit dem tirranniſchen Köpfen und Brennen ſich nit
will thun laſſen.“ —

Gegen dieſe Anführung wird man den Vorwurf
böswilliger Uebertreibung erheben; man wird bos‐
haft finden, unſre milden Zuſtände mit jenen blutigen
zu vergleichen. Man vergißt dabei, daß manches,
was in Vergleich mit damaligen Beſtimmungen mild
erſcheint, heutzutag dennoch als unerträglich hart
und grauſam empfunden wird. Und hat man nicht
gegen die deutſche Kirche Hochverrathsgeſetze prokla‐
mirt, und ſteht auf dem Hochverrath nicht in allen
deutſchen Geſetzbüchern der Tod? Und hat man
nicht ſchon die leiſeſten Regungen einer Sympathie
für die neue Kirche durch ſchwere Kerkerſtrafe er‐
ſticken wollen? Man hat gegen eine ſchöne und
hoffnungsreiche That des deutſchen Volksgeiſtes Ge‐
waltmaßregeln ergriffen, und nichts verleitet häufiger
zum Misbrauch als phyſiſche Gewalt gegenüber von
geiſtiger Erhebung. Niemand kann abſehen, wieviel
Gewaltſchritte dem erſten folgen werden; denn die
Gewalt reizt auch gegenſeits die Gewalt auf, und
daß auch die aufgeklärteſte Zeit von blutgierigen

Dämonen hingerissen werden kann, wissen wir aus
einer noch nicht sehr fern liegenden Erfahrung.

Und wie kann man hoffen, heutzutag ein freies
geistiges Volksstreben durch Gewalt unterdrücken zu
können, da dies doch selbst in jenen blutigen Zeiten
nur höchst unvollständig und größtentheils nur schein=
bar gelungen ist? Die protestantische Ueberzeugung
wurde in Oesterreich und Baiern nicht ausgerottet.
Sie lebte und lebt fort in diesen Ländern und schreckt
als furchtbarer Rachegeist der Vergangenheit die Ge=
genwart, bedroht die Zukunft dieser Reiche. Wie
kann man hoffen, in freien Glaubens= und Ge=
wissenssachen heutzutag ein despotisches System
durchführen zu können, wo Gegenwart und Zukunft
von der allgemeinen neugeschichtlichen Unmöglichkeit
beherrscht sind, die Völker noch ferner nur als Re=
gierungsmaschinen zu behandeln und gelten zu lassen?
Das alt=absolute System hat in keiner wesentlichen
Beziehung mehr eine Stütze in der Ueberzeugung
der Zeit. Wieviel man auch dociren und dekretiren
will und mag; das unumschränkte Herrscherthum ist
in gebildeten Staaten der Hauptsache nach wahrlich
nicht mehr vorhanden. Bei allen gebildeten Völkern
ist die öffentliche Meinung wenigstens faktisch und
vernunftrechtlich, wenn auch noch nicht nach positivem

Staatsrecht entscheidender Mitregent. Von jetzt an wird die Geschichte nicht mehr lediglich eine Familiengeschichte regierender Häuser sein, sondern eine wahre Völkergeschichte, worin natürlich die volksthümlichen und volksrechtlichen Regenten eine weit würdigere Rolle spielen werden als in der bisherigen Geschichte die unumschränkten Herrscher.

Schädlicher Irrthum oder böse Verleumdung ist es daher, zu glauben und zu behaupten, das Streben des Zeitgeistes sei gegen alle göttliche und menschliche Ordnung gerichtet, bezwecke den Umsturz der ganzen gesellschaftlichen Verfassung und die verderblichste Befreiung zügelloser Leidenschaften. Nicht nach Unordnung streben die Völker, sondern nach Herstellung der natürlichen vernünftigen Ordnung, und wenn sie bei diesem pflichtgemäßen Streben einigermaßen ungeduldig und schwierig werden, so hat dies seine Ursache und Rechtfertigung darin, daß der tausendjährige Druck unnatürlicher Verhältnisse jetzt lebhafter empfunden wird als je und nachgerade anfängt, unerträglich zu werden. Nur wenn man fortfährt, dieses unbehagliche Völkergefühl dadurch beschwichtigen zu wollen, daß man den Druck, der es erzeugt, zu verewigen und zu steigern sucht, nur dann kann jenes Völkerstreben in Richtungen gedrängt werden, die ihm an und für sich völlig fremd sind. Man handelt also gegen sich selbst, wenn man gegen jenes Völkerstreben gewaltthätig verfährt.

Ein höchst betrübendes Zeichen einer solchen gemeinschädlichen Verkennung des Zeitgeistes ist das gewaltthätige Verfahren gegen die Deutschkatholiken.

Die ängstliche Abneigung gegen die Volksthümlichkeit des neuen deutschen Kirchenstrebens äußert sich in höchster Steigerung als Furcht vor Radikalismus und Communismus.

Furcht vor Radikalismus und Communismus.

Es gehört fürwahr unter die bittersten und schmählichsten Erfahrungen Deutschlands, daß deutsche Stimmen und deutsche Geseze ein Streben, welches wesentlich nur dahin zielt, Deutschland von der Herrschaft eines welschen Monarchen zu befreien, als Frucht und Keim radikaler und communistischer Bestrebungen, als hochverrätherische Auflehnung gebrandmarkt haben.

Die beste Widerlegung dieser bösen Verleumdung liegt offen in den Bekenntnißschriften und in dem religiösen und bürgerlichen Verhalten der neuen Gemeinden. Sie erklären christliche Liebe und Gerechtigkeit für die Grundlage und für das höchste Ziel ihres Glaubens und Lebens; sie erklären ferner,

daß sie durchaus nur den heimischen Staatsgesetzen
unterworfen sein und keinen andern Herrn anerkennen
wollen, als den angestammten deutschen Fürsten. —
Und ein solches Streben verdammen deutsche Re=
gierungen als hochverrätherisch! — Das religiöse
und bürgerliche Leben der Deutschkatholiken entspricht
vollkommen ihrem edlen wahrhaft christlichen und
deutschen Bekenntniß. Sie feiern ihren Gottesdienst
mit einer andächtigen Innigkeit, die aus den römi=
schen Prunktempeln längst völlig verschwunden ist;
sie bleiben fleißige, friedfertige Bürger; sie ertragen
Schmähung und Verfolgung ihrer übermächtigen
Gegner mit christlicher Geduld; sie wenden für ihre
Vertheidigung und Anerkennung durchaus nur ge=
setzliche Mittel an.

Nicht die leiseste Unordnung, nicht die geringste
Auflehnung kann den Deutschkatholiken vorgeworfen
werden; wol aber haben die Römlinge, aufgehetzt
von welschen Sendlingen und übermüthig auf das
Privilegium der Gesetzmäßigkeit pochend, die gröbsten
Gewaltthaten verübt, den kirchlichen und bürgerlichen
Frieden gefährdet.

Und haben diese Römlinge das, was sie jetzt
gegen die deutschen Mitbürger verüben, nicht schon
hundertmal auch gegen die deutschen Regierungen

verübt? Hat Rom nicht tausendmal die Widersetzlich-
keit deutscher Priester und Laien genährt und den
Aufruhr gesegnet? Ist nicht die deutsche Geschichte
im allgemeinen und die Geschichte jedes einzelnen
deutschen Landes voll von Beispielen solcher päpstlicher Revolutionen gegen die deutsche Obrigkeit?;

Die Deutschkatholiken wollen nur ihren deutschen
Fürsten unterworfen sein; die deutschen Fürsten aber
wollen sie zwingen, in den höchsten und mächtigsten
Lebensbeziehungen einem fremden Monarchen gehorsam zu bleiben. Welch eine unglückselige Verblendung! Denkt man denn nicht daran, daß dieser
fremde Monarch sich das Recht anmaßt, die Unterthanen anderer Monarchen von dem Eid der Treue
zu entbinden? Rom hat dieses Recht nicht aufgegeben,
denn nicht Rom, nur die Verhältnisse haben sich geändert. Lasset den römischen Bischof zur alten Macht
gelangen, und er wird euch in altem Uebermuth den
Fuß auf den Nacken setzen. Wer hat die Fürsten von
der Schmach befreit, Vasallen eines welschen Bischofs
zu sein, beständig in Gefahr, von diesem Bischof abgesetzt und für vogelfrei erklärt zu werden? — Der
deutsche Volksgeist hat die Fürsten aus dieser Schmach
befreit. Nun will derselbe Volksgeist diese Befreiung
vollenden, will die Wiederkehr der alten schimpf-

lichen Knechtschaft für immer gänzlich unmöglich machen; und dieselben deutschen Fürsten, um deren
Freiheit und Ehre es sich handelt, erklären dieses
deutsche Streben für Hochverrath!

Gewiß wird der Stachel dieser unleugbaren
Wahrheit auch von den Gegnern empfunden; aber
sie glauben aus zwei Uebeln das größere vermeiden
zu müssen. Ein viel größeres furchtbareres Uebel,
als die Mitregierung des römischen Bischofs, glauben die Regierungen in den communistischen Bestrebungen gegen sich zu haben, und die neue Kirche erscheint ihnen eben nur als Wirkung und zugleich als
weiter drängendes Mittel dieser gefährlichen radikalen
Bestrebungen.

. Die Deutschkatholiken haben diesen bösen Vorwurf mit würdevoller Entschiedenheit und Offenheit
durch Wort und That zurückgewiesen; allein es ist
nothwendig, es ist christliche und politische Pflicht,
den Verblendeten oder Heuchlern, welche jenen schwe-
ren Vorwurf aussprechen, deutlicher und rücksichts-
loser zu antworten.

. Was will denn die neue Kirche? — Sie will
das Christenthum von dem römischen Flitterpomp reinigen, der den Geist der Himmelslehre erstickt, der
sie zum scheinheiligen Lippen= und Ceremoniendienst

gemacht hat; sie will die Lehre Christi in ihrer ur=
sprünglichen Reinheit darstellen, damit der Geist der
Gerechtigkeit und Liebe, welcher das christliche Ur=
wesen ist, lebendig werde; sie will die Absicht Gottes
erfüllen, der das Evangelium der Menschheit zum
Trost, zur Reinigung, Erhebung und Verklärung ge=
geben hat, während es in der römischen Entartung
und Entstellung zur Folterqual, zur drückenden Fessel,
zur blutsaugenden Tödtung des leiblichen und geisti=
gen Lebens geworden ist.

Wer dieses Streben der neuen Kirche
als hochverrätherisch revolutionären
Wahnsinn und Frevel verdammt, der
verdammt das Urwesen des Christen=
thums, der verdammt den Heiland, der
uns das Geschenk des Himmels gebracht
hat.

Aber freilich, auch Christus, der das Haus Got=
tes von Mäklern und Dieben reinigte, der die Hoch=
müthigen und Gleißner vernichtete und entlarvte, der
sich der Armen, Bedrängten, Verstoßenen und Ge=
drückten annahm, auch Christus wurde als ein Auf=
wiegler und Verführer des Volkes beschimpft, ge=
geißelt und ans Kreuz geschlagen!

Und wenn er heute wieder käme, so würde er

ein gleiches gerade von denen erleiden, die sich als seine eifrigsten Anhänger, ja als seine Stellvertreter brüsten. Denn eben gegen sie würde er all die Donnerworte richten, mit denen er damals die Schänder des Heiligthums zerschmetterte.

Zu ihnen würde er sagen: „Wol fein hat von euch Heuchlern Jesaias geweissaget, wie geschrieben steht: Dies Volk ehret mich mit den Lippen, aber ihr Herz ist fern von mir. Vergeblich aber ist's, daß sie mir dienen, dieweil sie lehren solche Lehre, die nichts ist, denn Menschengebot*)."

Ihnen würde er zurufen: „Wehe euch Schriftgelehrten, denn ihr beladet die Menschen mit unerträglichen Lasten. Wehe euch Schriftgelehrten, die ihr den Schlüssel der Erkenntniß habt. Ihr selber kommet nicht hinein und wehret auch denen, so hinein wollen**)."

Zu denen unter uns, die sich mit göttlicher Vollmacht brüsten, würde der Heiland sagen: „Ihr seid es, die ihr euch selbst rechtfertigt vor den Menschen. Aber Gott kennet eure Herzen, denn was

---

*) Mark. 7, 6. 7.

**) Luk. 11, 46. 52.

hoch ift unter den Menfchen, das ift ein Gräuel vor Gott *)."

Wenn heute der Meffias wiederkäme, fo würde von ihm in Erfüllung gehen, was der Prophet **) verkündet: „Der Geift des Herrn ift bei mir, derhalben er mich gefalbet und gefandt hat, zu verkündigen das Evangelium den Armen, zu heilen die zerftoßenen Herzen, zu predigen den Gefangenen, daß fie los fein follen, und den Blinden das Gefiht und den Zerfchlagenen, daß fie frei und lebig fein follen."

Und deshalb würde Jefus Chriftus, der Sohn Gottes, auch heutzutag als ein Verführer des Volkes verfolgt werden, man würde von dem Heiland fagen, er fpekulire auf die Leidenfchaften des Pöbels; und den Spruch: „Wenn du zwei Röcke haft, fo gieb einen deinem Bruder, der keinen hat," würde man als den frevelhafteften Angriff auf die Grundlage der Gefellfchaft, auf das Eigenthumsrecht verdammen.

Wenn man die Lebendigmachung des chriftlichen Urwefens, die Verbreitung chriftlicher Bruderliebe,

---

*) Luk. 16, 15.

**) Jefaia 61, 1.

die Anerkennung der Menschenwürde und des ewigen Menschenrechtes, wenn man dies als revolutionären Communismus verdammt und verfolgt, so muß man zuerst und zuoberst den Weltheiland Jesus Christus als den ersten und heftigsten Communisten, als den gefährlichsten Demagogen brandmarken, so muß man das Buch, welches die Offenbarung Gottes an die Menschheit enthält, als das staatsgefährlichste aller Bücher verbieten und vernichten.

Allerdings bildet das, was man Communismus zu nennen übereingekommen ist, ein sehr verhängniß= volles Element der Gegenwart und Zukunft. Es ist die immer unwiderstehlicher vordringende Nothwen= digkeit einer vernünftigen Ausgleichung des schroffen Gegensatzes zwischen Arm und Reich, es ist die ge= bieterische Pflicht, für den neuen besitzlosen Stand zu sorgen, welcher der Gesellschaft in den zahlreichen für Tagelohn dienenden Handlangern zugewachsen ist.

Je weniger bisher die Regierungen an die Lö= sung dieser neuen Aufgabe gedacht haben, desto mehr und täglich mehr beschäftigen sich damit Volksmänner der verschiedensten Bildungsstufen, und die vielen Theorien, die von ihnen ausgedacht und verkündigt wurden, verdienen jedenfalls eine andere Aufmerk= samkeit der Regierungen, als diejenige, die man bis=

her entweder durch Verspottung oder terroristische Verdammung kund gegeben.

Es läßt sich hierbei durchaus nicht verkennen und soll nicht in Abrede gestellt werden, daß die neue Kirche, weniger in ihrem Ursprung als in ihrer weitern Entwicklung, mit mancher Idee in Verbindung steht, die als communistisch gefürchtet und verworfen wird. Allein dies der neuen Kirche zum Vorwurf zu machen, ist der kläglichste und verderblichste Irrthum.

Die communistischen Richtungen sind nun einmal lebendig, und die Regierungen werden endlich gezwungen sein, sich positiv damit zu beschäftigen. Dadurch, daß sie dies so lange versäumt haben, sind sie selber die Veranlasser geworden, daß Bestrebungen, die ihrem Wesen nach ganz natürlich und keineswegs gefährlich sind, in gefährliche Schwärmereien ausgeartet. Diese Gefahren haben in der That bereits einen hohen Grad erreicht und fordern allerdings zu schleunigen Gegenanstalten auf. Aber eine klägliche Verblendung und Verwirrung ist es, wenn man in dem Aufkommen der neuen volksthümlichen Kirche eine Steigerung der communistischen Gefahren erkennen will.

Man muß es im Gegentheil als eine wohlthätige

Fügung des Himmels preisen, daß nun die Möglichkeit gegeben ist, in die Volksbewegung religiöse Weihe und Mäßigung zu bringen. Hauptsächlich wegen der bisherigen täglich zunehmenden Unkirchlichkeit und Irreligiosität derjenigen Volksmassen, an die man bei den communistischen Drohungen denkt, hatten sich die an und für sich gerechten Wünsche der Proletarier in gefährliche unausführbare Schwärmereien verstiegen; das neu geweckte christliche Bewußtsein wird sie in die Schranken zurückführen, die sich hiernieden eben alle und jeder gefallen lassen müssen.

Die neue Kirche soll also den Regierungen ein erwünschtes gottgeweihtes Mittel sein zur Erfüllung jener Aufgabe, die nun einmal, wie sehr sich auch althergebrachte Bequemlichkeit und Trägheit dagegen sträuben, die wichtigste innere Lebensaufgabe der Staaten ist. —

Neben dieser allgemeinen politischen Furcht ist gegen die neue deutsche Kirche noch die Politik im engern Sinn, die diplomatische Politik wirksam, und hier spielt der Einfluß desjenigen Staatsmannes, von welchem die Welt sich zu sagen gewöhnt hat, daß er die Geschicke nicht nur Oesterreichs, sondern Deutschlands in seiner gewaltigen Hand halte, die bedeutendste Rolle.

Das öffentliche Urtheil legt die gesteigerte Strenge gegen die neue deutsche Kirche wesentlich dem Rathe Metternichs zur Last.

Metternichs Warnung.

Ehrliche und unehrliche Stimmen weisen auf das namenlose Unglück hin, welches die große Kirchenspaltung über Deutschland gebracht, und fragen dabei: „Soll eine neue, eine vervielfältigte Spaltung jenes Unglück erneuen?" Diese verhängnißvolle Frage unterstützen sie mit scheinbar sehr gewichtigen Gründen. Sie heben hervor, daß gewiß nicht alle Katholiken von Rom abfallen und daß eben so wenig alle Protestanten der neukatholischen Kirche freundlich gesinnt bleiben werden. Sie schildern die hieraus nothwendig entstehenden geistigen und materiellen Streitigkeiten, die sicher vorauszusehende Einmischung des Auslandes und die Möglichkeit, daß hieraus ein ähnlicher, Vernichtung=drohender Krieg entstünde, wie der dreißigjährige gewesen.

10 *

Dieses letztere Argument soll namentlich Met=
ternich gegen die neue Kirche geltend gemacht ha=
ben. Das öffentliche Gerücht will wissen, daß der
Fürst bei seiner letzten Zusammenkunft mit dem König
von Preußen gesagt habe: „Ich bitte Ew. Majestät
zu bedenken, daß geradezu das nämliche, was jetzt
in kirchlicher Beziehung geschieht, dem dreißigjährigen
Krieg vorausgegangen ist."

Auf dies alles nun kann man kurz und entschie=
den folgendes entgegnen.

Schon nach gemeinen Denkgesetzen ist es keine
Verschlimmerung, sondern ein Mittel zur Ausgleichung
eines geistigen Zwiespalts, wenn zu zwei Gegensätzen
ein vermittelnder Mittelsatz gefunden wird. Ein
solcher Satz zur Vermittelung zwischen dem katholi=
schen und protestantischen Gegensatz ist durch die Idee
der deutschkatholischen Kirche gegeben.

Wer also das Unglück der deutschen Kirchen=
spaltung ehrlich bedauert und es beseitigt zu sehen
wünscht, der muß die neukatholische Kirche mit Freu=
den begrüßen und mit Liebe fördern.

Wenn irgendwie und irgend einmal die beiden
großen deutschen Kirchenparteien zu einem wahrhaft
und durchgreifend friedlichen Vergleich und zu einem
brüderlichen Nebeneinanderleben gelangen können, so

geschieht es durch die Ausführung der deutschkatho=
lischen Idee. Was beiderseits die Zeloten gehofft,
daß nämlich die eine Kirche zu der andern übergehen
werde, dies war, ist und bleibt ein zelotisches Hirn=
gespinnst; was aber deutschen Kaisern, Prälaten und
Philosophen nicht gelungen ist, nämlich die beiden
Kirchen ungeachtet ihrer selbständigen Verschiedenheit
in der wesentlichen Hauptsache zu vereinigen, dazu
hat jetzt der Geist des deutschen Volkes den Weg
gezeigt.

Die unerläßliche Hauptbedingung einer solchen
Vereinigung ist die Trennung der Katholiken von
Rom. Mit einer Kirche, die jeden, der ihr nicht
blind und willenlos ergeben ist, für Zeit und Ewig=
keit verflucht; mit einer Kirche, deren Verdammungs=
wuth so weit geht, daß z. B. Papst Stephan VI. die
Leiche seines Vorgängers Formosus aus dem Grab
reißen und an der Leiche die Erkommunikation mit all
ihren grimmigen Feierlichkeiten vornehmen ließ; mit
einer Kirche, die es der einen Hälfte des deutschen
Volkes zur Gewissenspflicht macht, der andern Hälfte
die Seligkeit abzusprechen, mit einer solchen Kirche
ist eine geistige und herzliche Befreundung unmöglich.
Die Verfluchungswuth der römischen Kirche hat das
fürchterliche Unglück der deutschen Kirchenspaltung

veranlaßt. Solang diese fluchwüthige Kirche in Deutschland besteht, ist an eine Einigung des deutschen Volkes nicht zu denken. Rom rechnet es den deutschen Katholiken zum religiösen Verbrechen an, daß sie mit ihren ketzerischen Landsleuten überhaupt irgend welche Verträge schließen. Wie Rom die gemischten Ehen verdammt, so verdammt es auch die politische, geistige und herzliche Verbindung des katholischen und protestantischen Deutschlands. Deshalb hat Rom gegen alle deutschen Religionsvergleiche, gegen den westphälischen Frieden und gegen die deutsche Bundesakte protestirt. Wer also die traurige und gefährliche Kirchenspaltung beseitigt wünscht, der muß mit allem Eifer daran arbeiten, die Herrschaft der römischen Kirche in Deutschland zu stürzen. — Oder glauben denn die politischen Praktiker der katholischen Staaten, glaubt Metternich wirklich an die alleinseligmachende Kraft der römischen Kirche, glaubt der König von Baiern wirklich, daß die geliebte Mutter seines ersehnten Enkels, glauben so viele österreichische Prinzen wirklich, daß ihre Mütter als Protestantinnen in der Hölle brennen müssen? — Wenn es nun aber gewiß ist, daß sich diese und andere erleuchtete und hohe Personen über eine solche Zumuthung entsetzen würden, wenn es gewiß ist, daß in der That niemand mehr an das römische Privilegium der Alleinseligmachung glaubt, wenn es gewiß ist, daß ein solcher Glaube die frevelhafteste Gotteslästerung wäre; warum will man dann gewaltsam eine Kirche in Deutschland erhalten, die diesen gottlosen Glauben lehrt, die alle ihr ergebenen Regierungen so boshaft gequält hat und noch quält, die namentlich Deutschland Jahrhunderte lang wüthend verfolgt hat und noch immer wesentlich schuld ist, daß Deutschland so tief darnieder liegt!

Die Furcht vor neuen feindseligen Spaltungen ist eitel. Was jetzt feindlicher Gegensatz ist, wird sogleich blos zur selbständigen Eigenthümlichkeit, die ein friedliches Nebeneinandersein nicht ausschließt, sobald das Verfluchungsdogma beseitigt ist. Diese römische Verfluchungswuth allein ist der Hauptgrund alles kirchlichen Uebels, sie ist der Fluch der ganzen christlichen Zeit und besonders der deutschen Geschichte geworden. Deutschland von diesem Fluch zu befreien, ist die heiligste Pflicht jedes ehrlichen Deutschen.

Wenn durch den Abfall von Rom auch wirklich zwanzig und noch mehr deutschkatholische Bekenntnisse entstehen, die in nebensächlichen Dingen von einander verschieden sind, so ist diese selbständige Eigenthümlichkeit bei Uebereinstimmung im christlichen Wesen

nicht nur nicht gefährlich, sondern dem geistigen Leben
förderlich, sobald sich die verschiedenen Gemeinden
nicht gegenseitig verdammen.

Dieses Bewußtsein spricht sich auch in den Be-
kenntnissen der ersten deutschkatholischen Gemeinden*)
glückverkündend aus.

„Wir behaupten völlige Gewissensfreiheit, verabscheuen allen Glaubenszwang, Lüge und Heuchelei
und werden Andersglaubende nicht verdammen,“ heißt es im Glaubensbekenntniß der
deutschkatholischen Gemeinde zu Breslau.

Das leipziger Bekenntniß erklärt: „Die
Gemeinde nimmt das apostolische Glaubensbekenntniß als das ihrige an und stellt als Aufgabe für die
Kirche und den Einzelnen, den Inhalt desselben zur
lebendigen, dem Zeitbewußtsein entsprechenden Erkenntniß zu bringen. In der Verschiedenheit
der Auffassung und Auslegung dieses
Inhalts findet die Gemeinde jedoch keinen

---

*) Nur Schneidemühl glaubt sich berechtigt, eine
ausschließliche Bedingung der Seligkeit vorzuschreiben, indem
es erklärt, der Genuß des Abendmals unter einer Gestalt
sei zur Seligkeit keineswegs hinreichend. Diese inkonse-
quente und verderbliche Verfügung wurde aber nur von
Elberfeld nachgeahmt.

Grund zur Absonderung oder Verdam=
mung"*).

Ebenso bekennt die Gemeinde von Dresden:
„Wir gestatten völlige Gewissensfreiheit,
freie Forschung und Auslegung, durch keine äußere
Autorität beschränkt; verabscheuen vielmehr allen
Zwang, alle Heuchelei und Lüge, daher wir in der
Verschiedenheit der Auffassung und Auslegung
des Inhalts unsrer Glaubenslehren keinen Grund
zur Absonderung oder Verdammung
finden."

Das Bekenntniß der Gemeinde von Hildes=
heim sagt: „Das höchste Gut der geistigen Frei=
heit, welches wir im Sinn und Geist des Christen=
thums und als christliche Gemeinde für uns in Anspruch
nehmen, gestehen wir auch allen Menschen andern
Glaubens zu. Wir achten und ehren die
Bekenntnisse der neben uns bestehenden
christlichen Kirchen und geloben, uns stets zu
bestreben, die Eintracht und Liebe zwischen jenen und
uns zu befördern, eingedenk der Lehre unsers Erlö=
sers, welche die Liebe ist."

---

*) Dieselbe Verfügung wurde auch von der ersten
deutschkatholischen Kirchenversammlung zu Leipzig ausgesprochen in den §§. 8. und 9. des ersten Abschnittes.

Die Gemeinde von Worms erklärt: „Wir protestiren gegen den Grundsatz, daß die katholische Kirche die alleinseligmachende sei, als der allgemeinen Liebe gegen unsere Mitmenschen widerstreitend."

Die Gemeinde von Neustadt a. d. Hardt erklärt: „Wir glauben und bekennen, daß in der Lehre des Evangeliums: „Liebe Gott über alles und deinen Nächsten wie dich selbst", die Grundzüge des Christenthums enthalten sind. Wir betrachten alle Menschen als unsre Brüder, mit gleichen Ansprüchen auf die ewige Glückseligkeit."

Die Deutschkatholiken zu Graudenz erklären: „Wir machen es uns zur heiligen Pflicht, allen Mitmenschen ohne Unterschied der Confession mit Worten und Werken der Liebe, der Duldung und Sanftmuth entgegenzukommen."

Verschiedenheiten mit solcher Uebereinstimmung in der Liebe werden den Frieden Deutschlands gewiß nicht stören.

Dies wird man vielleicht zugeben, dagegen aber die Behauptung überwiegend machen wollen, daß nicht alle Katholiken von Rom abfallen werden, also das Verdammungsdogma in Deutschland aufrecht bleiben und dadurch der Friede gefährdet sein werde.

Wahr ist es nun allerdings, es werden nicht alle deutschen Katholiken von Rom abfallen, und da die Gewissensfreiheit eine durchaus allgemeine sein muß, so soll sie auch für die römische Kirche gelten. Auch gegen sie wirke einzig und allein die Macht der Ueberzeugung; jede andere Gewalt sei verworfen. Welcher Deutsche ein Sklave eines fremden, mit deutschem Sinn und Gefühl gänzlich unbekannten Bischofs bleiben will, der bleibe es.

Aber wenn man die freie Ueberzeugung walten ließe, wenn keine deutsche Regierung sich zur Dienstbarkeit, zum Schergenthum der päpstlichen Herrschaft erniedrigte, wenn man den römischen Seelenhäschern keinen Raum in Deutschland gäbe, oder wenn gar die katholischen deutschen Regierungen selber deutschkatholisch würden, dann blieben gewiß nur so wenig Deutsche römisch, daß sie nicht im Stand wären, den Frieden Deutschlands zu stören.

Das Papstthum ist niemals populär in Deutschland gewesen, zu allen Zeiten war es der Gegenstand der bittersten Volkssatire, und nur durch Gewalt, durch geistige und physische Gewalt konnte der römische Thron in Deutschland aufrecht erhalten werden. Man lasse diese Gewalt enden, und die überwiegende Mehrzahl des deutschen Volkes wird sich mit deutschem

Bewußtfein gegen die welsche Seelenherrschaft er=
klären. Wenn man sich die Mühe nähme der Volks=
überzeugung auf den Grund zu sehen, so würde man
die Gewißheit erlangen, daß die römische Herrschaft
kaum noch im Gemüthe der Kinder und alten Weiber
beiderlei Geschlechtes eine wirkliche Geltung hat. In
dem Augenblick, als man die Erklärung einer freien
deutschen Kirche gestatten würde, hätte die Gewalt
des Papstes und der Päpstler in Deutschland ein
Ende, und das katholische deutsche Volk würde ein
Gefühl haben, als ob es plötzlich eine längst geahnte
und im stillen genährte Wahrheit zu klarem Bewußt=
sein gebracht und den wahren offenen Ausdruck dafür
gefunden hätte. Gewiß würde die Zahl der im
römischen Seelenbann Untergegangenen nur äußerst
gering sein und durch das freie Walten der bessern
Ueberzeugung täglich geringer werden. Allerdings
wäre es immer tief zu bedauern, daß auch nur diese
Wenigen vom deutschen Gesammtleben getrennt
blieben; allein im jetzigen Zustande ist die größere
Hälfte des ganzen deutschen Volkes den höchsten und
edelsten Richtungen des deutschen Lebens entfremdet
und einer fremden Macht dienstbar, die seit ihrem
Entstehen nichts bitterer gehaßt und wüthender ver=
folgt hat als den deutschen Geist.

Schon aus dieser Betrachtung ergiebt sich, daß diejenigen, welche von der zweiten Reformation die blutigen Schrecken und Gräuel der ersten vorhersagen, das Wesen der Vergangenheit und Gegenwart verkennen; noch deutlicher aber zeigt sich die geschichtliche Unkenntniß oder Befangenheit dieser Gegner, wenn man den geschichtlichen Erfahrungssatz hervorhebt, daß jedes Volk, ja daß die gebildete Menschheit überhaupt eine und dieselbe Krisis nur einmal zu überstehen hat. Wie in Frankreich die Gräuel der ersten Revolution, so sind in Deutschland die Schrecknisse des dreißigjährigen Krieges für alle Zukunft unmöglich. Jene fürchterlichen Erlebnisse sind nicht vergebens erlebt und ausgelebt worden. Mag man sie immerhin mit Recht lebensgefährliche Entwickelungskrankheiten nennen, so waren es doch Krankheiten, durch welche Völker entweder aufgerieben werden oder für immer gesunden. Ein Volk, welches eine so fürchterliche Krankheit so lebenskräftig überwindet, wie das deutsche Volk den Reformationskampf überwunden hat, bleibt für immer gegen eine solche Krankheit gesichert.

Was ferner die Furcht vor der Einmischung des Auslandes betrifft, so verkennt oder misachtet man hierbei den nationalen Aufschwung, welchen Deutsch-

land in neuefter Zeit mit folcher Allgemeinheit und
Stärke begonnen hat, daß durch diesen Beginn die
Bürgschaft dauernder Vollendung gegeben ist. Das
heutige Nationalbewußtsein des deutschen Volkes
macht eine solche Wegwerfung vor dem Ausland,
wie sie im dreißigjährigen Krieg vorgekommen ist,
unmöglich. Auch diese Wegwerfung war eine
Krankheit des deutschen Volkes, die im Kampf mit
Frankreich zur entscheidenden Krisis gekommen ist.
Und diese Krisis war eine so glückliche und gesunde,
daß dadurch das ewige Ausbleiben der Krankheit
verbürgt ist. Das neue Kirchenstreben selber ist ein
Beweis dafür. Es ist die erste volksthümliche That
des neu erstarkten Nationalbewußtseins. Durch die
neue Kirche soll eben derjenige fremde Einfluß, unter
welchem Deutschland am meisten gelitten und der sich
zu allen Zeiten jedem andern feindlichen Einfluß
verbündet hat, ein für allemal gänzlich abgethan
werden. Allerdings wird das Ausland diese neue
That, diesen glücklichen Einigungsversuch des deut=
schen Volkes mit Misgunst, Widerwillen und Angst
betrachten, und das möglichste dagegen thun: allein
man lasse nur das deutsche Nationalbewußtsein frei
walten, und die ausländischen Feinde, die auf die
Zwietracht des deutschen Volkes ihre Größe bauen,

werden zu schanden werden. Man hüte sich vorzüglich, durch falsche gewaltthätige Maßregeln das deutsche Volk zur Verzweiflung zu bringen und es so dem fremden Einfluß in die Arme zu jagen.

Dies ist es vorzüglich, was auf die Warnung Metternichs entgegnet werden muß. Warnung gegen Warnung.

Wenn Metternich und seine Partei auch nach den Zeit= und Volksverhältnissen wirklich Grund und Recht hätten, die Erinnerung an das furchtbare Unglück der ersten Reformation heraufzubeschwören, um von der zweiten Reformation abzuschrecken, dann würden wir sie fragen — und wir fragen sie ungeachtet ihrer irrigen Voraussetzung wirklich — „wodurch wurden jene blutigen Schrecknisse veranlaßt, wodurch wurde Deutschland ein Spielball der fremden Politik, ein mishandelter Schauplatz fremder Beutegier und Grausamkeit?"

Keineswegs durch das Wesen der Kirchenreform, sondern einzig und allein dadurch, daß man diese Reformation, die doch, wie die größten und edelsten Denker der Nation bewiesen und sogar Kaiser und Papst anerkannten, das Bedürfniß der Welt war, daß man diese Kirchen= und Lebenserneuerung, welche der deutsche Volksgeist mit gottesfürchtigster Freu=

digkeit und treuester Unterthanengesinnung begonnen hatte, aus Eigensinn und Eigennuß, aus Geistes- und Willensschwäche, aus hochmüthiger Herrschsucht beschränken, hemmen, unterdrücken wollte.

Dadurch wurde das reine Wesen der Reformation durch fremde Elemente entstellt, wurde der Reformationseifer in schädliche Extreme getrieben, wurden die Parteien zur Erbitterung gereizt, das deutsche Volk in zwei feindliche Heere gespalten; dadurch wurde die Einmischung der Fremden herbeigezogen und mit deutschem Gut und Blut bezahlt, wurde das deutsche Kaiserhaus in äußerste Verachtung, Noth und Ohnmacht gestürzt, so daß der Beherrscher Oesterreichs, der die deutsche Königskrone trug, sich zu dem schmachvollen verzweifelnden Schritt gezwungen sah, ein Vasall des türkischen Sultans zu werden!

Dieses schmachvolle Elend haben nicht die Reformatoren und die Reformation, sondern die damaligen österreichischen und baierischen Politiker und ihre dem Volksgeist feindliche Politik haben diese Schmach und dieses Elend verschuldet; auf der Seele jener verblendeten Politiker lastet das Blut der Millionen, die damals in namenlosem Elend zugrundegegangen.

Wer die Wiederkehr solcher Schreckniſſe für möglich hält und das deutſche Vaterland vor den= ſelben bewahren will, der darf nicht das gewalt= thätig herrſchſüchtige Verfahren jener alten Politiker nachahmen, die eben durch dieſes Verfahren jene Schreckniſſe veranlaßt. Wer einen zweiten dreißig= jährigen Krieg fürchtet, der darf nicht, wie die Ver= anlaſſer des erſten, den Verſuch machen, den hohen und ſegensreichen Gedanken des deutſchen Volkes, der eben That zu werden beginnt, mit polizeilicher und militäriſcher Gewalt zu erſticken.

Wenn zwiſchen jenen und unſern Zeiten wirklich eine Aehnlichkeit ſtatt findet, ſo beſteht ſie nur in folgendem.

Jetzt wie damals iſt der überwiegend große ge= ſunde Theil des deutſchen Volkes für die Kirchen= reform, für die Befreiung von Rom; jetzt wie da= mals kann die ehrliche und einhellige Durchführung der Reform dem deutſchen Volk wie den deutſchen Fürſten nur Ehre und Segen bringen; — jetzt wie damals aber ſind büreaukratiſche und hierarchiſche Pfründner aus Verblendung, aus Trägheit, aus Hochmuth, aus Haß gegen alles volkskräftig freie Leben gegen die Reform und geben ſich dem unſeligen Wahn hin, das, was einmal in Kopf und Herzen des

deutschen Volkes Leben gewonnen hat, durch Macht=
gebote ersticken zu können.

Auf den Schutz dieser Gewaltthätigen stützen die
Zeloten ihren Uebermuth; durch diesen gewaltthätig
angreifenden Uebermuth kann es geschehen, daß auch
die Reformatoren in feindliche Gegensätze gedrängt,
daß beide Parteien leidenschaftlich erbittert werden
und der Friede Deutschlands gestört wird.

Die Furcht und den Hochmuth jener gewaltthä=
tigen Politiker benützt der römische Hof zur Aufrecht=
haltung seiner eigennützigen, das Christenthum ent=
stellenden, den Menschengeist fesselnden und besonders
schwer auf Deutschland lastenden Herrschaft.

Auf die Verblendung jener gewaltthätigen Po=
litiker spekuliren die übrigen ausländischen Feinde
Deutschlands, die von dem Zwiste des deutschen Vol=
kes ihre Größe nähren und ihre Renten beziehen.

So kann einzig und allein durch die gewaltthätige
altunglückliche Politik, welche man gegen die neue
Reform wie gegen die erste wirken läßt, das Unglück
herbeigeführt werden, welches man, blind gegen die
Warnung der Geschichte, durch diese Politik abhalten
zu können glaubt.

Die eben geschlossene Betrachtung, die uns ge=
nöthigt, gegen den gepriesenen Nestor der europäischen
Diplomatie unsre bescheidene Ueberzeugung geltend
zu machen, führt uns unmittelbar in das Labyrinth
der Politik im engsten Sinn. Der gewöhnliche Sprach=
gebrauch hat für diese politischen Verhältnisse, die
größtentheils Misverhältnisse sind und mit einem
großen Aufwand von diplomatischer Weisheit immer=
dar als Misverhältnisse aufrecht erhalten werden,
keinen recht treffend bezeichnenden Ausdruck. In der
Sprache der Diplomaten heißen diese Verhältnisse
gewöhnlich die höhern Rücksichten. Sie sind
dies insofern wirklich, als ihnen alles andere, zumal
Glück und Ehre der Völker untergeordnet wird. An
diesen sogenannten höhern Rücksichten scheitern die
wohlthätigsten und nothwendigsten Reformen, vor
ihnen werden die heißesten Wünsche, die schönsten
Hoffnungen der Völker zu nichte. Diese höhern und
höchsten diplomatischen Rücksichten sind schuld an dem
tiefen Darniederliegen der meisten, namentlich aller
deutschen Staaten im einzelnen und Deutschlands im
ganzen.

Diese höhern Rücksichten haben ihren Grund ent=
weder in den Interessen, Traditionen, Gewohnheiten
und Liebhabereien der regierenden Familien, oder in

11*

verknöcherten Vorurtheilen und verschiedenen schwer
zu bezeichnenden Geistes- und Herzenskrankheiten der
Minister und in den durch diese herbeigeführten politischen Wirrnissen.

Solchen höheren Rücksichten soll auch die neue
deutsche Kirche weichen.

Dynaſtiſche und diplomatiſche Hinderniſſe.

Die Erhaltung der römiſchen Kirche iſt bei einigen deutſchen Dynaſtien zur Familienſache geworden. So wie Karl V. und ſeine Nachfolger gegen die erſte Reformation ihre Familien-Traditionen geltend machten und wiederholt feierlich erklärten, ſie würden als Nachfolger ſo vieler römiſchkatholiſcher Fürſten und Kaiſer unverbrüchlich römiſchkatholiſch verbleiben und Gut und Blut daran ſetzen, das Anſehen des heiligen römiſchen Stuhles aufrecht zu erhalten; ſo hört man auch heutzutag die hohe Erklärung, der römiſchkatholiſche Glaube ſei ein heiliges Vermächtniß der Väter, und man ſei daher feſt entſchloſſen, dieſen Glauben zu erhalten und ihn der Nachkommenſchaft getreu zu überliefern.

Wir wollen dagegen nicht weitläufig hervor=
heben, daß hier die höchste und heiligste Angelegen=
heit des Völker=, des Menschenlebens durchaus als
der Willkür unterworfene Privatsache einzelner Fa=
milien und einzelner Menschen behandelt wird; daß
man die römische Kirche aus demselben Grund er=
halten will, wie jemand einen alten, unfruchtbaren,
Ungeziefer nährenden Baum im Garten duldet, weil
ihn der Urgroßvater gepflanzt. Wir wollen hier
nicht ausführen, daß die Zeit des Patrimonialstaats
bei gebildeten Völkern vorüber ist, daß dieser Staats=
begriff auch im Rechtsbewußtsein der deutschen Völ=
ker keine Stütze mehr hat und daß alle Versuche, ihn
aufrecht zu erhalten, nur dazu beitragen, ihn schneller
und vollständiger zu stürzen. Wir wollen uns eben=
falls auf den Standpunkt dieser reinen Privatansicht
stellen und sie von da aus in ihrer Nichtigkeit und
Schädlichkeit zu zeigen suchen.

Bei consequenter Festhaltung und Anwendung
dieses Pietätsgrundsatzes müssen die Anhänger des=
selben zugestehen, daß sie sich geeigneten Falls auch
für verpflichtet gehalten hätten und halten würden,
das Heiden= und Judenthum oder den Islam auf=
recht zu erhalten und der Nachkommenschaft getreu
zu überliefern. Sie bekennen durch Berufung auf

jenen Grundſatz, daß ſie gerade ſo gehandelt hätten
wie die geiſtlichen und weltlichen Gewalthaber zur
Zeit, als Chriſtus ſein Evangelium verkündigte.
Sie bekennen in Folge ihres Familiengrundſatzes,
daß ſie damals aus Pietät für ihre Vorfahren den
Weltheiland Jeſus Chriſtus, den Sohn des lebendigen Gottes als einen gefährlichen Schwärmer, als
einen Frevler an menſchlichen und göttlichen Geſetzen,
als einen aufrühreriſchen Störer der althergebrachten
Ordnung, als einen Verführer und Aufwiegler des
Volkes verfolgt und verurtheilt hätten.

Ueber dieſe Anführung wird man ſich wieder
entſetzen, wird ſie dem Verfaſſer als böswillige
Uebertreibung zurechnen. „Jetzt und damals!
Chriſtus und die heutigen Apoſtel! welche wider-
ſinnige und boshafte Zuſammenſtellung!“ wird
man rufen.

Allein man beliebe doch, die damalige Zeit und
die Umſtände, unter welchen Jeſus Chriſtus aufge-
treten, unbefangen näher zu betrachten.

Damals wie jetzt herrſchten tauſendjährige
Staats- und Kirchenthümer, die ſich für unmittelbar
von Gott ſelbſt gegründet ausgaben. Gegen dieſe
gewaltigen tauſendjährigen Inſtitute trat die Lehre
Chriſti auf. Und Chriſtus wurde von einem Weibe

und zwar von einem armen Weibe in einem Stall
geboren, er wurde von einem Zimmermann erzogen
und gehörte also zu dem Stande, dem man es ge=
wöhnlich am meisten übel nimmt, wenn er sich her=
ausnimmt, in den Weltgeschäften der Hohen ein
derbes Wort dreinzusprechen. Und Christus aß und
trank wie andre Menschenkinder. Er predigte so
gewaltig, daß sich nicht nur die hohen geistlichen und
weltlichen Obrigkeiten darüber entsetzten, sondern
sogar das durch langen Druck stumpf und scheu ge=
machte Volk. Es steht von ihm geschrieben: „Das
Volk entsetzte sich über seine Lehre, denn er predigte
gewaltig und nicht wie die Schriftgelehrten. — Und
siehe, es ging die ganze Stadt hinaus, Jesu ent=
gegen. Und da sie ihn sahen, baten sie ihn, daß er
von ihrer Grenze weichen wollte." *) Christus
predigte eine Lehre, die den Schriftgelehrten als die
ausschweifendste Freigeisterei erschien, er donnerte
gegen geistliche und weltliche Gewalten zorniger als
je der heftigste Demagog. Christus sprach z. B. in
öffentlicher Versammlung folgende entsetzliche Worte:
„Lasset sie fahren, sie sind blind und blinde Leiter.
Wenn aber ein Blinder den andern leitet, so fallen

---

*) Matth. 7, 28. 29 und 8, 34.

sie beide in die Grube. — Alle Pflanzen, die mein himmlischer Vater nicht gepflanzt, die werden ausgereutet. — Ihr seid das Salz der Erde. Wo nun das Salz dumm wird, womit soll man salzen? Es ist zu nichts hinfort nütze, denn daß man es hinausschütte und lasse es die Leute zertreten. — Umsonst habt ihr es bekommen, umsonst gebet es auch. — Es stehet geschrieben, mein Haus ist ein Bethaus, ihr aber habt eine Mördergrube daraus gemacht. — Ueber euch komme alles das gerechte Blut, das vergossen ist auf Erden."*) —

„Der Sabbath ist um des Menschen willen gemacht, und nicht der Mensch um des Sabbaths willen."**) —

„Das Reich Gottes kommt nicht mit äußerlichen Geberden. Man wird auch nicht sagen: Siehe, hier oder da ist es. Denn sehet, das Reich Gottes ist inwendig in euch. — Lasset eure Lenden umgürtet sein und eure Lichter brennen. — Meinet ihr, daß ich hergekommen bin, Frieden zu bringen auf Erden? Ich sage: Nein, sondern Zwietracht! — Ich bin gekommen, daß ich ein Feuer anzünde auf Erden. — Ich stoße die Gewaltigen vom Stuhl

---

*) Matth. 15, 13. 14.; — 5, 13.; — 10, 8.; — 21, 13.; — 23, 35.
**) Mark. 2, 27.

und erhebe die Niedrigen."*) — So sprach Christus, und die göttliche Berechtigung zu solchen revolutionären Reden stand ihm auch nicht an der Stirn, sonst hätte er sich nicht selber zu der Klage veranlaßt gesehen: „Ein Prophet gilt nirgend weniger, denn im Vaterland und daheim bei den Seinen"**); sonst hätten ja doch die damaligen hohen geistlichen und weltlichen Obrigkeiten nicht den erkannten Sohn Gottes verspotten, anspeien, blutig geißeln und mit gemeinen Verbrechern kreuzigen lassen!

Man wird die schlagende Wahrheit dieser geschichtlichen und biblischen Betrachtung unmöglich beseitigen können, aber dagegen hervorheben, daß nun, nachdem einmal Christus die ewige Wahrheit vom Himmel zur Erde gebracht, eine ähnliche Revolution für ewige Zeiten unnütz und deshalb verboten sei.

Allein wo befindet sich denn der Schatz der reinen christlichen Wahrheit? Etwa in Rom?

Dies ist durch die Geschichte der Vorfahren und Ahnen derselben Dynastien verneint, welche ihre

---

*) Luk. 17, 20. 21.; — 12, 35.; — 12, 51.; — 12, 49.; — 1, 52.
**) Mark. 6, 4.

Anhänglichkeit an Rom auf diese ihre Familien=
geschichte gründen wollen.

Haben nicht die deutschen Fürsten und Kaiser,
ja sogar die deutschen Bischöfe bis ins 14. Jahr=
hundert fast ununterbrochen gegen das römische
Kirchenthum als gegen eine Entstellung des Christen=
thums, einen Misbrauch desselben zu eigennützigen
und herrschsüchtigen Zwecken gekämpft? Und waren
unter diesen deutschen Fürsten, Kaisern und Prälaten
nicht ebenfalls Vorfahren und Blutsverwandte der
Dynastien, welche das Papstthum als ein heiliges
Vermächtniß ihrer Vorfahren schützen zu müssen
glauben? Erst nachdem im Kampf gegen Rom,
ungeachtet zeitweiliger Siege, die herrlichsten deutschen
Kaiser und Kaisergeschlechter zu Grund gegangen
waren, erst dann schlossen die nähern Vorfahren
jener Dynastien Freundschaft mit Rom, aber erwie=
senermaßen keineswegs aus unbedingter religiöser
Ueberzeugung, sondern aus Politik. Dies ist
dadurch bewiesen, daß selbst die frommen Schirm=
vögte des römischen Stuhls, Karl V., der erste und
zweite Ferdinand und Leopold I. durch politische
Interessen wiederholt gezwungen waren, feindlich
gegen das feindliche Rom zu handeln, und daß sie
dabei jedesmal durch Wort und That offen zeigten,

daß sie den römischen Bischof durchaus nicht für den Stellvertreter Christi gehalten. Und wenn man sich auf die Vorfahren beruft, warum nicht auf Max II., Joseph I. und Joseph II., die sich und ihre Völker in aufgeklärter Ueberzeugung von Rom emancipiren wollten; warum nicht auf Maria Theresia, die bei all ihrer Frömmigkeit die Jesuiten abschaffte und die Zudringlichkeit der päpstlichen Curie zurückwies; warum nicht auf Ludwig den Baier, der in trüber Zeit den Kaiserkampf gegen Rom wieder aufnahm; warum nicht auf die Maximilian Joseph, die ungeachtet aller Rechtgläubigkeit dennoch sowol ihre landesherrlichen Rechte gegen Rom zu schützen, als auch den finstern Geist des Mönchthums zu verbannen wußten?

Aber die Dynastien, an die wir hier zunächst denken müssen, beweisen ja durch ihre eigenen Thaten, daß sie das Papstthum nicht für die alleinwahre, unfehlbare Kirche halten. Sie beweisen dies dadurch, daß sie gegen das Anathem des Papstes die christliche und bürgerliche Berechtigung des Protestantismus anerkennen, dadurch daß sie ihr Kirchenrecht über das päpstliche setzen, dadurch daß sie unter dem Fluche Roms sich des Besitzes von Kirchengütern erfreuen. Wer aber Rom in einer einzigen Beziehung nicht anerkennt, der verwirft es ganz. Wie vereinigt sich nun dies mit der fortwährenden Erklärung, man halte sich für heilig verpflichtet, die römische Kirche aufrecht zu erhalten und sie treu den Nachkommen zu überliefern?!

Wir wollen dieses traurige Misverhältniß nicht weiter ausführen. Aber das größte Erbunglück jener Dynastien ist es, daß sie der Meinung sind, das Papstthum sei für sie, sei für die Welt eine politische Nothwendigkeit; und in dieser Meinung werden sie gleich ihren Vorfahren von treulosen, bestochenen Rathgebern und römischen Söldnern bestärkt. Als durch das Concilium zu Basel die zeitgemäße Kirchenreform durchgeführt, das Ansehen der Concilien, die apostolische Gewalt der Bischöfe und die Freiheit der Nationen hergestellt werden sollte, da wußte der bestochene Äneas Sylvius, der unmittelbar darauf in die Dienste des Papstes trat, den Kaiser Friedrich III. gegen die Reform einzunehmen, indem er ihm vorspiegelte, daß durch die Gewalt des Papstes die Kaisergewalt gestützt werden müsse. Ein gleiches geschah, als Karl V. den Papst gefangen genommen hatte und sich mit großen Plänen trug, durch Abthuung des päpstlichen Unwesens der Welt den Frieden zu geben; als Maximilian II. sich zum Protestantismus hinneigte, als Joseph I. den Plan Karls V. wieder aufnehmen wollte. Als aber Joseph II. sein kaiserliches Wirken begann und sich selbst durch persönliches mündliches Zureden des Papstes nicht erschüttern ließ, da wiegelte man das Volk auf, um die kaiserliche Reformation zu hintertreiben.

So prägte sich das politische Dogma ein, das Papstthum sei ein nothwendiges Uebel, und dieser Aberglaube wird selbst von protestantischen Historikern und Politikern gepredigt und von der großen Menge gedankenlos nachgebetet.

So hörten wir denn auch erst neulich einen gelehrten deutschen Professor im Orakelton verkünden, „eine deutschkatholische, von Rom getrennte Kirche sei bei den jetzigen religiös = politischen Verhältnissen eine reine Unmöglichkeit."

Wenn man den Nachdruck eben nur auf die jetzigen religiös=politischen Verhältnisse legt, so geben wir die Unmöglichkeit zu. Daraus folgt aber eben nur, daß diese religiös=politischen Verhältnisse geändert werden müssen. Und die neue Kirche ist eben ein vortreffliches Mittel dazu; das neue Kirchenstreben ist eben die erste volksthümliche Aeußerung des längst vorhandenen Bedürfnisses anderer und besserer religiös-politischer Verhältnisse. Die römische Priesterherrschaft ist in wesentlichen Stücken mitschuld, daß unsre kirchlichen und politischen Zustände so schlecht sind; mit der verderblichen Ursache können also zugleich die verderblichen Wirkungen beseitigt werden.

Es läßt sich doch durchaus nicht absehen, was es der Welt für einen Nachtheil bringen sollte, wenn der römische Bischof eben wieder nichts als der rö= mische Bischof wäre, wobei er unserthalben seinen Kirchenstaat immerhin behalten könnte. Daß das Papstthum nicht zum Wesen des Christenthums ge= hört, ist durch die vorpäpstliche Kirchengeschichte und besonders auch durch das griechische Christenthum bewiesen, welchem selbst der Papst den Charakter der wahren Christlichkeit und die seligmachende Kraft nicht abspricht. Oder sollten etwa die katholischen Staaten, von Rom getrennt, kein Staats= und Kirchenthum aufrecht erhalten können? Dies ist doch gewiß sehr gründlich dadurch wiederlegt, daß die griechischen und protestantischen Staaten ohne Papst einen recht festen und geordneten Staats= und Kirchenorganismus, daß namentlich die Engländer ohne Papst sogar eine ziemlich päpstliche Kirche haben. Was also in Rußland, Griechenland, Eng=

land, Holland, Schweden und Norwegen, Däne=
mark, was in den protestantischen Staaten Deutsch=
lands und selbst in den katholischen den protestan=
tischen Unterthanen gegenüber möglich und wirklich
ist, warum sollte es allgemein und im ganzen un=
möglich sein? —. Oesterreich und Baiern
sind in Betreff ihrer zahlreichen protestantischen
Unterthanen von Rom frei; und können sie leugnen,
daß ihnen diese Freiheit sehr angenehm ist? Und ist
das protestantische Kirchenwesen in Oesterreich und
Baiern ungeachtet des Mangels der päpstlichen Ein=
mischung und Oberaufsicht nicht doch wohl geordnet,
und herrscht unter den von Rom verdammten Pro=
testanten nicht dieselbe Sittlichkeit wie unter den vom
Papst gesegneten Katholiken; sind die protestantischen
Oesterreicher und Baiern nicht ebenso treue, gehor=
same Unterthanen wie die Katholiken? Warum
sollten nun ähnliche und bessere kirchliche Verfassungen
nicht auch für die von Rom befreiten Katholiken
möglich sein? — Oder fürchtet man, daß über
den Abfall von Rom ein Weltkrieg entstehen
könnte? — Wer wird heutzutag für den Papst die
Waffen führen! Etwa die Römer? — Die dürf=
ten im Gegentheil über den Sturz der päpstlichen
Zwingherrschaft triumphiren. Wenn Deutschland

Einen freien deutschen Katholizismus anerkennt, wer wird
es daran hindern; zumal wenn es dabei den Anhängern Roms Gewissensfreiheit gestattet? Eine Hauptursache der schwankenden und allerorten bedrohten
politischen Weltlage ist die Zersplitterung Deutschlands, und ein Hauptmittel zur Heilung dieses
deutschen Uebels, unter welchem die ganze Welt
mitleidet, wäre die neue deutsche Kirche.

Die Betrachtung der allgemeinen Weltlage zeigt
uns also durchaus keine Unmöglichkeit und keine
besondere Gefährlichkeit der Herstellung einer von
Rom befreiten deutschkatholischen Kirche; vielmehr
allüberall die bringendste Aufforderung zu einer
solchen Kirchenschöpfung. Wir wollen nun die politischen Verhältnisse der einzelnen Staaten betrachten.

Daß hierbei zunächst und vorzüglich von Oesterreich und Baiern die Rede sein muß, ist klar.
Oesterreich hat sich vom ersten Augenblick an streng
gegen den Deutschkatholizismus erklärt, und Baiern
schloß sich ungeachtet aller sonstigen Nebenbuhler-
schaft auch diesmal wie immer dem römischen Diensteifer Oesterreichs an.

Die Furcht vor den beiden mächtigen katholischen
Regierungen schreckt nun erstlich in leicht begreiflicher
Weise die eigenen Unterthanen derselben von der

Reform ab. Und doch muß diese, wenn sie werden und leisten soll, was ihre Idee verspricht, nothwendig in den katholischen Kernländern lebendig und vorherrschend werden. Aber mit der Furcht vor Oesterreich und Baiern entschuldigen sich auch die Lässigen und Indifferenten in den protestantischen Ländern, und die fanatischen Priester benützen diese Furcht, wenn sie mit überirdischen Drohungen nicht mehr ausreichen. Man glaubt und macht glauben, Oesterreich und Baiern würden der weitern Verbreitung der neuen Kirche im schlimmsten Fall mit offener Gewalt entgegentreten, würden abermals im Dienste Roms gegen Deutschland zu den Waffen greifen und dabei von Frankreich unterstützt werden.

Doch mehr noch als diese Furcht der Unterthanen schadet es der Verbreitung des Deutschkatholizismus, daß auch die protestantischen Regierungen durch Oesterreichs Warnungen und Drohungen eingeschüchtert sind, und daß alle diese Regierungen, daß sogar Preußen im Widerspruch mit dem protestantischen Prinzip dem Deutschkatholizismus abhold geworden.

Wie bei der ersten Reformation so ist auch bei der beginnenden zweiten Oesterreich der gefährlichste und entschiedenste Gegner der kirchlichen Befreiung.

Oesterreich.

Unabläſſig hört man aus Oeſterreich heraus und nach Oeſterreich hinein rufen: „Oeſterreich muß den römiſchen Katholizismus aufrecht erhalten als die hiſtoriſche Grundſtütze des Kaiſerſtaates." Und in dieſen Ruf ſtimmen ſogar freiſinnige deutſche Politiker, ſogar Wortführer der neuphiloſophiſchen Schule*) ein.

Ueberhaupt gewöhnt ſich die deutſche Preſſe daran, alles, was Oeſterreich thut und nicht thut, für eine unvermeidliche Nothwendigkeit zu halten und in dem öſterreichiſchen Syſtem die höchſte politiſche Weisheit zu bewundern.

---

*) J. B. Schwegler in ſeinen Jahrbüchern der Gegenwart.

12 *

Jeder treue und aufrichtige Oesterreicher muß über diese abergläubische Annahme in Zorn und Verzweiflung gerathen. Also Oesterreich muß ewig dem freien Vorschreiten des Geistes entgegen sein, es muß ewig hinter der allgemeinen Weltbildung zurückbleiben, und weil es dies muß, so muß es natürlich auch das ganze übrige Deutschland so viel als möglich vom geistigen und politischen Vorschritt zurückhalten! Welch eine trostlose Auffassung der österreichischen, der deutschen Verhältnisse! Wer auch nur eine Ahnung hat von dem Beruf Oesterreichs und Deutschlands und wer an dem deutschen Volk nicht verzweifeln will, der muß mit Liebe und Zorn gegen jenes österreichische Nothwendigkeitsdogma protestiren.

Man behauptet, der römische Katholizismus sei für Oesterreich das wichtigste Mittel der Staatseinheit und zugleich die stärkste Stütze der Weltstellung. Oesterreich müsse also seiner Selbsterhaltung wegen die römische Kirche aufrecht erhalten und deshalb die Idee des Deutschkatholizismus so streng als nur möglich unterdrücken.

Diese ganze Annahme ist durchaus nichtig und das gerade Gegentheil davon wahr.

Durch hartnäckiges Festhalten an dem römischen

Glaubens= und Kirchenwesen und durch Verfolgung
des freien Katholizismus befestigt Oesterreich seine
Staatseinheit nicht nur durchaus nicht, sondern es
lockert diese ohnehin schon viel gelockerte Einheit
neuerdings in hohem verderblichem Grade. Denn
das gefährlichste Hinderniß der österreichischen Staats=
einheit ist die Unzufriedenheit mit dem starren, jedem
geistigen Fortschritt feindlichen System. Diese Unzu=
friedenheit aber erhält durch strenge Härte gegen
den deutschen Katholizismus eine neue Steigerung,
und dies eben in einer Zeit, wo man im Gegentheil
das möglichste anwenden sollte, die schon herrschende
Unzufriedenheit zu beschwichtigen. Jeder denkende
Oesterreicher erkennt in dem neuen deutschen Kirchen=
streben ein freudiges Streben nach christlicher Wahr=
heit und Freiheit, und selbst das gemeine Volk in
Oesterreich ist längst zur Ueberzeugung gelangt, daß
die Reformen, welche die neue Kirche einzuführen
strebt, höchst zweckmäßig und wünschenswerth sind.
Jeder denkende Oesterreicher weiß ferner, daß es
sich bei Aufrechthaltung der römischen Kirche nicht
blos um die Verbindung mit dem Papst handelt,
sondern um Aufrechthaltung des ganzen alten Systems,
durch welches das gesammte wissenschaftliche, künst=
lerische, religiöse und politische Leben Oesterreichs

gefeſſelt iſt. Dadurch nun, daß Oeſterreich in
unſerer aus dem Moder der Vergangenheit kräftig
herausſtrebenden Zeit abermals durch Wort und
That erklärt, daß es dem Geiſt dieſer Vergangenheit
unverbrüchlich treu bleiben will, dadurch daß Oeſter=
reich die neue deutſche Geiſtesregung, in welcher
jeder denkende Oeſterreicher ein vortreffliches Mittel
zur Erneuerung unſers ganzen geiſtigen, kirchlichen
und politiſchen Lebens erkennt, abermals gewaltſam
unterbrücken will, dadurch erhält jeder denkende
Oeſterreicher einen neuen, alle Hoffnungen völlig
niederſchlagenden Beweis, daß Oeſterreich durchaus
nicht mit dem Geiſte der Zeit und mit dem Genius
des deutſchen Volkes vorwärts ſchreiten will. Durch
dieſe neu geſtärkte troſtloſe Ueberzeugung wird eine
Verſtimmung der öſterreichiſchen Völker geſteigert,
die ohnehin ſchon mächtig an dem öſterreichiſchen
Kaiſerbau rüttelt. All die verſchiedenen Theile der
Monarchie gelangen mehr und mehr zu dem Glauben,
daß ſie für ſich allein oder in andern Staatsverbin=
bungen ein innerlich und äußerlich freieres und be=
deutſameres Leben entwickeln und genießen könnten
als in der Verbindung mit oder eigentlich zu Oeſter=
reich. Sie betrachten daher den öſterreichiſchen
Staatenverein für kein Glück, ſondern für ein

Unglück; sie gewöhnen sich daran, ihn als das Grab ihrer Freiheit, als die Fessel ihres Lebens zu hassen. Immer mehr und mehr bemächtigt sich der österreichischen Völker eine wirkliche Scham über ihre politische Stellung. Czechen, Slowaken, Rusniaken, Kroaten und Madjaren schämen sich, einem Staate anzugehören, der als der ewige Feind alles geistigen, kirchlichen und politischen Fortschritts ein Gegenstand der Verachtung und des Hasses aller Welt geworden ist. — Wie schmerzlich es auch dem treuen Oesterreicher fallen muß, diese bittere Wahrheit auszusprechen, sie kann doch nicht oft und laut genug wiederholt werden. Möchten diejenigen sie hören und beherzigen, um deren Wohlfahrt und Ehre es sich dabei zunächst mit handelt! Vergebens suchen blinde oder eigennützig heuchlerische Lobredner diese Wahrheit zu leugnen; vergebens beruft man sich zu ihrer Widerlegung auf die anerkennenden Zeugnisse auswärtiger Politiker. Allerdings ist es in unsrer Zeit mehr als je unter den gewiegtesten und freisinnigsten Publizisten Deutschlands Sitte geworden, bei Besprechung deutscher Zustände Oesterreichs nicht anders zu erwähnen, als mit einem Complimente vor Metternich und höchstens mit einem Seufzer über die unvermeidliche Nothwendigkeit des österreichischen

Systems. Aber Oesterreich lasse sich dadurch nicht
täuschen! Dieses Verfahren deutscher Staatsweiser
ist nichts als ein Beweis, daß sie an Oesterreich ver=
zweifeln, daß sie wenigstens für die Lebenszeit Met=
ternichs alle Hoffnung aufgeben, Oesterreich für die
neue Politik zu gewinnen. Daher ist man still=
schweigend übereingekommen, sich in die österreichischen
Angelegenheiten gar nicht zu mischen, wodurch man
am sichersten ein ähnliches Verhalten Oesterreichs zu
veranlassen, sich den österreichischen Einfluß so viel
als möglich vom Leibe zu halten hofft. Aber diese
Politiker täuschen sich und sind nicht im Stande, auch
die österreichischen Völker zu täuschen. Das bezeich=
nete Verfahren der fremden Politiker vermehrt nur
den Kummer und die Scham der Oesterreicher.
Diese Scham steigert sich bei einigen Stämmen be=
reits zum leidenschaftlichen Zorn. Man empfindet
es mit Groll, daß man eben nur dazu beitrage, eine
Großmacht zu gründen, welche die Summe ihrer
Kräfte nur zur Fesselung der Faktoren und zur
Niederhaltung der ganzen Welt anwendet. Diese
Völkerstimmung ist das lebensgefährliche Staatsübel
Oesterreichs. Ein stolzes Staatsbewußtsein ist die
unentbehrlichste Stütze eines Staatsbaues, der dau=
ernd weltmächtig bleiben soll. Ein solches Bewußt=

sein fehlt aber dem österreichischen Kaiserthum so
gänzlich, daß halbbarbarische Völker gegen den
Namen Oesterreicher protestiren, daß sogar deutsche
Oesterreicher ihren politischen Namen verleugnen,
weil sie fürchten müssen, als Oesterreicher überall
Gegenstand des Spottes oder Mitleids zu sein. —
Dieses gefährliche Staatsübel Oesterreichs ist durch
das neue Gewaltverfahren gegen den Deutschkatholizismus noch gesteigert worden, weil dieses Verfahren, wie gesagt, ein neuer Beweis ist, daß
Oesterreich immer und überall unterdrückend ein-
schreitet, wo sich der Volksgeist zu einer neuen
Lebensgestaltung regt. — Und wie nichtig sind
dagegen die Gründe, die man für die Nothwendigkeit dieses Verfahrens anführt!

Allerdings ist die römische Kirchenform in ge-
wissem Sinn ein Mittel der Einigung der verschiedenen Bestandtheile Oesterreichs, obwol selbst diese
Einräumung durch die Rücksicht auf die gerade in den
schwierigen ungarischen Ländern bedeutende Anzahl
von Nichtkatholiken bedeutend beschränkt werden muß.
Aber diese römisch kirchliche Einheit ist nur eine
äußere, aufgezwungene. In dieser todten römischen
Kirchenuniform findet die Einheit des Staates durchaus keine Lebensquelle. Denn das Wesen des

römischen Kirchenthums besteht in Gedankenlosigkeit, in blindem Nachbeten, in maschinenhaftem Ausüben eingelernter Gebräuche, wodurch der Geist der Völker stumpf, ihr Herz gefühllos und dadurch auch für die Begeisterung des Patriotismus unempfänglicher wird. Noch mehr; das römische Kirchenthum ist von Haus aus etwas fremdes und dadurch seine Anhänger ihren natürlichen Verhältnissen entfremdendes. Die römische Kirche rechnet es ihren Bekennern sogar zum Verdienst an, sich von den natürlichen Beziehungen los zu machen. Daher hindert die römische Kirche das organisch innige Anschließen an das Vaterland und erweist sich dadurch immer und überall staatsgefährlich. Wie sehr dieses Uebel dadurch vergrößert wird, daß die ganze Priesterschaft der römischen Kirche eben eine römische und keine deutsche, österreichische Priesterschaft, daß sie von den menschlichen und bürgerlichen Verhältnissen losgerissen ist und sich in den wichtigsten Lebensbeziehungen nicht dem Staatsoberhaupt, sondern dem Papst verpflichtet hält, wie sehr dies alles die Staatsgefährlichkeit der römischen Kirche steigert, das haben alle katholischen Regierungen genugsam erfahren. Dadurch, daß die

römische Kirche ein eigenes souveränes Oberhaupt
hat, ist am augenfälligsten bewiesen, daß diese Kirche
jeden ihr anhängenden Staat gefährdet. Die römisch=
katholischen Bürger sind in den wichtigsten Lebens=
beziehungen einem fremden Monarchen unterthan,
der von der Staatsgewalt ganz unabhängig, ja eben
in den einflußreichsten religiösen Beziehungen über
die Staatsgewalt erhaben, dem das Staatsober=
haupt selber unterworfen ist! Wie will man nun
durch eine solche Kirche eine Staatseinheit fördern,
da sie doch jede Staatsgewalt halbirt und die wich=
tigere geistige Hälfte für sich nimmt!

Zu dieser allgemeinen Gefährlichkeit des Römer=
thums kommen in Oesterreich noch besondere Ge=
fährlichkeiten.

An die starre gewaltthätige Aufrechthaltung der
römischen Kirche knüpfen sich nämlich Erinnerungen,
die für den österreichischen Staatenverein in so hohem
Grade gefährlich sind, daß sie im unglücklichen Fall
alles zerreißen können, was man für die Staats=
einheit gethan. Diese Erinnerungen aber an den
grausamen Kampf gegen die erste Reformation, an
die blutige Art, wie die österreichischen Völker wie=
der katholisch gemacht worden, diese entsetzlichen
Erinnerungen wurden durch das neue Gewaltver=

fahren gegen den Deutschkatholizismus neu aufge-
frischt. Eben in neuester Zeit waren, zum Glück für
Oesterreich, diese blutigen Erinnerungen mehr und
mehr in den Hintergrund getreten. Eine unbefan-
genere Geschichtsbeurtheilung hatte eben angefangen,
jenes Verfahren Oesterreichs mit Rücksicht auf die
damaligen besondern Umstände und Wirrnisse milder
zu betrachten und darzustellen, und die Hoffnung
des geistigen Fortschritts, die den Oesterreichern eine
kurze Zeit hindurch zu leuchten schien, begann den
Gedanken an jene gräßliche Vergangenheit und ihre
Folgen zu verdrängen; da wurde neuerdings im
Dienste Roms gegen das Lichtstreben des deutschen
Volksgeistes zur Gewalt geschritten, und plötzlich
steht das Gedächtniß jener alten geistmörderischen
Gewaltthaten frisch lebendig da. Schon hat die
Presse sich dieses Gedächtnisses bemächtigt und wird
es zum Verderben Oesterreichs noch allgemeiner und
eifriger thun. So wird, was nach einer unglückseligen Voraussetzung die Einheit des Kaiserstaates
befördern soll, die Keime dieser Einheit, welche im
Schoß der Zeit eben zu erstarken begannen, wieder
zerreißen.

Noch mehr. In Oesterreich leben Millionen
Protestanten. Durch die neuerliche Proklamirung der

römischen Kirche als der allein wahren und durch die Verdammung eines Kirchenstrebens, welches seinem Urwesen nach ebenfalls hauptsächlich auf dem Protest gegen römische Verfinsterung beruht, müssen sich die österreichischen Protestanten in ihrer eigenen Staats- und Kirchenberechtigung, in ihrer Existenz bedroht sehen. Sie müssen zu der Ueberzeugung gelangen, daß man sie nur nothgedrungenerweise duldet, daß man das Prinzip ihres religiösen Lebens ebenso verdammt, wie jenes der Deutschkatholiken, daß man sie möglichenfalls mit Freuden unterdrücken würde. Und die Stimmung dieser Protestanten ist für Oesterreich keineswegs gleichgiltig, denn es sind ihrer, wie gesagt, Millionen, und sie sind besonders zahlreich in den schwierigen ungarischen Ländern, und sie sind vorzüglich die Träger jener für Oesterreich so gefährlichen Erinnerungen an eine grausame Vergangenheit.

Oesterreich erreicht also durch die römische Kirche nichts weiter als eine äußere Einförmigkeit im Kultus, welche schon an und für sich nur wenig bedeutet, in unsern Tagen aber noch unwirksamer dadurch wird, daß die Vernachlässigung der römischen Kirchengebräuche nicht nur bei den Gebildeten, sondern selbst im gemeinen Volke immer allgemeiner wird.

Und der geringe Nutzen, den diese kirchliche Uniform gewähren mag, wird tausendfach überwogen von den Nachtheilen des römischen Prinzips, durch dessen Aufrechterhaltung Oesterreich die geistige und politische Einheit des Staates zerreißt.

Worin liegt dagegen in unsrer Zeit das sichere Mittel der Einigung? — Im offenen und rastlosen Vorschreiten zur vernunftgemäßen Freiheit. Diese ist für alle Völker eine und dieselbe und wird von allen höher geschätzt als alle andern politischen Güter. In der Sehnsucht nach solcher Freiheit stimmen alle Oesterreicher überein, und wenn die Regierung auch nur aufhört, dieser Sehnsucht feindlich gewaltsam entgegenzuarbeiten, so legt sie schon dadurch einen festen Grund geistiger Einheit. Das römische Kirchenthum steht in Oesterreich unter den Gründen der Unzufriedenheit in erster Reihe, denn man weiß recht wohl, daß alle andern Unfreiheiten mit jener kirchlichen zusammenhängen und von ihr in ihrem Sinn geheiligt werden. Durch Aufgeben es römischen Prinzips, wenn dieses Aufgeben vorderhand auch nur in der Gestattung von allgemeiner Gewissensfreiheit bestünde, würde Oesterreich die Gegenwart und Vergangenheit versöhnen und sich einen heitern Blick in die Zukunft möglich machen.

Man weist dagegen gewöhnlich auf die Zeiten
Josephs II. hin und behauptet, wie damals würden
sich auch jetzt Volk und Klerus gegen die Einführung
kirchlicher Freiheit erklären und erheben. Allein
dieser Vorwand erweist sich dadurch als völlig nich=
tig, daß die josephinische Zeit eben schon gewesen ist.
Was der kaiserliche Martirer der Freiheit gethan
und gelitten, das ist eben für alle Zeiten geschehen
und ausgelitten. Der Same, den er gestreut, ist
nicht verloren gegangen, und die folgende mächtige
Zeitbefruchtung hat diesen Samen zur hoffnungs=
reichen Pflanze entwickelt. Heutzutag sehnt man
sich in Oesterreich allgemein nach einem Joseph II.
Wenn er heute seine Kirchenreform begönne, so
würde ihm die überwiegende Mehrzahl des ganzen
Volkes freudig zujauchzen. Die österreichischen
Völker sind reif für die Kirchenreform; das römische
Kirchenthum hat in Oesterreich fast nur mehr die
Stütze der Gewohnheit. Man gestatte nur die
freie Aeußerung der Ueberzeugung, man gestatte die
Erklärung für die neue Kirche, und man wird sich
von der Wahrheit des hier Gesagten überzeugen.
Wie zur Zeit der ersten Reformation alle öster=
reichischen Völker für sie begeistert waren; wie selbst
am Hofe Ferdinands I. nach dem Zeugniß des Erz=

bischofs von Lunden: „wenig Leut zu finden waren, an denen man nicht einen Geruch der neuen Lehre gespürt hätte", so ist es auch heutzutag in allen Provinzen unter allen Ständen der Fall. Das hier angeführte Zeugniß ist aus dem Jahr 1535, und doch war am 20. Juli 1528 befohlen worden, die Ketzer nicht gemein, sondern „hochmalefizisch" zu strafen, doch war am 24. Juli desselben Jahres die Verordnung ergangen, daß die Drucker und Feilhaber sektirerischer Bücher als Vergifter der Länder mit dem Tod im Wasser bestraft werden sollten. Dessenungeachtet drang die „Vergiftung" bis in die nächste Umgebung des Kaisers, ja bis in das Herz seines Sohnes, des Kronprinzen Maximilian *). Auch in dem Blutbad des dreißigjährigen Krieges wurde die neukirchliche Idee nicht erstickt; sie blieb auch in Oesterreich lebendig und entwickelte sich im Lichte der neuen Zeit so kräftig, daß Maria Theresia am 25. April 1767 zur Unter=

---

*) Bekanntlich hatte Max II. als Prinz mehrere Jahre hindurch das Abendmal nicht empfangen, weil er die Verweigerung des Kelches für bibelwidrig hielt. Er selbst sagt von sich, daß er bei Hof „wegen der Wahrheit verdächtig" sei, und vier Jahre vor seiner Thronbesteigung schrieb er an den Kurfürsten Friedrich von der Pfalz, daß er wol bald als Vertriebener zu ihm kommen werde.

drückung der „Freigeisterei und des Frevels, von
den Geheimnissen der katholischen Religion zu frei
oder wol gar verächtlich zu reden" folgendes Patent
erlassen zu müssen glaubte:

„Allerhöchstdieselben wollen und befehlen allergnädigst,
daß das Behörige unverlängt besorgt werde, damit hier dero
gesammten Hofstaat gleichwie auch an alle Hof-
stellen bedeutet werde, was gestalten J. M. das Laster
der Freigeisterei und des Unglaubens werkthätig abgestellt,
dagegen aber Gott, die Geheimnisse der heiligen katholischen
Religion und die Satzungen der Kirche in der gebührenden
Verehrung gehalten wissen wollen; daß also diejenigen,
welche ihr eigenes Gewissen einer sothanen Verfällungsan-
lage überführt, zur Bekehrung und Besserung ernstlich an-
gemahnt und mit dem Beisatz gewarnigt werden, daß wenn
sie von diesem Verbrechen nicht sogleich abstehen, selbe, sowie
diejenigen, welche wider besseres Verhoffen in selbes noch
eintreten dürften, nach der Schwere des Lasters ganz unnach-
sichtlich zur empfindlichsten Strafe gezogen werden sollen.
Die dergleichen frevelhafte Reden hören und selbe nicht also-
gleich der Polizeistelle anzeigen, sollen in dem Falle, wenn
sie auf eine andere Art entdeckt würden, ebenso wie der
Frevler selbst, auf das empfindlichste bestraft werden, jedoch
sei dabei zu erinnern, daß niemand unter schwerer Verant-
wortung unternehme, sich dieses Wegs d. h. Verleumdung,
falscher und unbegründeter Angebungen zu gebrauchen. Es
sei anbei J. k. k. apost. Maj. weiterer ernstlicher allerhöchster
Wille, daß zur Freigeisterei anleitende und der Geheimnisse

des Glaubens und der Satzungen der Kirche spottende Bücher
von jedem der Inhaber sogleich in Zeit von 8 Tagen selbst
verbrannt werden sollen, allermaßen jener oder jene
Person, bei welcher sothan ein derlei Buch noch vorgefunden
werden würde, ipso facto als des Verbrechens schuldig gehalten, somit, wenn auch ein mehreres und anderes wider
selben nicht entdeckt werden sollte, eine gleiche erspiegelnde
Strafe wider das Laster der Freigeisterei selbst gen solche
verhängt werden würde, und eine gleiche Ahndung hätten
auch diejenigen ohne Unterschied des Geschlechts zu gewär-
tigen, welche die Anzeige zu machen unterlassen, wenn
ihnen bekannt ist, daß sie dergleichen verbo-
tene Bücher selbst haben oder doch lesen oder
gar der Freigeisterei nachhängen." —

Welch ein merkwürdiges Kulturzeugniß ist dieses
Gesetz der wohlmeinenden Kaiserin, in deren Geist
selber sich die neue Zeit von der alten loszuringen
begann. Und was sollte dieses Gesetz nützen, da
der Kronprinz, der damals schon die deutsche Krone
trug, der erste darnach hätte gerichtet werden müssen!
Und hat nicht Maria Theresia selber durch Aufhebung gar mancher Kirchensatzung und durch Abschaf-
ung der Jesuiten gegen ihr eigenes Gesetz gehandelt!

Als Joseph seinen Kaiserkampf gegen Rom begann, da erhoben sich freilich die Unholde der Finsterniß zum Verzweiflungskampf gegen den kaiserlichen Reformator; allein wenn darüber auch das

Herz des Kaisers brach, die Wahrheit ging doch
nicht unter. Joseph II. hat nicht umsonst gelebt und
gestrebt. Heutzutag sind seine Gedanken das Ge-
meingut des österreichischen Volkes. Davon ist selbst
die Geistlichkeit nicht ausgenommen. Eben in Folge
der Bildung, welche Joseph gepflanzt, ist eine überwiegende Mehrzahl des Klerus so aufgeklärt, daß
die Kirchenreform gewiß zahlreiche priesterliche För-
derer bekäme, wenn die Regierung nicht so unbedingt
streng dagegen wäre. Selbst in den Klöstern, welche
Kaiser Joseph bestehen lassen und einer lebendigen
Thätigkeit zugeführt, hat weit mehr die Bildung der
Zeit als die Finsterniß Roms Aufenthalt gefunden.
Und wenn wirklich hier und da die Geistlichkeit noch
so mächtig und so antiösterreichisch römisch ist, daß
man ihretwegen nicht an die Reform der Kirche zu
gehen wagen dürfte, so ist dies eben nur die Folge
davon, daß man auf der Bahn, welche Joseph eröffnet, nicht vorwärts, sondern in vielen Stücken
sogar zurückgegangen ist; so liegt eben darin, daß
die Geistlichkeit noch in manchen Stücken wirklich
einen Staat im Staate bildet, die dringendste Aufforderung, die Reform rasch zu beginnen. Auf den
Beifall der Völker darf man dabei mit Sicherheit
zählen.

13 *

Ueberhaupt aber wird die Reform wenig oder gar keinen bedeutenden Widerstand finden, wen man den Fehler Josephs vermeidet, d. h. die Frei heit freisinnig und nicht despotisch einführt, wen man sie eigentlich gar nicht einführt, sondern si natürlich frei entwickeln läßt. Unter allseitiger Ge wissensfreiheit wird sich am sichersten und siegreichste die reine freie Wahrheit entwickeln.

So viel von den innern Verhältnissen Oester= reichs; aber auch in den äußern liegt durchaus keine Nöthigung, ja gar keine Aufmunterung, in der rö= mischen Dienstbarkeit zu verbleiben.

Bei dem jetzigen Stand der Bildung und der politischen Verhältnisse kann Oesterreich von Rom gar keine nur irgend bedeutende Stütze für seine Weltstellung erwarten. Wenn Oesterreich einmal so tief sinken könnte, daß es der päpstlichen Hilfe be= dürfte, dann wäre es an sich und eben durch die päpstliche Hilfe so gut wie gänzlich verloren. Wer heutzutag behauptet, Oesterreich müsse sich auf Rom stützen, der lügt entweder oder verkennt alle Ver= hältnisse. Das im Untergehen begriffene Papstthum klammert sich an Oesterreich und zieht es dadurch theilweis mit in den Untergang hinein.

Aber wenn Rom auch im Stand wäre, Oester=
reich zu stützen, so hätte es dazu nicht den guten
Willen, wie es denselben nie gehabt hat. Rom war
niemals ein aufrichtiger Freund Oesterreichs, hat
Oesterreich immer nur als Mittel und Werkzeug für
selbstsüchtige Zwecke gebraucht, hat die österreichische
Macht immer nur mit Rücksicht auf diesen Gebrauch
geschützt und gefördert und sie jedesmal leidenschaft=
lich bekämpft, so oft sie über die päpstliche Dienst=
barkeit hinaus zu selbständiger Kraft anwachsen wollte.
Alle österreichischen Herrscher, die frömmsten nicht
ausgenommen, haben unter der päpstlichen Feind=
seligkeit gelitten, und die schlimmsten Gefahren ver=
dankt Oesterreich seinen beiden stets verbundenen
Feinden Rom und Frankreich. Die Geschichte liefert
die klaren Beweise für diese Behauptung, sie zeigt,
wie der heilige Vater und das allerchristlichste Frank=
reich sich sogar mit den Türken gegen Oesterreich
verbunden. Nur der auffallendste und lehrreichste
Geschichtszug soll hier mitgetheilt werden*). Er

---

*) Ich habe in meinem „Jesuitenkrieg" die geschicht=
lichen Beweise der Feindschaft Roms gegen Oesterreich von
Karl V. bis Joseph II. dargestellt und bin von blinden Ka=
tholiken und unehrlichen Protestanten der leidenschaftlichen
Uebertreibung beschuldigt worden. Allein meine Darstel=
lung verdient eher den Vorwurf mildernder Schonung als

beweist, daß Rom weit weniger für religiöse als für weltliche Zwecke thätig ist, daß es lieber den Abfall der Protestanten ertragen wollte, als die Erhebung des österreichischen Hauses zur einigen deutschen Kaisermacht.

Ferdinand II. war durch Wallensteins Siege dahingekommen, die protestantische Partei gänzlich unterdrücken zu können. Daß er seinen Sieg im römischkatholischen Geist benützt hätte, war bei seiner Gesinnung gewiß. In diesem verhängnißvollen Augenblick aber trat Papst Urban VIII. gegen den Kaiser auf, der ihm doch eben wieder ganz Deutschland zur Glaubensunterthänigkeit zwingen wollte. Daß ganz Deutschland wieder in die alleinseligmachende Kirche gebracht werden sollte, ging dem heiligen Oberhaupt dieser Kirche weit weniger zu Herzen, als daß die deutsche Kaisermacht zu alter Größe sich erheben und natürlich auch über Italien ihr Herrscherrecht ausüben würde. An dem Seelen-

---

böswilliger Uebertreibung, wie die allen zugänglichen Bücher der unbefangensten Geschichtschreiber beweisen. Daß aber meine Mittheilungen selbst gleichgesinnten Lesern in vielen Stücken unglaublich erschienen, ist eben nur ein Beweis von der unglaublich schlechten römischen Politik, und sollte zugleich für die Freisinnigen Oesterreichs eine Aufmunterung sein, den Geschichtsboden besser zu benützen.

heil des halben deutschen Volkes lag dem Stellver=
treter Christi nicht so viel, als daran, daß Mantua
dem deutschen Reich entrissen und dem französischen
Einfluß preisgegeben wurde. In echt carbonarischem
Geist trat der Papst im Bund mit Frankreich „für
die Freiheit Italiens" gegen den Kaiser auf, der
doch der blindgehorsamste Sohn der römischen Kirche
war. Ja der Papst schloß mit den deutschen Pro=
testanten, die er doch in die Hölle verdammte, er
schloß durch Richelieu mit Gustav Adolf ein Bünd=
niß gegen den Kaiser, dessen eifrigstes Geschäft es
doch war, zu Ehren des römischen Stuhls, Deutsch=
land von Ketzern zu reinigen!

Zu gleicher Zeit bearbeiteten auf dem Reichstag
zu Regensburg päpstliche und französische Sendlinge
die katholischen Kurfürsten und bewogen sie zum
Abfall vom Kaiser. Dabei war vorzüglich ein
Kapuziner, Namens Joseph, thätig, der sich des
größten Vertrauens sowol Sr. Heiligkeit als Sr.
Eminenz, des französischen Ministers erfreute, und
von dem sein eigener Begleiter sagt, er habe keine
Seele, sondern statt ihrer nur Lachen und Untiefen,
in die jeder fallen müsse, der mit ihm zu thun habe.
Die Thätigkeit dieses Paters war so glücklich, daß
der Kaiser sich gezwungen sah, Mantua an Frank=

reich preiszugeben und seinen sieghaften Feldherrn in dem Augenblick zu entlassen, wo Gustav Adolf bereits auf deutschem Boden stand*).

Ferdinand hatte durch all diese Bewilligungen die Wahl seines Sohnes zum römischen König zu erlangen gehofft; allein nun erklärten die Kurfürsten auf Antrieb Baierns, daß auf diesem Reichstag keine Wahl vorgenommen werden könnte, weil der Kurfürstentag nicht ausdrücklich zu diesem Zweck berufen worden sei. Als der Kaiser erfuhr, daß abermals das päpstliche und französische Werkzeug, der Kapuziner Joseph, der Erfinder dieser Rabulisterei sei, rief er schmerzlich aus: „Ein Kapuziner hat mich mit seinem Rosenkranze entwaffnet, und in seine Kapuze sechs Kurhüte geschoben!"

Allein noch war Rom nicht befriedigt. Der Papst blieb fortwährend im Bund mit Frankreich und Schweden, und der Kaiser wurde in Italien und Deutschland zu neuen Zugeständnissen gezwun-

---

*) Gustav Adolf ließ Wallenstein seines Beileids versichern und ihm sagen, die Krone Schweden werde dem tapfern Feldherrn, dessen treue Dienste mit solchem Undank belohnt worden, in allen Fällen alles Gute und Liebe erweisen. — „Der von Friedland aber hat damals diese Condolirung mit Dank von sich geschoben," erzählt Khevenhiller.

·gen. Damals klagte Ferdinand II. in öffentlichen Schriften: „Der Papst hat mich zu dem Restitutionsedikt verführt und verläßt mich nun in dem Krieg, welcher daraus entstanden; der Papst hat die Wahl meines Sohnes hintertrieben, um die Möglichkeit eines Thronfolgestreites zu begründen; der Papst verführt die katholischen Fürsten, namentlich den Kurfürsten von Baiern zu einer reichsverrätherischen Politik im Bund mit Frankreich; der Papst weigert sich, den Krieg gegen die Schweden als Religionskrieg zu erklären!" — Um diese Erklärung zu erlangen schickte der Kaiser einen eigenen Gesandten mit den eindringlichsten Bitten nach Rom; der Papst aber erklärte nun rücksichtslos, dieser Krieg sei kein Religionskrieg, sondern ein politischer, der für die Freiheit Deutschlands und Italiens geführt werde!

Damals tadelten selbst die Cardinäle und die Einwohner Roms den Papst. „Mitten in der Feuersbrunst der katholischen Kirche" — hieß es öffentlich — „stehe der Papst starr und kalt wie Eis. Der König von Schweden habe mehr Eifer für sein Lutherthum, als der heilige Vater für den alleinseligmachenden katholischen Glauben."

Als hierauf der Kaiser, durch die äußerste Ge=

fahr gedrängt, das Restitutionsedikt fallen ließ, pro=
testirte der Papst und drohte dem Kaiser mit dem
Bann. Lamormain, der ein bestochener Liebling des
Papstes war und von ihm als Muster eines Fürsten=
beichtigers, der keine weltliche Rücksicht
nehme, gepriesen wurde, mußte das Gewissen des
schwachen Kaisers ängstigen. Alle Verträge des Kai=
sers mit den „Ketzern" erklärte der Papst für him=
melschreiende Sünden, während er selbst fortwährend
mit den deutschen Protestanten und mit Schweden
im Bunde war! —

Daß durch diese Anführung nicht etwa ein Be=
dauern darüber ausgedrückt werden soll, daß damals
der Papst selbst zur Rettung des Protestantismus
beigetragen, dies dürfte uns wol in vorhinein zu=
getraut werden. Allein wir erwähnen dessen aus=
drücklich, weil wir genugsam erfahren haben, wie
böswillig die Kritik bei kirchlichen Streitschriften zu
Werk geht. In geistiger Beziehung hat Urban VIII.
durch seine Treulosigkeit allerdings der guten Sache
genützt; dem österreichischen Kaiserhause aber hat er
politisch unermeßlich geschadet. Möchte man sich
durch diese Erinnerung bewogen fühlen, wenigstens
nicht katholischer sein zu wollen als der Papst
selbst! —

Daß die deutsche Stellung Oesterreichs durch den Romanismus nicht nur gar nicht gestützt, sondern erschüttert, geschwächt und äußerst gefährdet wird, ist durch eine mehr als dreihundertjährige Erfahrung bewiesen. Eben durch das starre Festhalten am Papstthum, durch den Kampf für römische gegen deutsche Interessen ist Oesterreich, ist das deutsche Kaiserhaus in feindlichen Zwiespalt mit dem eigenen Reich gekommen. In Folge dessen hat Oesterreich Liebe und Zutrauen des größern Theils der deutschen Nation verloren, ist von dem geistigen Gesammtleben Deutschlands ausgeschlossen und in eine unnatürliche, der historischen Grundlage entbehrende isolirte Lage gedrängt worden. Und was hat Oesterreich gegen so große lebensgefährliche Nachtheile durch seinen Romanismus gewonnen? — So viel wie gar nichts. Es hat wesentlich wegen des spanischen Erbes seines Hauses jene unglückliche romanische Politik verfolgt, es hat das deutsche Interesse dem welschen geopfert, aber mit dem unglücklichsten Erfolg. Denn das spanische Erbe ging dennoch verloren und zwar wesentlich auch wegen der Schlechtigkeit der römischen Politik, und durch den Kampf für undeutsche Interessen war das deutsche Kaiserhaus zum deutschen Reich in eine Stellung gekommen, die ihm bald keinen andern

Einfluß mehr gestattete, als den Einfluß diplomatischer List und militärischer Gewalt.

Oesterreich hat durch seinen Romanismus in
Deutschland nichts gewonnen als die Sympathie
Baierns, oder eigentlich, eine Verminderung der An-
tipathie Baierns; und man pflegt diesen Vortheil
gewöhnlich sehr hoch anzurechnen. Allerdings hat
nun Baiern im Reformationskampf Oesterreich wichtige Dienste geleistet, allein da jener ganze Kampf
nur zum Verderben Oesterreichs ausschlug, so hat
der baierische Dienst eben nur das Verderben Oesterreichs befördert. Und wie „wenig sich Oesterreich
selbst in dieser römischen Richtung im entscheidenden
Augenblick auf Baiern verlassen kann, haben wir in
der eben mitgetheilten Erinnerung an die Zeit Ferdinands II. gesehen; und wie wenig die römischkatholische Uebereinstimmung überhaupt im Stande ist, die
althistorische Misgunst Baierns gegen Oesterreich zu
überwinden, ist durch Erfahrungen bewiesen, deren
Deutschland schändendes Gedächtniß wir hier nicht
auffrischen wollen. Ueberdies hat sich Baiern ungeachtet seiner ultramontanen Richtung doch niemals
so sehr von Deutschland getrennt wie Oesterreich,
und es steht besonders heutzutag in wissenschaftlicher
und politischer Hinsicht dem übrigen Deutschland so

nahe, daß es dadurch dem österreichischen System entgegengesetzte Richtungen verfolgen muß; wobei wir der so wichtigen merkantilen Einigung Baierns mit dem übrigen Deutschland gar nicht erwähnen wollen.

Allein wenn dies alles auch nicht so, wenn Baiern aus römischkatholischer Sympathie wirklich ganz und gar mit Oesterreich vereinigt wäre, so gewönne Oesterreich dadurch in Deutschland nicht nur keine Stärkung, sondern nur einen Genossen der Schwäche und der fortdauernden Gefahr, von Deutschland gänzlich abgestoßen zu werden. Die geistige und politische Bedeutung Deutschlands beruht auf dem Protestantismus; aus dem protestantischen Element, welches in seiner vollen Bedeutung im Kampf gegen jede Knechtung des deutschen Geistes, gegen jede diesem Geiste fremde Herrschaft besteht, aus diesem protestantischen Element muß und wird sich die Zukunft Deutschlands entwickeln. Oesterreich und Baiern nun werden als die dem Vaterlande entfremdeten Gegner dieser deutschen Zukunft gehaßt und gefürchtet; eine völlige Vereinigung der beiden ultramontanen Mächte würde diesen Haß und somit die Schwäche der beiden Verbündeten gegenüber dem geistig bewegten und mit den unwiderstehlichen

Waffen des Zeitgeistes kämpfenden Deutschland steigern.

Solang Oesterreich als Verfechter des Romanismus, also als Gesinnungsgenosse der römischen Feindseligkeit gegen Deutschland, als Theilnehmer an der päpstlichen Verfluchung des Protestantismus, welcher nicht nur in kirchlicher, sondern in allgemein geistiger Hinsicht das Gesammtleben des deutschen Volkes in sich faßt, in Deutschland dasteht und wirkt, solang hat es den Genius Deutschlands gegen sich und ist dadurch sein eigener Feind. Denn nur durch die Kraft des deutschen Geistes kann Oesterreich seine große innere Aufgabe erfüllen und nur mit einem vertrauensvoll geeinigten Deutschland kann es sich gegen Westen und Osten schützen, im Süden seine Macht erhalten und seine geschichtlichen Machtansprüche durchsetzen. Durch den Romanismus aber ist Oesterreich — wir wiederholen es — mit dem deutschen Geist und dadurch mit dem eigenen Lebensprinzip in feindlichen Widerspruch gekommen, und die traurige Folge davon ist, daß das österreichische Staatsleben im innern verspottet, untergraben, verneint und von außen mit täglich zunehmender Kühnheit bedroht wird.

Dieses Uebel hat Oesterreich vergrößert, indem

es neuerdings auch gegen das neue deutsche Kirchenstreben gewaltthätig eingeschritten, da ihm dieses
Streben vielmehr ein erwünschtes Mittel hätte sein
sollen zum Uebergang vom Romanismus zum Germanismus, in welchem allein das Heil seiner Zukunft liegt.

Fast kindisch ist es, diesen Uebergang wegen der
Rücksicht auf Baiern für unmöglich auszugeben.
Wenn Oesterreich sich mit dem geistigen Streben
Deutschlands aufrichtig und durchgreifend befreundet,
dann muß Baiern nachfolgen oder wird im schlimmsten Fall zur Nachfolge gezwungen werden können.
Aber dieser Fall würde nicht eintreten. Baiern stützt
seinen Ultramontanismus hauptsächlich auf das Beispiel Oesterreichs; wenn dieses Beispiel wegfiele,
würde der baierische Ultramontanismus von selbst
fallen, weil er in den wahren Interessen und in der
Bildung Baierns längst keine feste Stütze mehr hat.
Und selbst im schlimmsten Fall einer gänzlichen Verblendung der baierischen Regierung würde die Bildung der überwiegenden Mehrzahl des gesunden
baierischen Volkes, würde das allgemeine deutsche
Nationalbewußtsein und die heutige Verfassung
Deutschlands es unmöglich machen, daß Baiern
abermals in undeutsche Verbindungen geriete. Und

selbst wenn dies Unglück wirklich abermals einträte,
so wäre das mit Oesterreich vereinigte Deutschland
auch ohne Baiern jedem Feind gewachsen.

Dies führt uns zunächst zur Betrachtung der
Stellung, welche Frankreich Oesterreich gegenüber
zur römischen Kirche einnimmt. Man behauptet mit
Grund, Frankreich würde, wenn Oesterreich sich von
Rom trennte, den Papst gegen Oesterreich unter=
stützen, die deutschen Katholiken gegen Oesterreich
aufwiegeln. Daß Frankreich diesen bösen Willen
wirklich hat, daß es zur Offenhaltung des deutschen
Zwiespaltes jetzt den Katholizismus benützen würde,
wie es ehmals den Protestantismus benützt hat, das
muß einer langen Erfahrung gemäß nicht nur vor=
ausgesetzt werden, sondern ist vor unsern Augen be=
reits durch mancherlei bedeutsame Zeichen bewiesen.
Allein wenn sich Oesterreich dem deutschen Streben
nach völliger Kirchenfreiheit anschlösse, so würde die
Zahl der römischkatholischen Deutschen bald so gering
sein, daß Frankreich nicht viele deutsche Verräther
gewinnen könnte, und selbst wenn die Zahl derselben
groß wäre, würde Oesterreich im Verein mit dem
kirchlich freien Deutschland Frankreich und seinen
deutschen Anhang nicht zu fürchten haben. Rom
und Frankreich bleiben immerdar Oesterreichs Feinde

und werden jede Gelegenheit benützen, die öster=
reichische Macht zu schwächen und in Schach zu hal=
ten; es wäre also jedenfalls eine mannhaftere und
zugleich klügere Politik, sich von diesen Feinden offen
zu trennen, um ihnen so, durch deutsche Einigung
gekräftigt, die Spitze bieten zu können, als aus
Furcht vor dem einen Feind, dem andern zu schmei=
cheln und dadurch beiden die gefährlichsten Blößen
zu geben. —

Der bedeutendste Einwurf, den man gegen die
Aufforderung Oesterreichs zur Lossagung von Rom
vorbringt, bezieht sich auf Italien und Ruß=
land.

Man behauptet, Oesterreich müsse nothwendig
als streng römischkatholische Macht dastehen, wenn
es seinen Einfluß auf Italien behaupten und zugleich
an den katholischen Westslaven eine Schutzwehr gegen
Rußland behalten wollte.

Diese Behauptung ist allerdings scheinbar von
hoher Bedeutung; allein der Schein dieser Wichtig=
keit verfliegt sogleich, wenn man mit Nachdruck die
Frage ausspricht: „Wie kann sich Oesterreich in Ita=
lien und gegen Rußland befestigen und sichern, solang
es an einem System festhält, dessen Ziel die Unfreiheit
der Völker ist?"

14

Oesterreich wird in Italien solang gehaßt sein, als es dort seine Macht lediglich dazu anwendet, jede geistige und politische Erhebung zu hindern und zu unterdrücken. An dem schmachvollen Darniederliegen Italiens ist aber wesentlich auch das päpstliche Kirchensystem schuld; Oesterreich ist also eben als Schutzherr des Papstes auch der Gegner jedes Aufschwungs Italiens. Dies erkennen alle denkenden Italiener, die dem päpstlichen Kirchenunwesen ebenso abhold sind wie die Deutschen. Wie der Gedanke der ersten Reformation auch Italien mächtig angeregt hat, so ist dies auch mit der zweiten deutschen Reform der Fall, ja diese findet eben in Folge des auch . in Italien fortgeschrittenen Zeitgeistes noch lebhaftere und allgemeinere Theilnahme. Die Reform der Kirche, wenn die Italiener daran theilnehmen könnten, würde zugleich ein Mittel der Aussöhnung Italiens und Deutschlands sein, würde Italien am sichersten dem Einfluß Frankreichs entwinden, welches jetzt eben vorzüglich wegen Italien die römischkatholische Maske trägt.

Allerdings giebt es in Italien einige Stimmführer, welche die Hoffnung ihres Vaterlandes auf eine Conföderation unter päpstlichem Protektorat setzen *). Allein dies sind entweder Stimmen des mönchischen Fanatismus oder der Verzweiflung. Nur wer die Wiederkehr der altpäpstlichen Herrlichkeit wünscht und für möglich hält, oder wer durch das Elend Italiens der klaren Besonnenheit beraubt ist, kann einen solchen Vorschlag machen. Es ist undenkbar, daß Italien unter der Herrschaft des päpstlichen Prinzips das würde, wozu es berufen ist und wornach sich der strebende Theil der Nation sehnt. Das Papstthum ist in unauflösbarem Widerspruch mit den Forderungen der Zeit überhaupt und mit den Bedürfnissen Italiens insbesondere. Solang ein Papst päpstliche Gewalt übt, ist eine allgemeine freie Weltbildung, ist ein freies Italien unmöglich.

Nur ein Fall wäre bei oberflächlicher Betrachtung denkbar, wo die Italiener es als neue Waffe des Hasses und der Auflehnung benützen würden, wenn Oesterreich sich von Rom lossagte. Es könnte dies nämlich dann der Fall sein, wenn Oesterreich

---

*) So z. B. Gioberti: „Del primato morale e civile degl' Italiani;" Luigi Tosti: „Storia della badia di M. Cassino," u. a. Allein überwiegende Stimmen sind dagegen, z. B. Cäsar Balbo: „Delle speranze d'Italia;" Niccolini: „Arnaldo da Brescia;" Coraccini, Coletta, Botta u. a.

sich zwar der freiern kirchlichen Richtung anschlösse
im übrigen aber das alte System festhalten wollte
Doch eine solche einseitige Kirchenbefreiung ist nich
möglich. Die Lossagung von Rom ist zugleich die
Lossagung vom alten System; daher würden die
Italiener dieser Lossagung Oesterreichs von dem
völkerfeindlichen Geist mit Freuden zujauchzen.

Das nämliche gilt verhältnißmäßig von der
Stellung Oesterreichs zu Rußland durch die Westslaven.

Solang diese in geistiger und politischer Unfreiheit gehalten werden, kann Rußland mit Erfolg die
nationalen Sympathien aufregen. Wenn dies eines
Beweises bedürfte, so wäre er durch allbekannte Er-
eignisse unsrer Tage gegeben. Oesterreich ist nämlich streng römischkatholisch, und doch gewinnt Rußland unter den katholischen Slaven täglich mehr
Anhänger und überwältigt sogar das kirchliche Be-
ußtsein derselben durch nationale und politische
Lockungen*). Nur durch recht auffallende Freiheit

---

*) Allerdings sind dies keine Lockungen durch politische
Freiheit, wol aber Lockungen durch Verheißung der Verherr-
lichung des slavischen Namens, der Erringung slavischer Weltherrschaft, der Rache an den Deutschen u. s. w. Diese
Lockungen machen einen mächtigen Eindruck auf ein Volk,

überhaupt können diese Slaven bleibend für das po=
litische Bewußtsein Europas gewonnen und für im=
mer von Rußland getrennt werden.

Unter dieser allgemeinen Freiheit aber muß aus
allgemeinen und besondern Gründen auch die kirch=
liche Freiheit sein. **Man glaube ja nicht, daß
bei den Slaven das römische Kirchenthum
dem griechischen auf die Dauer Wider=
stand leisten werde.** Man bedenke doch, wie
eng die nationalen Erinnerungen der Slaven mit
dem griechischen Kirchenthum zusammenhängen; man
höre und sehe doch, mit welchem Erfolg den katho=
lischen Slaven vorgepredigt wird, daß sie haupt=
sächlich durch ihre Anhänglichkeit an die römische
Kirche in die Knechtschaft des Westens gekommen
und von der Allslawa getrennt worden sind, die be=
rufen ist, das oströmische Weltreich wieder herzustellen.
Man bedenke ferner, daß die griechische Kirche durch
ihre freie Nationalverfassung, durch vielerlei volks=
thümliche Institute und Gebräuche und besonders auch
dadurch, daß sie die Priesterehe gestattet,
mächtige Sympathien anzuregen im Stand ist.

---

welches bei seinem aristokratischen und patriarchalischen
Grundwesen für politische Freiheit im Sinne des neuen
Staatsrechts noch gar wenig Empfänglichkeit hat.

Nur durch Trennung von Rom, durch eine freie volksthümliche Kirchenverfassung kann diesen mächtigen Sympathien entgegengearbeitet werden, die eben für Oesterreich um so gefährlicher sind, als ein bedeutender Theil der österreichischen Slaven ohnehin schon der griechischen Kirche zugethan ist und für den Zar von Rußland öffentlich betet. Und daß eben die österreichischen Slaven durch Befreundung mit dem freien deutschen Kirchenstreben bleibend für die geistige und politische Verbindung mit Deutschland gewonnen werden könnten, ist am deutlichsten dadurch bewiesen, daß die bedeutendsten Wortführer der Czechen, Slowaken und Kroaten Protestanten sind, und daß vorzüglich die Erinnerung an die blutigen Religionsgräuel der Vergangenheit für alle österreichischen Slaven ein Hauptgrund ihrer Abneigung gegen die Verbindung mit Oesterreich ist.

Baiern.

Noch mehr als in Oesterreich ist in Baiern die An=
hänglichkeit an das Papstthum ein unglückseliges
Erbtheil des regierenden Hauses. Ein böser Dämon
der verderblichsten Art ist der Ultramontanismus für
das Haus Wittelsbach, und selbst aufgeklärte Re=
genten dieses Hauses konnten mit all ihrer bessern
Ueberzeugung diesen Dämon nicht verscheuchen.

Es giebt freilich Beurtheiler, welche behaupten,
dieser Dämon sei der träge Stumpfsinn des baieri=
schen Volkes, der durch unmäßiges Biertrinken er=
halten und genährt werde. Allein man hat damit
unrecht.

Allerdings wird in einigen Gegenden Baierns,
namentlich in Altbaiern ein römischer Götzendienst
getrieben wie nirgends sonst auf deutscher Erde;

allein es giebt dagegen auch wieder baierische Ge=
biete, wo das freiste Geistesleben waltet. Und selbst
in Altbaiern muß man diejenigen, welche in Altötting
aus wirklichem Aberglauben auf den Knien in die
Kirche rutschen, wohl von denen unterscheiden, welche
diesen und andern Unsinn mitmachen, weil er eben
von der Regierung geschützt und durch die Hofsitte
gleichsam geadelt ist. Was aber das viel bespöttelte
und doch auch im philosophischen Norddeutschland so
fleißig nachgeahmte Trinken des köstlichen baierischen
Bieres betrifft, so erinnere man sich doch — um nur
ein Beispiel aus unzähligen anzuführen — an Jean
Paul. Hat dieser große Biervertilger nicht dennoch
mit kühnem Geistesschwung für die Freiheit gekämpft
und an der Vernichtung aller kirchlichen und poli=
tischen Vorurtheile gearbeitet?

Die erste deutsche Reformation hatte in Baiern
eben so viel Anklang und Theilnahme gefunden, wie
im ganzen übrigen Deutschland, und ungeachtet der
blutigen Gegenwirkung und der raffinirtesten Seelen=
schändung durch die Jesuiten hat sich der Protestan=
tismus selbst in Altbaiern in kräftigen Stammge=
meinden erhalten.

Das philosophische Streben des achtzehnten
Jahrhunderts fand auch in Baiern würdige und

rastlos thätige Vertreter; ja in Baiern entstand sogar der Illuminatenorden*), der in allen Ständen des ganzen Volkes zahlreiche Mitglieder hatte.

Auch das neue deutsche Kirchenstreben findet in Baiern nicht nur bei den Gebildeten, sondern selbst im eigentlichen Volk aufrichtige Zustimmung. Jeder denkende Baier erkennt, daß die Deutschkatholiken vollkommen recht haben. Selbst diejenige Masse des altbaierischen Volkes, welche man als gänzlich untergegangen im römischen Aberglauben darstellt, würde die Wahrheit sogleich begreifen, wenn sie ihm klar gesagt werden dürfte. Dieses derb kräftige, genial lebenslustige Volk, welches an gesundem Sinn keinem andern deutschen Stamm nachsteht, welches ungeachtet seiner äußerlich angewöhnten Bigotterie das Pfaffenunwesen mit dem kecksten Spotte geißelt, dieses kräftig urdeutsche Volk würde den freien Kirchengedanken sogleich fassen und sich für ihn ehrlich begeistern, wenn man ihm denselben nicht verhüllte, entstellte, verdächtigte, wenn man höhern Orts nicht gegen die eigene bessere Ueberzeugung aus übelberathener Politik oder gar nur aus welsch

---

*) Schon vor der ersten Reformation pflegte und verbreitete der baierische Böklerbund hussitische Wahrheiten.

romantischer Liebhaberei dem bigotten Vorurtheil dieses Volkes schmeichelte. Der deutlichste Beweis für das hier Gesagte ist die auffallende ängstliche Strenge, mit welcher man in Baiern von der neuen Kirche abschrecken zu müssen glaubt. —

Daß auch politische Berechnung — wenn auch großentheils Verrechnung — an dem baierischen Ultramontanismus Mitschuld hat, ist durch die Geschichte bewiesen.

So wird Welf von Baiern als der erste unter den deutschen Fürsten bezeichnet, der Vasall von Bischöfen wurde, um unter dem Krummstab sicher zu sein.

Gleich beim Beginn der Reformation war man in Baiern sehr für sie. Man hatte weder die Bulle Leo's X., noch das wormser Edikt gegen Luther beachtet. Auf der Burg Hohenschwangau, wohin Luther vom Reichstag zu Augsburg floh, fand er gastfreundliche Aufnahme.

Unter den Ursachen, warum man von diesem Verhalten plötzlich zum feindselig entgegengesetzten Verfahren überging, wird auch folgender Umstand hervorgehoben. Albrecht IV. von Baiern hatte das Erstgeburtsrecht eingeführt, um die verderbliche Theilung des Landes zu hindern. Dies war mit ein Hauptgrund, warum Wilhelm IV. gegen die Reformation auftrat, als sie die alte Kirchenverfassung aufhob und es dadurch unmöglich machte, nachgeborne Prinzen auf reichen Bischofsitzen zu versorgen *).

Auch die Fugger sollen wesentlichen Antheil daran genommen haben, Luthers Lehre zu unterdrücken. Das reiche Kaufhaus vermittelte nämlich die Geldsendungen Deutschlands nach Rom und machte dabei vortreffliche Geschäfte, die durch die Kirchenneuerung äußerst bedroht waren. Der streitbare Gegner der Reformation Dr. Eck stand mit den Fuggern in engster Verbindung und die öffentliche Disputation, in welcher dieser Doktor der heiligen römischen Gottesgelehrtheit zu Bologna den Wucher vertheidigte, soll im Auftrag der Fugger gehalten worden sein.

Die geistige Befreiung, welche in Baiern unter

---

*) Papst Hadrian VI. bewilligte den Herzögen von Baiern den fünften Theil der Einkünfte aller geistlichen Güter des Landes, „weil sie sich erboten, gegen die Feinde des rechten Glaubens die Waffen zu ergreifen." Wie mächtig bestimmend dieses Zugeständniß, welches auch die folgenden Päpste immer auf gewisse Fristen erneuerten, wirken mußte, erhellt daraus, daß damals mehr als die Hälfte des baierischen Landes dem Krummstab gehörte.

dem freisinnigern Kurfürsten Maximilian Joseph III.*)
durch Männer wie Sterzinger, Osterwald u. v. a.
begann, wurde unter dem schwachen Karl Theodor
wieder durch eine neue Verfinsterung des maskirt
einherschleichenden Jesuitismus verdrängt. Die freisinnigen Reformen Max Josephs I. wurden dem Geist
nach wieder aufgehoben durch das Concordat mit
Rom, wodurch der erste König Baierns sich abermals der Mitherrschaft eines fremden Monarchen
unterwarf. Die jetzige Regierung Baierns, die
nach poetischen Vorhersagungen hoffnungsreich begonnen, neigt sich jetzt unter Verbreitung der schlimmsten und verstocktesten aller Mönche, der Redem-
toristen, und unter strengster Verdammung des
Deutschkatholizismus ihrem Ende zu.

Furcht vor dem demokratischen Prinzip war seit
den Zeiten des Illuminatenordens auch in Baiern
die Hauptursache der ultramontanen Verfinsterung.
In neuester Zeit sind dazu noch ähnliche diplomatische Berechnungen gekommen, wie wir sie eben bei

---

*) Als diesem bei aller Frömmigkeit aufgeklärten Fürsten
von jesuitischen Denunzianten ein Verzeichniß von „Frei-
geistern" übergeben wurde, warf er es ins Feuer mit den
Worten: „Gerade die besten und ehrlichsten Köpfe des
Volkes!"

Oesterreich widerlegt haben. Daß überdies eben in neuester Zeit auch eine poetische Ueberschätzung der romantisch künstlerischen Seite des römischen Kultus unter den Bewegnissen des baierischen Altkatholizismus wirksam sei, behaupten viele, die mit den herrschenden Persönlichkeiten näher bekannt sind.

Daß nun Baiern von seiner gehorsamen Anhänglichkeit an Rom ebenso wenig, ja noch weniger Nutzen gehabt als Oesterreich, ist durch die Geschichte des Hauses Wittelsbach bewiesen. Vorzüglich des Ultramontanismus wegen ist Baiern niemals populär in Deutschland geworden, nie zu jenem Ansehen und Einfluß gelangt, nach welchem doch das Haus Wittelsbach so begierig gestrebt hat und noch strebt. Baiern blieb vielmehr eben wegen seines dickgläubigen Romanismus immerdar die Zielscheibe des deutschen Spottes; es wurde und wird als das Asyl aller Dunkelmänner, als verunstaltender Kleks im Kulturbilde Deuschlands, als das vorzüglichste Nest des feindlichen welschen Einflusses verachtet und gehaßt. Durch seinen Ultramontanismus und die eben genannten Wirkungen desselben wurde Baiern fortwährend zu einer falschen undeutschen Politik gedrängt, durch die es nicht nur seinen Ruf in Deutschland fortwährend tiefer herabbrachte, sondern auch, während es für sich zu sorgen wähnte, größtentheils nur das Werkzeug fremder Interessen war.

Aber Baiern hatte nicht minder als Oesterreich auch direkte Mishandlung von Seite Roms zu erleiden.

Wir halten uns der gegen die Lehren und Warnungen der Geschichte so verstockten alten Politik gegenüber für verpflichtet, auch für Baiern, wie oben für Oesterreich eine geschichtliche Erinnerung aufzufrischen, die allein schon geeignet ist, jedes ehrliche Baiernherz gegen Rom zu empören.

Die lang gehegte ehrgeizige Sehnsucht des Hauses Wittelsbach war erfüllt, als **Ludwig der Baier** gegen **Friedrich von Oesterreich** die deutsche Kaiserwürde erlangte, seinen Gegner in offener Feldschlacht schlug und in Gefangenschaft bekam. Und Ludwig war nach ursprünglicher Charakteranlage auch ganz der Mann, die Kaiserwürde kaiserlich zu behaupten und in Deutschland sowol als in Italien ein kräftiger Nachfolger Heinrichs VII. zu sein. Wenn er sich bis an sein Ende so behauptet hätte, wie er begonnen, welch einen glänzenden Gang würde die Geschichte Baierns dann genommen haben. Das Haus Wittelsbach wäre gewiß für lange Zeit, vielleicht für immer an der Spitze Deutschlands ge=

blieben, wäre aus dieser Stellung nicht als neutraler Mittelstaat, sondern als weltherrschende Großmacht in die neue Geschichte eingetreten*).

Daß dies nicht so geworden, daß Ludwig der Baier nicht nur politisch, sondern auch moralisch zu Grund gegangen ist, hat lediglich die Feindschaft Roms gegen Baiern verschuldet. Drei Päpste arbeiteten in rastloser Wuth durch die übermüthigsten, Deutschland beschimpfenden Forderungen, durch Verhetzung der deutschen Reichsfürsten, durch Verrath Deutschlands an Frankreich, durch Aufreizung der Vorurtheile und Leidenschaften des Pöbels, durch Vernichtung der Unterthanentreue, durch Bannflüche und Interdikte daran, Ludwig den Baier, der die Rechte des deutschen Reiches wahren und besonders in Italien als Nachfolger Heinrichs VII. auftreten wollte, zugrundzurichten. Und es gelang ihnen so vollständig, daß der ursprünglich kräftige, hellsehende und biederbe Ludwig zuletzt in völlige Schwäche ver-

---

*) Ludwig ahmte vortrefflich die Hauspolitik Rudolphs von Habsburg nach. Die erledigte Mark Brandenburg verlieh er seinem ältesten Sohn Ludwig und mit König Johann von Böhmen unterhandelte er über den Eintausch Böhmens gegen die untere Pfalz. Die Tauschurkunde war schon ausgefertigt.

sank und das Haus Wittelsbach für immer in Ver=
ruf brachte.

Als Heinrich VII. auf welschem Boden durch
eine vergiftete Hostie den Tod gefunden hatte und
die Kaiserwürde zwischen Baiern und Oesterreich
streitig wurde, da wollte Papst Johann XXII., ein
geborner Franzose, die Verwirrung Deutschlands
benützen, um Italien vom Reich loszureißen und
Frankreich über Deutschland zu erheben. Er erklärte
daher das von dem verstorbenen Kaiser in Italien
eingesetzte Reichsvikariat für ungiltig und sich selbst
für den Herrn Italiens. Als die von Heinrich VII.
eingesetzten Herzöge, an deren Spitze Matthäus Vis=
conti von Mailand, gegen die päpstliche Anmaßung
protestirten, erkommunicirte sie der Papst; und als
dies nichts fruchtete, zog der päpstliche Legat Ber=
trand de Pojet mit einem Kriegsheer in die Lombar=
die und belagerte Mailand. Da wandten sich die
Visconti an den deutschen Kaiser, als den Herrn
Italiens um Hilfe. Ludwig der Baier war auch
bereit, diese Hilfe kräftig zu leisten. Er sandte eine
auserlesene Schaar deutscher Ritter nach Italien,
gab jedoch den Anführern den Befehl, zuerst eine
gütliche Ausgleichung zu versuchen. Als aber dieser
Versuch von dem päpstlichen Gesandten hochmüthig

abgewiefen wurde, machten fich die baierifchen Ritter
über die päpftlichen Truppen her und fchlugen fie in
die Flucht. Da fchwur der Papft, Ludwig den
Baier zu vernichten und zugleich das deutfche Reich
für immer zu erniedrigen.

An die Kirchenthür zu Avignon wurde ein Pro=
zeß gegen den deutfchen Kaifer angefchlagen. Darin
hieß es: „Ludwig von Baiern habe fich gegen das
Recht des heiligen römifchen Stuhls empört, indem
er die ftreitige Wahl zum römifchen König ange=
nommen, ohne die Entfcheidung, Prüfung und Be=
ftätigung des Papftes einzuholen. Ludwig fei aber
in feinem Frevel noch weiter gegangen und habe
nicht nur den Titel eines römifchen Königs ange=
nommen, fondern fich auch der Reichsverwaltung
angemaßt, fich den Eid der Treue leiften laffen, über
Reichsämter und Würden verfügt und fogar die er=
klärten Feinde der römifchen Kirche, welcher allein
bei erledigtem Reich die gefammte Reichsverwaltung
zuftünde, die als Ketzer verdammten Visconti unter=
ftützt. Wegen diefer verwegenen Unternehmungen
lege der Papft als vom heiligen Geift eingefetztes
Oberhaupt des Reichs genanntem Ludwig von Baiern
unter Strafe der Erkommunikation auf, daß er inner
breier Monate vom 8. Okt. 1323 an zu rechnen,

sich dem heiligen Stuhl unterwerfe, die Reichsver=
waltung niederlege und alles widerrufe, was er
bisher gethan und verfügt.   Dies= und jenseits der
Alpen solle sich niemand unterstehen, gedachten
Ludwig von Baiern als römischen König anzuer=
kennen." — Dieser sogenannte Prozeß wurde dem
Kaiser nicht einmal zugeschickt!   Um einen deutschen
Kaiser zu verurtheilen sollte es hinreichend sein, ein
päpstliches Pamphlet an die Kirchenthür einer fran=
zösischen Stadt anzuschlagen!

Auf die Kunde von dieser unerhörten päpstlichen
Anmaßung veröffentlichte Ludwig zu Nürnberg eine
feierliche Protestation.   Er erklärte darin mit würde=
voller Mäßigung, daß er der heiligen Kirche bis an
sein Ende treu sein, aber auch die Rechte des heiligen
römischen Reiches deutscher Nation bis zum letzten
Hauche seines Lebens vertheidigen wollte.   Ein un=
veräußerliches Recht dieses Reiches aber sei es, daß
derjenige römischer König sei, den die Mehrzahl der
Kurfürsten gekürt.   Die Ausübung der kaiserlichen
Rechte hinge durchaus nicht von der päpstlichen Be=
stätigung ab.   Was aber die Unterstützung angeb=
licher Ketzer und Rebellen betreffe, so wisse man in
Deutschland gar wohl, daß die römische Curie immer
diejenigen verketzere und als Rebellen brandmarke,

die ihre Pflicht als Unterthanen des deutschen Reichs erfüllen. — Zugleich schickte Ludwig den Groß= meister des Johanniter Ordens in Deutschland, Albert von Straßburg, den würzburger Archidia= konus Ernst von Seebach und den gelehrten Magister Heinrich von Prag als Gesandte nach Avignon, um mit dem Papst gütlich zu verhandeln. Allein dieser erklärte, die Frist sei dem Ludwig von Baiern keines= wegs zur Vertheidigung bewilligt worden, denn seine Verbrechen seien klar. Er habe daher eben nur zu erfüllen, was ihm der Papst aufgetragen; dazu solle ihm aber aus väterlicher Milde eine weitere Frist von zwei Monaten eingeräumt werden.

Da nun Ludwig, wie er es vor Gott und der Welt schuldig war, fortfuhr, die kaiserlichen Rechte auszuüben, sprach der Papst am 1. März 1324 wirklich die Erkommunikation über den deutschen Kaiser aus. Niemand weder geistlich noch weltlich sollte unter Strafe gleicher Erkommunikation dem Ludwig von Baiern gehorchen, alle ihm geleisteten Eide, alle mit ihm geschlossenen Verträge seien null und nichtig. Mit noch weitern Strafen wolle der Papst aber aus väterlicher Milde abermals drei Monate warten, welche Ludwig bußfertig dazu be= nützen möchte, durch Erfüllung des päpstlichen Auf=

trags Begnadigung zu erlangen. Als Ludwig diese
Frist wieder verstreichen ließ, sprach der wüthende
Papst am 11. Juli d. J. das Endurtheil, durch
welches Ludwig von Baiern für Zeit und Ewigkeit
verflucht und alles Rechtes, welches er aus der
Wahl ableiten konnte, völlig und für immer verlustig
erklärt wurde. Zugleich forderte der Papst die Kur=
fürsten zu einer neuen Kaiserwahl auf.

Ludwig protestirte gegen die päpstliche Unthat
und hob mit überzeugender Wärme und Klarheit
hervor, daß es sich in diesem unglückseligen Streit
nicht etwa blos um seine Person und um das Haus
Wittelsbach, sondern um die Freiheit und Ehre des
deutschen Reiches handle; allein der Papst verleitete
durch französisches Geld die deutschen Fürsten, durch
das Interdikt das Volk zum Abfall und rief überdies
die Eifersucht Oesterreichs zu den Waffen. Dabei
benahm sich Rom auch gegen Oesterreich wie immer
treulos. Es war nämlich durchaus nicht die Absicht
des Papstes, das Haus Oesterreich auf den Thron
zu erheben, denn die deutsche Krone war dem König
von Frankreich zugedacht. So sollte schon damals
die Eifersucht zwischen Oesterreich und Baiern nur
dazu dienen, Frankreich zu erheben.

Der Papst brachte eine Versammlung der

deutschen Fürsten zu Rense zusammen, wo es die
päpstlichen und französischen Agenten fast dahinge=
bracht hätten, daß Ludwig abgesetzt und der fran=
zösische König zum deutschen Kaiser erwählt worden
wäre. Nur die patriotische Beredsamkeit des braven
Berchtold von Buchek, Comthurs des deutschen
Ordens zu Koblenz vereitelte dieses schmachvolle
Projekt.

Als hierauf Ludwig nach Trausnitz ritt und mit
Friedrich einen Vergleich schloß, verdammte der Papst
denselben, ohne auch nur den Inhalt zu kennen, und
reizte Friedrichs Bruder, Leopold, neuerdings zu
bewaffneter Empörung gegen den nach Friedrichs
Verzichtleistung nun vollkommen rechtmäßigen Kaiser.
Als dann der ehrliche Friedrich, weil er sein Ver=
sprechen nicht erfüllen konnte, sich freiwillig wieder
in München zur Gefangenschaft stellte, und Ludwig
nun den berühmten Vertrag gemeinschaftlicher Regie=
rung mit ihm schloß, verfluchte der heilige Vater
diesen Akt deutscher Treue und christlicher Friedens=
liebe, und wiegelte die Kurfürsten gegen das gemein=
schaftliche Reichsregiment auf.

Als Ludwig seinen Römerzug unternahm, ver=
folgte ihn der Papst mit wüthenden Bannflüchen und
reizte den Fanatismus und Nationalhaß des welschen

Pöbels gegen die Deutschen auf. Als endlich durch Friedrichs und Leopolds von Oesterreich Tod die Gelegenheit gegeben war, Deutschland zu beruhigen, reizte der Papst die jüngeren Brüder Friedrichs zu neuer Empörung auf und erneuerte in einer sogenannten Aggravation alle Flüche gegen den Kaiser.

Dieser war durch eine so hartnäckige Verfolgung und durch die Verwirrung Deutschlands bereits so sehr erschüttert, daß er die demüthigsten Versuche machte, die päpstliche Lossprechung zu erlangen. Allein je mehr er sich vor dem Papst wegwarf, desto hochmüthiger wurde dieser, und selbst Johanns XXII. milderer Nachfolger machte dem deutschen Kaiser folgende Bedingungen der Aussöhnung: „Ludwig solle alles für aufgehoben erklären, was er bisher als Kaiser geredet und gethan; desgleichen alle Verfügungen vernichten, welche Heinrich VII. über Italien getroffen; ferner sich durchaus keiner Lehensherrlichkeit über Rom, den Kirchenstaat und Neapel anmaßen, und dem Papst das Recht zuerkennen, für jede Verletzung dieses Vertrags den Kaiser aller seiner Würden zu entsetzen, ohne deshalb eine besondere Vorladung ergehen und einen Prozeß einleiten lassen zu müssen!" — Ludwig willigte in diese schimpflichen Bedingungen, aber die Lossprechung

vom Bann blieb aus, weil Frankreich und Neapel
den Papst beredeten, Deutschland ja doch nicht zur
Machteinigung gelangen zu lassen. — Da erhob
sich Ludwig noch einmal zu alter Mannskraft und
Kaiserwürde. Er berief einen allgemeinen Reichs=
tag nach Frankfurt, erschien in kaiserlicher Pracht,
betete öffentlich das Vaterunser, das Ave=Maria
und den Glauben, um zu beweisen, daß er kein
Ketzer sei, und enthüllte aufrichtig alle seine frucht=
losen Bemühungen, vom Kirchenbann befreit zu
werden. Einmüthig erklärte nun die Reichsver=
sammlung, der Kaiser habe mehr als seine Pflicht
gethan und solle sich von nun an um den Papst gar
nicht mehr kümmern. Die Kurfürsten begaben sich
hierauf nach Rense und schlossen den bekannten Kur=
verein, durch welchen das Recht des römischen
Kaisers als unmittelbar von Gott durch die Wahl
der Kurfürsten verliehen und keiner päpstlichen Be=
stätigung bedürfend erklärt wurde. Allein nun
sprach der Papst über das ganze Reich den Bann
aus und verbot allen deutschen Priestern die Aus=
übung irgend einer kirchlichen Handlung. Der Un=
friede und Aufruhr, der dadurch in Deutschland los=
brach, entmuthigte den armen Ludwig so sehr, daß
er neuerdings um Gnade flehte und, um ihrer theil=

haft zu werden, das sehr vortheilhafte Bündniß mit England aufgab. Doch auch dieser das kaiserliche Ansehen tief erschütternde Schritt war vergebens, und der neue Papst Clemens VI. erklärte, an eine Begnadigung Ludwigs sei nicht zu denken, wofern er nicht unbedingt sich und das Reich zu den Füßen des römischen Stuhles niederlegen würde. Da Ludwig zögerte, diesem Machtgebot zu gehorchen, erließ der Papst eine neue Bannbulle, in welcher er den Kaiser förmlich aller seiner Würden entsetzte und ihn persönlich nach Avignon vorlud, um dort zu erfüllen, was der von Gott eingesetzte Richter der Könige ihm auflegen würde. Zugleich schrieb der Papst den Kurfürsten, sie sollten sich auf eine neue Wahl vorbereiten, wozu ihnen nächstens Zeit und Ort bestimmt werden würde. Das Ansehen des moralisch gebrochenen Ludwig, den die römischen Schmähschriften immer Baurus statt Bavarus nannten, war schon so tief gesunken, daß ihm die Kurfürsten öffentlich ins Angesicht sagten: „Das Reich ist unter Dir, Baier, so sehr geschwächt und erniedrigt worden, daß man sich künftig wohl hüten muß, es wieder an einen Baier gelangen zu lassen." Als sich die Macht des Kaisers durch Erwerbung Niederbaierns, Hollands, Seelands, Frieslands und

Tirols und durch ein Bündniß mit König Ludwig von Ungarn noch einmal zu heben versprach, schritt der Papst rasch zur völligen Vernichtung Ludwigs. Clemens, der sich Statthalter Christi nannte, schleuderte einen neuen Fluch auf den deutschen Kaiser, worin folgende Stelle vorkam: „Die göttliche Allmacht werfe Ludwig darnieder und übergebe ihn der Gewalt seiner Feinde. Sie lasse ihn in ein unversehenes Netz fallen. Sein Aus= und Eingang sei verflucht. Der Herr schlage ihn mit Narrheit und Blindheit. Der Himmel verzehre ihn durch seine Blitze. Der Zorn Gottes verzehre ihn in dieser und jener Welt. Die ganze Erde waffne sich gegen ihn. Der Abgrund der Hölle thue sich auf und verschlinge ihn lebendig. Sein Name bleibe nicht über ein einziges Glied und sein Andenken erlösche auf ewig. Alle Elemente seien ihm zuwider. Sein Haus werde wüste; seine Kinder sollen aus ihren Wohnungen vertrieben und vor den Augen des Vaters von seinen Feinden getödtet werden!" — Zugleich wurde den Kurfürsten abermals eine neue Wahl befohlen. Sie gehorchten, setzten den greisen Ludwig zu Rense ab und wählten Karl IV.

So hat päpstliche Feindseligkeit den Kaiserruhm und die Kaiserhoffnung des Hauses Wittelsbach für immer vernichtet*). Dennoch blieb und bleibt dieses deutsche Fürstenhaus fortwährend in der römischen Dienstbarkeit. Die Nachtheile dieses unwürdigen

---

*) Einer solchen geschichtlichen Lehre gegenüber durfte sich in unsern Tagen ein baierischer Professor erlauben, öffentlich folgendes vorzulesen: „Es liegt eine gewisse Sühne darin, daß Heinrich IV., nachdem er 50 Jahre lang die Welt in der furchtbarsten Zerrüttung erhalten, noch von dem rächenden Arm der Vorsehung ereilt und durch diejenigen bestraft wurde, denen er im Leben am nächsten stand und von denen er dem Lauf der Natur zufolge nur Gutes zu erlangen berechtigt war. (Daß „die Bande des Gewissens anerkanntermaßen stärker seien als die Bande der Natur", damit entschuldigt der baierische Herr Professor echt jesuitisch die Empörung des Sohnes gegen den Vater!) — Die Genugthuung, welche der apostolische Stuhl dadurch erlangte, ward zum vollen Triumphe, als Heinrich IV., von seinem Sohn umgarnt, verrathen und mishandelt, keinen andern Ausweg mehr erblickte, als an den römischen Papst und die heilige allgemeine Kirche zu appelliren. Allein wollte Heinrich dadurch die Kaiserkrone retten, so vergaß er, daß nach so maßlosem Aergerniß, so vielfältiger Erkommunikation und so geringer Buße von seiner Seite die Kaiserkrone der mindeste Preis war, um den er zum Heil seiner Seele die Aussöhnung der Kirche erlangen konnte. Er war ein warnendes Beispiel für alle, welche von dem Phantom einer Nationalkirche bethört, sich dienstbeflissen dem Ehrgeiz und der Herrschsucht in maßloser Verblendung zum Schemmel darbieten. Das Bübische, das den Beginn seines Streites mit dem Papst bezeichnet, zieht sich durch sein Privatleben hindurch und läßt selbst dann keine Achtung aufkommen, als an die Stelle seiner frühern Thaten die tiefen Leiden einer durch

Zuſtandes ſind heutzutag größer als je. Das jetzige Baiern zählt an 2 Millionen proteſtantiſcher Unter= thanen. Sie müſſen ſich in ihrer Ehre gekränkt, in ihrer Gewiſſensfreiheit, in ihrer bürgerlichen Exiſtenz bedroht fühlen, ſolang die Regierung mit ſolcher Ueberſchwänglichkeit einem Kirchenbegriff unterthan bleibt, der den Proteſtantismus verflucht und ſeinen Bekennern für Zeit und Ewigkeit die Gnade Gottes abſpricht. Solang der Proteſtantismus unter königs lich baieriſcher Cenſur ſo beſchimpft werden darf, wie es faſt in jedem der Görres'ſchen Blätter ge= ſchieht, ſolang römiſche Kirchendiener in München ſogar gekrönte Proteſtanten, Gäſte und Verwandte des Königs öffentlich beleidigen dürfen, ſolang man

---

Erfolgloſigkeit ihres Strebens ſchwer gedrückten ſtolzen Seele treten. Während wir gerne hoffen, er werde im andern Leben die Ruhe gefunden haben, die er hier ſich und andern raubte, vermögen wir in dem Schickſal, das den Todten traf, nur die gerechte Warnung für die, die ſeine Wege wandelten, nur die natürliche Folge ſeines eigenen Treibens zu erblicken. Seine Leiche wurde aus geweihter Stätte herausgenommen und auf eine Inſel der Maas gebracht. Das Schweigen des Todes wie des Bannes umgab ihn. Kein Prieſter beging hier das heilige Opfer, nicht Kind noch Frau weinten hier, keine Gruft wölbte ſich über ihn." — So las Prof. Dr. Höfler in der hiſtoriſchen Claſſe der königl. Akademie zu München! — Wird er das Schickſal Ludwigs des Baiern ebenſo beurtheilen?

in München den protestantischen Unterstützungsverein
und die Befreiungsversuche der Katholiken von Rom
als Hochverrath bedroht; — solang können die
baierischen Protestanten unmöglich aufrichtig baierisch
sein. Durch sein ultramontanes Erbprinzip spaltet
daher das Haus Baiern seine Macht und schwächt
sie nach außen hin zur Unmacht. Baiern könnte
in seiner jetzigen wohl gelegenen und abgerundeten
Größe nicht nur mit an der Spitze Deutschlands
stehen, sondern auch in der Weltpolitik eine entscheidende Stimme führen. Weil es aber seines Ultramontanismus wegen den Genius des deutschen Volkes
gegen sich hat, so ist es zu einer gänzlich passiven
und durchaus unrühmlichen Rolle erniedrigt, wie es
eben in jüngster Zeit in der griechischen Angelegenheit vor aller Welt bewiesen worden ist. Vergebens
rühmt man sich, daß die Krone Baiern den reinsten
deutschen Urstamm vereinige. Was nützt das reine
deutsche Blut, wo gegen den deutschen Geist gesün-
digt wird? Dem reinen deutschen Urwesen entspricht
nicht Unterwürfigkeit vor Rom, sondern rastloser
Kampf gegen die weltbezwingende Hauptstadt des
Welschthums. Umsonst schmückt man Baiern mit
Kunstschöpfungen. Sie ziehen kaum die Neugierde
des übrigen Deutschlands an; sie wecken durchaus

keine Sympathie für Baiern, weil man in ihnen nur
die Maske des Ultramontanismus sieht. Umsonst
erweist man sich in allen Richtungen, die der römische Geisteszwang nur einigermaßen frei läßt, den
Wissenschaften und Künsten freundlich; man geräth
dadurch nur mit sich selbst in Widerspruch und trägt
ein zweideutiges Wesen zur Schau, welches die Abneigung gegen Baiern nur steigern kann. Umsonst
baut man dem deutschen Ruhm eine Walhalla auf
baierischem Boden. Solang römisch mönchische Unduldsamkeit Schlüssel und Register dieses Ruhmes-
tempels führt, müssen alle freien Deutschen gegen
die Einkerkerung in diesen baierischen Himmel protestiren. Kurz alles eifrige und ungeduldige Streben
Baierns nach Ansehen und Bedeutung in Deutschland und in der Welt ist vergebens, solang nicht die
Forderungen der Zeit und des deutschen Geistes,
sondern die Machtsprüche des welschen Bischofs der
baierischen Regierung die Richtschnur geben.

Und wodurch wird denn das urdeutsche Baiern
in dieser undeutschen welschen Dienstbarkeit erhalten? — Wie bereits erwähnt, hauptsächlich durch
das erbliche Herkommen, welches in hohen Familien
so gewöhnlich zum verderblichsten Zwangsgesetz wird;
dann auch durch eine gewisse romantisch künstlerische

Schwärmerei, und nebstdem durch höchst unglückliche politische Berechnungen.

Daß Baiern für seine politische Stellung und Hoffnung noch weit weniger als Oesterreich eine Stütze in Rom finden kann, ist eben durch die politische Stellung Baierns bewiesen. Rom benützt Baiern eben nur als deutsche Pflanzstätte des Ultramontanismus und als Schauplatz für die Experimente desselben; Baiern ist unter den deutschen Ländern dasjenige, welches noch immer das meiste Geld in die römischen Kassen liefert. Rom braucht nur Unterstützung, kann aber keine mehr gewähren; und daß es auch in den Zeiten seiner Kraft wenigstens Baiern nicht unterstützt hat, lehrt die Geschichte. Man behauptet, Baiern müsse aus Rücksicht auf Oesterreich römisch bleiben, denn Oesterreich, welches seine Pläne auf Baiern noch immer nicht aufgegeben habe, würde dessen Abfall von Rom zur Zertrümmerung des Nachbars benützen. Diese politische Vernünftelung ist gänzlich unpolitisch. Selbst in den frühern Zeiten hätte Baiern Oesterreich gegenüber eine kräftigere Stellung gewonnen, wenn es nicht durch den Ultramontanismus zum Trabanten und Söldner des österreichischen Systems geworden wäre; wie die Verhältnisse Deutschlands aber heutzutag sind, so kann

Baiern eben nur durch eine feste und allgemeine
Vereinigung mit dem freiern Deutschland neben
Oesterreich eine sichere und imponirende Stellung
gewinnen und behaupten. Die jetzige Lage Baierns
ist wahrhaft kläglich. Als ultramontaner Bundes-
genosse des mächtigen Oesterreichs kann es natürlich
nur eine untergeordnete Rolle spielen, die weder seinem Vortheil noch seinem Ehrgeiz entspricht und
durchaus nicht geeignet ist, die ungeachtet vielfacher
Verschwägerung doch noch immer fortbestehende Eifersucht der beiden Häuser zu versöhnen. Zugleich
aber verliert Baiern eben wegen dieser ultramontanen Vereinigung mit Oesterreich alle Sympathien
im übrigen Deutschland, steht also gänzlich ohne
deutsche Grundstütze da. Dies geben nun die Verfechter des baierischen Systems zu und gründen darauf die Behauptung, Baiern müsse sich auf die Sympathie Frankreichs stützen und deswegen gut römisch
bleiben. Dagegen sagt das deutsche Nationalgefühl
nur dieses: Noch eine der frühern auch nur ähnliche
verrätherische Wegwerfung an Frankreich, und
Baiern verschwindet gänzlich aus der deutschen
Geschichte.

Ein Hauptgrund des baierischen wie des österreichischen Romanismus ist der preußische (leider

auch nicht reine) Germanismus. Misgunst gegen
Preußen ist in hohem Grade das leitende Prinzip
der österreichisch-bairischen Politik. Das Haus Wittelsbach namentlich sieht es mit leicht begreiflichem
Unmuth, wie sehr ihm nun auch das Haus Hohen-
zollern, welches doch in der alten und mittlern Geschichte Deutschlands so unbedeutend gewesen, über
den Kopf gewachsen. Dieser Unmuth verleitet zu
dem Streben, einen recht schroffen Gegensatz zu
Preußen zu bilden. Je mehr Preußen deutschchristlich
ist und zu werden verspricht, desto hartnäckiger will
man in Baiern und Oesterreich römischkatholisch sein
und werden. Allein dieses Verfahren gleicht —
ehrlich deutsch gesagt — einem kindischen Trotz, den
man belächeln müßte, wenn er nicht für Baiern und
Oesterreich und für ganz Deutschland so höchst gefährlich wäre. Wenn man Preußen gleichkommen
oder ihm gar den Rang ablaufen will, so muß man
einen freisinnigen Gegensatz zum preußischen
System bilden. Dadurch wird man sich selbst und
ganz Deutschland vorwärts bringen. Durch das
bisherige System arbeitet man lediglich an der eigenen Erniedrigung, und auf diesem Wege kann namentlich Baiern es noch dahin bringen, daß seine
protestantischen Städte die Zeit zurückwünschen, wo

sie preußische Schildwachen an den Thoren hatten.
Dies ist wahrlich keine aus der Luft gegriffene Be=
hauptung. Sie ist durch Stimmungen und Aeuße=
rungen der Gegenwart, wie sie jedermann, der das
protestantische Baiern beobachtet, bemerken und hören
kann, begründet. Und auch die Vergangenheit liefert
einen bedeutsamen Beweis dafür. Bei dem Wiener
Congreß reichten die fränkischen Markgrafthümer eine
Bittschrift ein, um wieder unter preußische Herrschaft
zu kommen.

Sachsen.

Es ist in der That ein zugleich strafendes und den Fingerzeig zur Besserung und Rettung gebendes Verhängniß, daß die neudeutsche Kirchenreform gerade in Sachsen zuerst zur unmittelbar politischen Entscheidung gelangen muß.

Eine ärgere kirchlich-politische Anomalie als das Verhältniß Sachsens und des sächsischen Königshauses kennt die Geschichte nicht. Eine Familie, deren Glaubensbekenntniß den Protestantismus für Zeit und Ewigkeit verdammt, regiert ein fast ganz protestantisches Volk. Daß dessenungeachtet das sächsische Volk seinem Fürstenhause eine so unerschütterliche Liebe und Treue bewiesen, gehört mit zu den schönsten Zeugnissen für deutsche Verstandes- und Herzensbildung. Allein wenn auch diese Bildung

das Hervortreten böser Wirkungen jenes Misver=
hältnisses hinderte, so blieb doch immer das Misver=
hältniß vorhanden, und es war mit Bestimmtheit
vorauszusehen, daß sich bei der ersten kirchlichen
Aufregung verderbliche Wirkungen äußern würden.
Dies ist vor unsern Augen wirklich geschehen. Das
sächsische Volk hat sich in natürlicher Folge der pro=
testantischen Bildung und der deutschen Gesinnung
mit Begeisterung für die neue Kirchenreform erklärt;
das sächsische Königshaus dagegen hat in natürlicher
Consequenz des römischen Bekenntnisses dem neuen
Kirchenstreben nicht nur keine Geneigtheit, sondern
sogar thätliche Abneigung bewiesen. Darüber ist es
beiderseits zu Unthaten gekommen, welche die Ge=
schichte Sachsens für ewig beflecken, über welche jedes
deutsche Gemüth gerechten Schmerz und gerechten
Zorn empfinden muß.

Für das Verfahren des sächsischen Königshauses
führt man folgende Erklärungs= und Rechtfertigungs=
gründe an. Man faßt zuerst die Sache im rein per=
sönlichen Familieninteresse auf und sagt, das sächsische
Königshaus müsse den Abfall seiner katholischen Un=
terthanen von Rom verhindern, damit es nicht zuletzt
mit seinem römischen Bekenntniß ganz allein in
Sachsen dastehe. Dagegen hebt man nun mit ge=

reiztem Nachdruck hervor, daß die königliche Familie
wie jede andere ihre persönlichen Interessen den allgemeinen unterordnen und opfern müsse. Man weist
darauf zurück, daß die regierende Familie, deren be-
rühmteste Vorfahren Protektoren des Protestantismus
gewesen, von einem weit weniger ruhmwürdigen
Ahn lediglich aus politischen Gründen zur römischen
Kirche gebracht worden sei. Wie man also damals
dem politischen Interesse, und obendrein einem sehr
trügerischen Interesse, die ruhmvoll ererbte protestantische Ueberzeugung geopfert, so möge man jetzt dem
höchsten geistigen und politischen Interesse nicht nur
Sachsens, sondern Deutschlands die nicht sehr rühm-
lich aufgenöthigte römische Ueberzeugung opfern, zumal diese Ueberzeugung, die schon zu Zeiten ihres
Begründers nicht sehr orthodox gewesen, bei dem
heutigen Bildungsgrad unmöglich eine streng gläu-
bige sein könne. Für diese letztere Voraussetzung
führt man mit Grund den mit dem protestantischen
Volk geschlossenen Verfassungsvertrag an, welcher
nach streng römischkatholischer Lehre eine himmelschreiende Sünde ist. — Hier soll auf dies alles
kein besonderer Nachdruck gelegt werden. Wir wollen
gern glauben, daß sich die königlich sächsische Familie
aus wirklicher religiöser Ueberzeugung nicht von Rom

trennen könne. Aber für die freie Ausübung und Bewahrung dieser Ueberzeugung liegt durchaus keine Stütze darin, daß das Römerthum in Sachsen durch Zwangsmittel aufrecht erhalten werden soll. Nicht daß so und so viel tausend Sachsen den Glauben des Königs theilen, sondern daß der Glaube aller Sachsen völlig frei sei, darin liegt die Bürgschaft auch für die Freiheit des königlichen Glaubensbekenntnisses. Wenn man allgemeine Gewissensfreiheit gestattet, dann kann man sie auch mit Nachdruck für sich selber in Anspruch nehmen.

Scheinbar bedeutender ist die politische Begründung des Regierungsverfahrens. Man sagt, Sachsen müsse sich in seiner fortwährend von Preußen bedrohten Lage nothwendig auf Oesterreich und Baiern stützen und deshalb dem römischkatholischen Prinzip so viel als möglich dienen. Diese Behauptung ist durch die Geschichte widerlegt. Das sächsische Haus ist in eben dem Grade tiefer gesunken, als es sich vom Protestantismus entfernte, und mit dem Uebertritt zur römischen Kirche, durch den es sich die kostspielige, Neid und Feindschaft aufregende Theilnahme an dem polnischen Verderben erkaufte, hat es seine Herabsetzung zur untergeordneten passiven Kleinmacht entschieden. Ohne jenen unglücklichen Abfall von dem

geschichtlichen Stammprinzip könnte Sachsen sein,
was Preußen ist, und noch mehr. Und als Sachsen
1814 gänzlich aus der Geschichte verschwinden sollte,
war es da der Romanismus, waren es die römisch=
katholischen Mächte, die es retteten? Kaiser Franz
erklärte damals dem mit Vorstellungen des Königs
von Sachsen an ihn gesandten General v. Zeschau,
er empfinde zwar die herzlichste Theilnahme für das
sächsische Königshaus, könne aber nichts entscheidendes
für die Wiederherstellung Sachsens thun. Metternich
erklärte in einer Note vom 22. Oktober 1814, der
Kaiser von Oesterreich sehe es mit Bedauern, daß
Preußen das g a n z e Sachsen in Besitz nehmen
wolle; durch Erhaltung eines an die böhmischen
Grenzen stoßenden T h e i l s würden viele der Incon=
venienzen vermieden werden, die aus einer gänz=
lichen Einverleibung nothwendig hervorgehen müßten.
Wenn aber — so fuhr Metternich fort — die Gewalt
der Umstände die gänzliche Einverleibung Sachsens
in die preußische Monarchie unvermeidlich machen
sollte, so müßte zwischen Oesterreich und Preußen
eine genaue Uebereinkunft über die Grenzverhältnisse,
über die Befestigung einiger Plätze, über den Handel
und die freie Elbschifffahrt getroffen werden. — Ist
nun in diesen österreichischen Erklärungen irgend eine

Spur von römischkatholischer Sympathie zu bemerken? Oesterreich verhehlt es nicht, daß ihm die Vorrückung Preußens bis an die böhmischen Grenzen höchst unbehaglich sei, dennoch aber will es seine Grenzsicherheit sammt dem katholischen Königshaus der Gewalt der Umstände opfern! Und als Oesterreich später, unterstützt durch die rührende Treue des sächsischen Volkes, durch die Erklärungen der kleinen deutschen Staaten und durch das öffentliche Urtheil Europas, entschiedener für Sachsen auftrat, that es dies wieder nur seines Grenzinteresses wegen und bemühte sich lediglich um die Erhaltung des Stückes von Sachsen, welches an die böhmischen Grenzen reicht. Und aus demselben Interesse, keineswegs aber aus römischkatholischer Sympathie erklärte sich auch Baiern für die Aufrechterhaltung jenes Theils von Sachsen. Baiern und Oesterreich liegt außerordentlich viel daran, daß zwischen ihnen und Preußen eine selbständige Mittelmacht bestehe. Dies Verhältniß bleibt, wenn auch das sächsische Haus deutschkatholisch würde. Sachsen ist für Oesterreich und Baiern durchaus nur politisch und keineswegs kirchlich von Bedeutung, und geradezu lächerlich ist es, zu glauben, Oesterreich und Baiern würden für Sachsen deshalb etwas thun, damit in der Hofkirche

zu Dresden fortan lateinisch Messe gelesen werde.
Baiern und Oesterreich brauchen Sachsen als Vorhut
gegen Preußen; weiter gehen ihre sächsischen In=
teressen nicht. Diesem Interesse aber ist der Ro=
manismus des sächsischen Königshauses nicht nur
nicht förderlich, sondern er bedroht es fortwährend
aufs äußerste. Preußen hat aus Gründen, die vom
preußischen Standpunkt aus ganz natürlich erscheinen
müssen, sein Verlangen nach dem Besitz Sachsens
noch nicht aufgegeben. Sachsen ist bei jeder politi=
schen Krisis in Gefahr, von Preußen verschlungen zu
werden. Was nun diese Gefahr vergrößert, ist eben
der Romanismus des königlichen Hauses. Wenn
irgend etwas die Anhänglichkeit der Sachsen an ihr
Fürstenhaus erschüttern und sie Preußen geneigt
machen kann, so ist es die Furcht für ihr freies pro=
testantisches Leben. Sind einmal die Sachsen von
solcher Furcht gänzlich und für immer befreit, dann
wird gewiß das ganze Volk wie ein Mann die
Selbständigkeit des Landes und Thrones bis zum
letzten Blutstropfen vertheidigen. Die Furcht der
Sachsen für ihre deutsche Gewissensfreiheit ist aber
in neuester Zeit mächtig gesteigert worden, und
gänzlich beseitigt würde sie nur, wenn die königliche
Familie sich von der römischen Hoffkirche lossagte.

Oesterreich und Baiern könnten nicht ernsthaft da=
gegen sein; sie sollten vielmehr in ihrem eigenen
wohlverstandenen Interesse dazu ermuntern und auf=
fordern, denn ein von Rom gänzlich befreites Sachsen
ist fest gegen Preußen und dadurch von nützlichster
Wichtigkeit für Oesterreich und Baiern. Sachsen
aber würde durch diese Befreiung sich vieles, das
meiste von dem ersetzen, was es durch seine Preis=
gebung an das römische Interesse verloren. Der
Tag, an welchem in der königlichen Hofkirche zu
Dresden die erste deutsche Messe gefeiert würde,
wäre für Sachsen die Eröffnung einer neuen Epoche
ruhmvoller Bedeutung. Es läßt sich nicht ausspre=
chen, welch einen Aufschwung dann das ganze Leben
Sachsens nehmen würde. Ein Theil des alten ruhm=
vollen Berufes würde dann wieder erfüllt, Sachsen
stände wieder an der Spitze der kirchlichen und gei=
stigen Befreiung Deutschlands, es könnte vieles von
dem wieder gut machen, was es zwei Jahrhunderte
hindurch verschuldet und versäumt, und es würde
dadurch einen großen Theil des Einflusses wieder
gewinnen, den es durch jenes Verschulden eingebüßt.

Wenn aber dieser segensreiche und ruhmvolle
Schritt aus Gründen der religiösen Ueberzeugung
unmöglich sein soll, dann ist es doch, eben weil man

eine so große Freiheit der Ueberzeugung für sich in Anspruch nimmt, die heiligste Pflicht, auch dem Volke die vollkommenste Gewissensfreiheit zu gestatten. Diese Freiheit sei das Hauptgrundgesetz Sachsens. In ihr findet der sächsische Königsthron die festeste und dauerndste Stütze. Sachsen ist überhaupt auf möglichste Freiheit in allen Lebensrichtungen hinge= wiesen, wenn es ein ehrenvolles, wenn es überhaupt ein selbständiges Dasein behaupten will. Mit dieser Freiheit kann Sachsen bei seiner politisch bedeutsamen Lage, bei den trefflichen Anlagen seines Volkes und bei der Wichtigkeit seiner eigentlichen Hauptstadt, Leipzig, durch geistige und moralische Kräfte eine deutsche Großmacht werden. Dadurch würde es nicht nur der Ehre seines Namens und seinem gegenwär= tigen und zukünftigen Heile dienen, sondern ganz Deutschland vorwärts bringen. Es ist ein unglück= seliger Misgriff, wenn Sachsen in seiner Stellung zwischen den beiden deutschen Großmächten eine Nö= thigung zu demüthigem Gehorsam gegen die eine oder die andere oder gar gegen beide erkennt. Es soll das gerade Gegentheil statt finden. Je selbstän= diger Sachsen dasteht, desto mehr sichert es Oester= reich gegen Preußen. Preußen aber muß wünschen, Sachsen entweder selbst zu besitzen oder es möglichst selbständig und frei von fremdem Einfluß zu sehen. Durch Entwickelung einer solchen stolzen Selbständigkeit vereitelt und erfüllt Sachsen zu gleicher Zeit in sehr heilsamer Weise die Wünsche des preußischen Nachbars.

Im äußersten Gegensatz zu dieser einzig ehrenvollen und heilsamen Stellung ist Sachsen gegenwärtig der Schauplatz, auf welchem Preußen und Oesterreich ihre politischen Experimente machen. Dieser Weg führt ins Verderben. Wenn Sachsen auf jeden diplomatischen Wink nach Norden und Süden hin Polizeidienste leistet, so setzt es sich selber auf den Standpunkt einer Provinz herab, was es auch, wenn das jetzige System dauert, beim ersten ernsthaften Conflikt der deutschen Angelegenheiten gewiß werden wird.

Preußen.

Preußen kann sich für sein Verhalten zum geistigen und politischen Streben Deutschlands ein warnendes Beispiel an Sachsen nehmen. Wie tief Sachsen durch Abtrünnigkeit von seinem Geschichtsprinzip gesunken ist, so tief und noch tiefer kann Preußen sinken, wenn es in den unglücklichen Fehler Sachsens verfällt. Man werfe dieser Behauptung nicht Uebertriebenheit vor. Sie ist durch tausendfältige Beispiele des öffentlichen Lebens bewiesen. Sobald ein öffentlicher Charakter in Charakterlosigkeit verfällt, in seiner Ueberzeugung wankelmüthig, seinem Lebensgrundsatz und innerm Beruf untreu wird, so macht er sich todt. Dasselbe gilt von den Regierungen, höchstens mit dem Unterschiede, daß ihr Sterben länger dauert*). Und selbst dieser klägliche Vorzug tritt nicht immer ein, wie Preußen in einer noch sehr nahen Vergangenheit erfahren hat. Vom Gipfel einer wunderbar schnell errungenen ruhmvollen Macht stürzte Preußen in schmählichste Unmacht nieder, weil es sich an seinem Beruf versündigt hatte. Der Beruf Preußens aber ist in dem einzigen Wort Vorwärts! ausgesprochen. So oft es zurück oder auch nur stehen bleiben will, sündigt es gegen seinen Beruf. Wenn überhaupt jede Regierung, die es ehrlich mit ihren Pflichten meint, auf gehäbigen Stillstand verzichten muß, so ist ein solcher vorzüglich der preußischen Regierung nicht beschieden. Preußen soll das Aufstreben der neuen Jugend Deutschlands darstellen, soll diese Jugend zu männlicher Reife entwickeln. Im Ringen der Jugend= und Mannskraft aber giebt es keinen Stillstand. Dieser und in ihm das Zurücksinken zur Schwäche und Auflösung ist das traurige Loos des Alters. Wer aber im Jugend= leben in Altersschwäche versinkt oder gar Alters=

---

*) Die Lobredner der österreichischen Consequenz werden diese Stelle zu ihren Gunsten ausbeuten. Sie verkennen dabei nur den wichtigen Unterschied zwischen Vorwärts= und Zurückleben; sie vergessen das Wort des Dichters: „Alles muß in Nichts zerfallen, wenn es im Sein verharren will."

schwäche affektirt, der wird mit Recht ein Gegenstand des Spottes und der Verachtung.

Der preußische Staat ist nichts als ein deutsches Hoffnungsgebäude. Die Hoffnung, welche Deutschland auf Preußen gründet, ist zugleich die einzige Grundstütze dieses abenteuerlich genial zu Stand gebrachten Staatsbaues.

Preußen ist durch die entschiedenste, rücksichtsloseste Opposition gegen die alte Politik geworden, was es ist. Wenn es nun, ähnlich gar vielen ungetreuen Oppositionshelden, die alte Politik nur deshalb bekämpft hat, um im schlimmen Sinn an ihre Stelle zu treten, so berechtigt es dadurch eine consequentere Opposition zum schonungslosen Kampfe. Preußen soll den lebendigen Gegensatz zu dem todten und tödtlichen österreichischen System bilden. Die österreichische Regierung hält an der unseligerweise ererbten Aufgabe fest, für das abgelebte Wesen der Vergangenheit zu kämpfen. Oesterreich will im Widerspruch mit der Natur das Sein verewigen und dem unwiderstehlichen Werdedrang Widerstand leisten. Rastlos kämpfend weicht Oesterreich Schritt vor Schritt vor dem neuen Leben zurück, verschanzt sich nach jedem Schritt neuerdings mit Trümmern der Vergangenheit wider Gegenwart und Zukunft

und setzt aus dieser Verschanzung sogleich wieder den
Angriff fort. In diesem Verfahren liegt allerdings
Charakterhaftigkeit; aber eine höchst tragische. Die
österreichische Regierung wird auf diesem Wege tra-
gisch charakterhaft zugrundgehen. Preußen dagegen
soll für das lebendige Leben wirken und nicht für die
Reliquien des Todes. Das lebendige Leben aber
besteht in fortwährender Verjüngung und Erneuerung,
im fortwährenden Streben, die ersehnte und geahnte
Zukunft zur frucht- und genußreichen Gegenwart zu
machen.

Dieser hohe und freudige Beruf Preußens bezieht sich nun ganz vorzüglich auch auf das kirchliche
Leben Deutschlands. In den herrschenden Kirchenthümern ist der deutsche Geist wie in einer Gruft
der Vergangenheit gefangen. Aus den Tempeln der
römischen Hofkirche besonders weht der Hauch der
Verwesung, und ihre Priester und Gläubigen gleichen
gespenstig wandelnden Mumien. Hier ist Belebung,
Auferstehung, Verjüngung, Verklärung nothwendig.
Und welch eine wunderbare Fügung! Völlig dem
Beruf Preußens gemäß gewann ein neues Kirchenstreben eben zuerst in Preußen lebendige Gestaltung.
Welch ein beglückender Wink der Vorsehung, welch
eine gnädig gespendete Gelegenheit, viele schwere

Fehler zu verbessern! In Preußen war durch Ver=
schulden der Regierung das tödtliche Unwesen der
alten Kirchengewalten mehr als irgendwo mächtig
geworden. Durch übel aufgefaßtes Streben, dem
religiösen Bedürfniß neue Nahrung zu geben, war
in Preußen Muckerei und Buchstabenanbetung pro=
testantischer Zeloten vorwaltend geworden; durch
Schwäche der Regierung hatte es in Preußen die
römische Priesterschaft gewagt, das heilige Familien=
band zu zerreißen, die Majestät des Königthums
anzugreifen und durch einen wahrhaft empörenden
Fetischdienst den Geist des deutschen Volkes und des
Christenthums zu schänden. Da erhoben sich preußische
Priester und Laien im Namen Deutschlands und des
Christenthums zur Opposition.

Wenn sich nun über diese deutsche That jedes
deutsche Herz innigst freute, so mußte dies ganz vor=
züglich bei der preußischen Regierung der Fall sein,
eben weil es die preußische Regierung ist. Und sie
sah das neue Kirchenstreben anfangs wirklich mit
höchstem Wohlgefallen und beförderte dadurch das
erste Wachsthum desselben. Nun ergriff das ganze
deutsche Volk den neuen Kirchengedanken mit Liebe
und Begeisterung und kam zum Bewußtsein, daß
durch dieses Kirchenstreben Gelegenheit und Mittel

gegeben fei, die Löfung der großen deutfchen Aufgabe
ihrem Ziele näher zu bringen. Da nun die preußi=
fche Regierung dem neuen Streben felbft in feinem
unbeftimmten und ungewiffen Anfang günftig ge=
wefen, fo war die gegründete Hoffnung, die gerech=
tefte Erwartung gegeben, daß fich diefe Gunft nun
durch offene ftaatsrechtliche Anerkennung und that=
kräftigen Schuß beweifen werde. Da gefchah im
traurigften Gegenfaß das Unerhörte! Die preußifche
Regierung wurde gegen die neue Kirche fchwankend,
zweideutig, endlich entfchieden ungünftig.

Dies Verfahren ift fchon an und für fich höchft
traurig und verderblich, denn es ift eine Verfündi=
gung an dem von Gott vorgezeichneten Beruf, eine
Verleugnung des gefchichtlichen Lebensgrundfaßes
und eine Verkennung der ficherften Gelegenheit zur
rühmlichften Stärkung nach innen und außen. Allein
das Verderben diefes Verfahrens ift über dies alles
hinaus noch weit größer. Man fragt fich nämlich,
wodurch diefe plößliche unerwartete Sinnesänderung
der preußifchen Regierung veranlaßt worden fei;
und das öffentliche Urtheil antwortet darauf:
„Durch fremden Einfluß!" Die Ermahnungen,
Warnungen, Drohungen Metternichs haben den
König von Preußen dahingebracht, der neuen Kirche

17

die entschiedene Anerkennung und Förderung zu versagen. Dadurch nun hat Preußen vor aller Welt
den Beweis geliefert, daß es nicht das Bewußtsein,
nicht den Muth, nicht die Kraft einer wahren Großmacht habe. Sollen wir weitläufig hervorheben, wie
sehr ein solches Zugeständniß die Gegner Preußens
aufmuntern und zugleich jene Hoffnungen Deutschlands vernichten muß, welche, wie gesagt, die Haupt-
stütze der preußischen Macht sind?

Man macht zur Vertheidigung des preußischen
Verfahrens alle jene Gründe geltend, die wir oben
im allgemeinen widerlegt haben. Nur einiges Besondere muß hier mit besonderem Nachdruck hervorgehoben werden.

Für einen Staat, dessen vorzüglichstes Lebens-
element der Protestantismus ist, muß es von höchstem Interesse sein, den Ultramontanismus so viel
als möglich aus seinem Gebiete verdrängt zu sehen.
Selber feindlich gegen denselben zu wirken, kann für
einen solchen Staat allerdings bedenklich erscheinen,
um so freudiger muß er es also geschehen lassen,
wenn die Trennung von Rom durch freien Volks-
willen geschieht. Und wie sollte ein Staat, der wie
Preußen vorzüglich durch Belebung des demokratischen Elements groß geworden, dieses Element nun

plötzlich fürchten müffen? Bisher haben die preußischen Selbstherrscher in demokratischem Geist regiert.
Daburch haben sie das demokratische Element zum
stolzen Kraftbewußtsein, zur Sehnsucht nach selbstän-
biger Geltung entwickelt. Und nun wollen sie diese
Frucht ihres eigenen Wirkens verleugnen, vernichten?
Daburch werden all die Gefahren lebenbig gemacht,
die man fälschlich von dem demokratischen Element
an sich fürchtet. Durch Unterbrückung kann es zur
Ausartung gereizt und gebrängt werden; in freier
natürlicher Thätigkeit bildet es die wesentlich erhal-
tenbe Kraft des Staates. In solcher freier Thätigkeit will sich nun das Volk eine freie volksthümliche
Kirche gestalten. Eine solche Kirche, die sich durch
freie Volkskraft erhält und dem wahren Volks-
bebürfniß anschmiegt, die sich in allen politischen Beziehungen nur den heimischen Staatsgesetzen unterwirft und keinen Staat im Staate bilden will, eine
solche Kirche muß schon an und für sich jeder hell-
sehenden Regierung höchst erwünscht sein. Unter dem
Mangel einer solchen Kirchenverfaffung haben bisher
alle Regierungen empfindlich gelitten; die schlimmsten Verwirrungen und Gefahren sind ihnen durch
hierarchischen Hochmuth bereitet worden. Preußen
besonders, welches durch seine volksthümliche Ge-.

17 *

meinde= und Heerverfaffung sich so großen demokra=
tischen Segen errungen hat, würde nun durch eine
volksthümliche Kirche den Grundstein zu einer Ver=
faffung vollenden, die alle politischen Gestaltungen
der Vergangenheit und Gegenwart übertreffen
könnte.

Man deutet zur Vertheidigung des preußischen
Verfahrens auf die römischkatholischen Rheinländer
und Posener hin. Diese, sagt man, würden die
Begünstigung des Deutschkatholizismus als neuen
Grund der Opposition benützen. Allein Preußen
soll ja den römischen Katholizismus nicht gewaltsam
umstürzen, sondern nur gestatten und befördern, daß
er durch freien Entschluß des Volkes nach und nach
aus Deutschland verdrängt werde. Auch den rö=
mischen Christen sei vollkommene Gewissensfreiheit
gestattet, welche aber natürlich nicht so weit zu gehen
braucht, daß der römische Papst Mitregent des preu=
ßischen Königs sei. Und glaubt man denn wirklich,
daß der Oppositionsgeist der Rheinländer und Po=
sener durch Liebäugeln mit dem Papst beschwichtigt
werden könne? Die Abneigung dieser Provinzen
gegen Preußen hat einen ganz andern Grund als den
Protestantismus der preußischen Regierung, zumal
dieser Protestantismus in neuester Zeit so zahm ist,

daß er dem römischen Bischof viel größere Zuge=
ständnisse macht als die römische Rechtgläubigkeit
Oesterreichs. Man gebe die ersehnte politische Frei=
heit, man entwickle ein wahrhaftes Großmachtsleben,
und es wird sich alsbald beweisen, daß namentlich
die Rheinländer den Romanismus bisher nur als
geweihten Schild der politischen Opposition benutzt
haben; dieses aufgeklärte Volk wird es dann öffent=
lich bekennen, daß es sich des römischen Götzen=
dienstes schäme, der in den lichten Rheingauen ge=
trieben wird. Hat Preußen einmal die innern An=
tipathien und Spaltungen beseitigt, dann kann es
auch die freie Kirchengestaltung beschützen, ohne sich
vor Oesterreich, Baiern und Frankreich fürchten zu
müssen. Wenn Preußen im Einklang mit dem
deutschen Volksgeist handelt, dann kann es dem
ganzen Europa die Spitze bieten. Und die römisch=
katholischen Mächte werden es heutzutag wol bleiben
lassen, für Rom die Waffen zu führen. Alles was
sie von Preußen verlangen können und verlangen
dürfen, ist, daß dem Gewissen der Römischkatho=
lischen keine Gewalt angethan werde, und diese
Forderung liegt ohnehin im Geist der Zeit und im
protestantischen Prinzip.

Preußen gebe sich im geistigen, politischen und kirchlichen Leben die volksthümliche Freiheit, und es wird die eigenen wie die Hoffnungen Deutschlands erfüllen und die Umtriebe und Angriffe aller Feinde zu schanden machen.

Die übrigen deutschen Staaten.

Die Kunst, wie die kleinen deutschen Staaten eine große Rolle spielen könnten, gehört gewiß nicht zu den schwierigsten Staatskünsten; sie wird aber doch nicht begriffen. Unsre Kleinstaaten spielen eigentlich gar keine selbständige Rolle; sie figuriren blos mit einem Schein von Unabhängigkeit, sind aber in der That in allen wichtigen Staatsbeziehungen Provinzen der Großmächte. Sie beweisen auch durchaus kein Bewußtsein von Souveränität, oder wagen wenigstens nicht, diesem Bewußtsein gemäß zu handeln; — nach außen nämlich. Je eifriger sie im innern die Selbstherrschaft der Großmächte nachahmen, desto tiefer drückt sie diesen Großmächten gegenüber ein demüthiges Unterthansgefühl nieder. Was sie zu ihrer eigenen Ehre und zum Heile Deutschlands thun könnten und thun sollten, liegt doch ganz klar vor. Da sie unmöglich durch materielle Macht imponiren können, da in dieser Hinsicht ihr Staatsthum sich wirklich komisch ausnimmt, so sollten sie durch geistige Machtentwickelung Bedeutung zu erringen streben, und dies würde ihnen um so leichter, weil eben die Großmächte, im übermüthigen Vertrauen auf die physischen Kräfte, die geistigen geringschätzen oder mishandeln. Karl August von Weimar hat den kleinen deutschen Staaten ein Beispiel gegeben, wie sie größer als die größten werden könnten; aber die Nachahmung ist bis zum heutigen Tage ausgeblieben.

Das neue Kirchenstreben bietet vorzüglich auch den kleinen Staaten Gelegenheit, geistig bedeutend und einflußreich zu werden. Wie wird diese Gelegenheit benutzt?

Hessen = Darmstadt, Braunschweig und Nassau erkennen ihren Beruf als protestantische und als deutsche Staaten. Die neue deutsche Kirche genießt in diesen Ländern Geltung und Schutz. Besonders erfreulich ist dies in Betreff Nassaus, wo man beim Regierungsantritt des jetzigen Herzogs Besorgnisse für die Kirchenfreiheit hegen zu müssen glaubte. Der Herzog vollendete nämlich seine

wissenschaftliche Bildung in Wien und genoß dort
den Geschichtsunterricht eines Mannes von durchaus
jesuitischer Gesinnung und Weltanschauung. Es liegt
für jedermann und besonders für uns Oesterreicher
ein Trost darin, daß die jesuitische Erziehung so
häufig unwirksam bleibt*).

In den sächsischen Herzogthümern hat
das neue Kirchenstreben wol den lebhaftesten Beifall
der protestantischen Bevölkerung, aber fast gar keinen
Beitritt aus den römischkatholischen Glaubensgenossen
erhalten. Protestantische Kirchenobere und Gelehrte,
wie Bretschneider in Gotha und der greise Danz in
Jena haben zu Gunsten des Deutschkatholizismus
geschrieben und aus vielen Städten sind Adressen
und Geldbeiträge an die ersten Gemeinden desselben
gesandt worden, wobei sich allerdings auch einzelne
römische Christen betheiligt haben. — In Alten=
burg wurde, wie es heißt, in Folge der leipziger
Augustereignisse die schon halb zugesagte Bewilligung
zur Herausgabe deutschkatholischer Blätter, die
Robert Blum redigiren sollte, verweigert. Doch
erscheinen unter altenburg'scher Censur fortwährend

*) Derselbe jesuitische Gelehrte unterrichtet auch die
Söhne des Erzherzogs Franz Karl, präsumtiven Thronfol=
gers von Oesterreich.

deutschkatholische Schriften. In Weimar haben sich einige Familienhäupter, darunter der wackere Landtagsdeputirte, Buchbinder Henß, als Deutsch= katholiken erklärt und der Gemeinde von Erfurt an= geschlossen. Die großherzogliche Regierung hat ihnen durchaus kein Hinderniß in den Weg gelegt. Als charakteristische Seltenheit verdient hervorgehoben zu werden, daß in Jena, wo eine römische Gemeinde von etwa 70 Personen besteht*), eine einzige Frau, die Gattin des Stadtmusikers Held, öffentlich zu Erfurt zum Deutschkatholizismus übergetreten ist.

In Hannover wurde erklärt, die neue Kirche sei mit den königlichen Regierungsgrundsätzen unver= einbar und könne daher nicht geduldet werden. Unglaublich! Eine Kirche, die sich ausdrücklich von der Herrschaft eines fremden Monarchen lossagt und sich gänzlich den vaterländischen Gesetzen unterwirft,

---

*) Die römische Gemeinde zu Jena besitzt ein schönes Kirchlein, welches auf dem Friedhof so nahe neben einer protestantischen Kirche steht, daß man, zwischen beiden stehend, aus beiden die Predigt hören kann. Vor mehrern Jahren sollte das baufällige Kirchlein niedergerissen werden, aber auf Befehl der regierenden Großherzogin, welche bekanntlich eine russische Prinzessin und als solche dem griechischen Be= kenntniß treu ist, wurde das römischkatholische Gotteshaus hergestellt, wozu die Großfürstin selbst freigebig beisteuerte.

soll mit den königlich hannöverschen Regierungsgrund=
sätzen nicht vereinbar sein! Etwa deshalb, weil
diese Regierungsgrundsätze nicht rein und unabhän=
gig deutsch vaterländisch sind?

Kurhessen hat mit rabulistischer Berufung
auf einen Satz der Verfassung der neuen deutschen
Kirche ebenfalls die Anerkennung versagt. Von
Kurhessen nun nimmt dies niemanden wunder. Kur=
hessen beweist ja schon durch seinen Namen, daß es
aus der lebendigen Geschichte der deutschen Gegen=
wart und Zukunft herausgeschnitten sei wolle. Ob
aber auch das hessische Volk wirklich so kurhessisch
mittelalterlich gesinnt ist, und bleiben wird?

Am betrübendsten ist es, daß wider alles Ver=
muthen auch Würtemberg und Baden feindlich
gegen die neue Kirche auftreten. Gerade diejenigen
Staaten, in denen der neue Kirchengedanke den
meisten Anklang in der Ueberzeugung des annoch
äußerlich römischkatholischen Volkes und Klerus ge=
funden, wo die wichtigsten Reformen der neuen Kirche
schon vor vielen Jahren muthige Vertheidiger gehabt.
Gerade diejenigen süddeutschen Staaten, auf welche
man bei dem sonst sehr traurigen Bilde, welches
Süddeutschland in geistiger und kirchlicher Hinsicht
gewährt, mit einigem Troste und mit froher Hoff=

nung zu blicken gewohnt war. In diesem Zutrauen Deutschlands hatten die genannten Staaten eine Bedeutung und Stütze, welche sie völlig in den Stand setzte, den beiden größern süddeutschen Mächten zu imponiren. Wenn sie sich dieses Vertrauens unwürdig machen, wenn sie sich zu Trabanten der österreichisch=baierisch ultramontanen Politik erniedrigen, so sinken sie zu willenlosen Werkzeugen dieser Politik herab und können dadurch noch einmal dahin gebracht werden, französische Vorposten gegen das deutsche Vaterland zu sein. Es unterliegt keinem Zweifel, daß Abneigung gegen Preußen ein Hauptbeweggrund des undeutschen Verhaltens jener beiden Regierungen ist. Allein wie triftig begründet auch diese Abneigung sein mag, so soll sie doch nicht das Pflichtgefühl für das Wohl des großen Vaterlandes, für die Ehre des deutschen Namens, für die endliche Bildung eines wahrhaft humanen Christenthums überwältigen. Und durch freisinnig deutsches Streben wird man an Preußen die edelste Rache nehmen können.

Das Ausland.

Alle unsre Nachbarn fürchten nichts so sehr, als daß Deutschland zur Machteinigung gelangte, denn auf die Spaltung und Zerrissenheit des europäischen Centrallandes und Kernvolkes stützen unsre Nachbarn ihre Genüsse und Hoffnungen. Nichts gewährt unsrer feindnachbarlichen Umgebung größere Befriedigung als die kirchliche Spaltung Deutschlands. Nun ist das neue deutsche Kirchenstreben, wenn die deutschen Regierungen es weise und gerecht anerkennen und fördern, das sicherste Mittel, unsre kirchliche Spaltung zu beseitigen; will man es dagegen unterdrücken, so wird es die Spaltung vervielfältigen. Hiernach ist die Gesinnung zu beurtheilen, mit welcher unsre Nachbarn die neue Kirche betrachten und in Bezug auf sie thätig sind.

Im einzelnen bemerken wir nur folgendes.

Das Verhältniß Roms zur deutschen Kirchen=
frage haben wir bereits oben besprochen. Rom ver=
mag in Deutschland nur so lang und so weit etwas,
als es deutsche Regierungen giebt, welche die Macht=
sprüche des römischen Bischofs vollstrecken. Die
römische Herrschaft erhält sich selbst in Italien nur
noch durch fremde und zwar vorzugsweis durch
deutsche Hilfe. Die Ueberzeugung der gebildeten
Italiener ist längst gegen das Papstthum, und der
italienische Pöbel war zu allen Zeiten geneigt, die
Päpste zu verspotten und ihre Bildnisse zu besudeln.
Wie die erste deutsche Reformation, so findet auch
der Gedanke der zweiten in Italien die lebhafteste
Zustimmung. Würde ganz Deutschland das Papst=
thum abthun und aufgeben, so dürfte man mit Be=
stimmtheit hoffen, daß auch die Italiener sich von
der Priesterherrschaft befreien würden. Und da
Spanier und Portugiesen keine Söldner des Papstes
mehr sind, und auch Frankreich sich wol schämen
würde, für Rom das Schwert zu ergreifen, so wäre
Europa von dem Papstthum befreit, und der heilige
Vater könnte dann seine Residenz etwa in Rio
Janeiro aufschlagen, wo erst neulich in ächt päpstischer
Unduldsamkeit nur römischkatholischen Einwanderern
Aufnahme zugesichert wurde.

Rußland trifft mit seinem Streben, sich von dem römischen Einfluß zu befreien, mit dem gleichen Streben des deutschen Volksgeistes zusammen. Aber zugleich welch ein merkwürdiger Unterschied der Verhältnisse! In Rußland will die autokratische Regierung den römischen Katholizismus gewaltsam vernichten, um sich von der lästigen und entwürdigenden Einmischung eines fremden Monarchen zu befreien. In Deutschland will das Volk sich selber und zugleich die Fürsten aus der unredlichen beschimpfenden römischen Bevormundung befreien; aber die deutschen Regierungen, autokratische und constitutionelle hindern es gewaltsam, obwol sie durch die Volksthat nicht nur speziell für sich Erleichterung des Regiments und Machtsteigerung erlangen, sondern auch Deutschland einigen würden. Wenn irgend etwas im Stand wäre, die russische Regierung von ihrem Gewaltverfahren gegen den römischen Katholizismus abzubringen, so wäre es die Besorgniß, daß durch Ausrottung desselben in den russischen Ländern der Deutschkatholizismus befördert werden könnte. Das deutschkatholische Streben ist der russischen Regierung sehr unlieb. Die wichtigsten Pläne der russischen Politik sind darauf berechnet, daß Nord- und Süddeutschland sich entgegengesetzt bleiben. Der Deutschkatholizismus aber, richtig begriffen und durchgeführt, würde jenen Gegensatz friedlich ausgleichen.

England hat aus der ersten deutschen Reformation den allergrößten Nutzen gezogen; es ist dadurch erst zu einer Macht gelangt, die es ihm möglich machte, sich über Deutschland zu erheben, es seit Jahrhunderten zu bevormunden und auszusaugen. Bis zu den Zeiten der Reformation stand England in jeder Beziehung, sogar in commerzieller tief unter Deutschland. Hat nun England schon damals, wo es doch in den theologischen Kampf mit hineingerissen war, doch vorzugsweis den praktisch vortheilhaften Standpunkt zu erkennen und zu behaupten gewußt, so wird es dies bei der jetzigen Kirchenbewegung um so leichter und sicherer thun, weil es jetzt dem eigentlich kirchlichen Streit ganz fern steht, indem es in seinem hochmüthigen Staatskirchenthum den römischen Katholizismus wie den deutschen Protestantismus verachtet und noch weniger eine Sympathie für das antihierarchische deutschkatholische Streben empfinden kann. Man meint freilich, England müsse das deutschkatholische Streben gern sehen, weil dadurch Rom geschwächt und also das widerspänstige Irland einer mächtigen Stütze beraubt würde. Aber England fürchtet Irland weit weniger als die Einigung

Deutschlands. Der Deutschkatholizismus kann Deutschland einigen oder noch mehr zersplittern; darnach wird England seine Stellung zu unsrer kirchlichen Bewegung einrichten.

Am meisten interessirt bei der neuen deutschen Kirchenfrage ist Frankreich und die Stellung dieses Nachbars muß am meisten berücksichtigt werden. Was Frankreich thun wird, wäre mit Bestimmtheit aus dem vorauszusagen, was es zur Zeit der ersten Reformation gethan hat. Und es handelt auch bereits im nämlichen Geiste. Damals hat es bei sich den Protestantismus durch die himmelschreiendsten Bluttthaten unterdrückt, in Deutschland aber ihn unterstützt, weil es der französischen Politik damals vorzüglich darauf ankam, das katholische Oesterreich zugrundzurichten. Heutzutag ist die Gesinnung Frankreichs gegen den einheimischen Protestantismus ebenso ungünstig wie damals, und bei der jetzigen Weltlage kann Frankreich zugleich in Deutschland aufrichtiger auftreten, d. h. die Römischkatholischen unterstützen.

Daß man in Frankreich dem Protestantismus abgeneigt ist, hat seinen natürlichen Grund im französischen Charakter und in der politischen Organisation des Königreichs. Der pompphafte auf den

18

Effekt berechnete römische Kirchendienst entspricht dem französischen Volkswesen, und die römische Hierarchie paßt zu der französischen Centralisation. Ueberdies knüpfen alle stolzen Erinnerungen der Franzosen an den katholischen Charakter Frankreichs, da ja sogar Napoleon seine revolutionäre Macht in einen römischen Heiligenschein gehüllt hat. Auch verstehen es die französischen Könige und Bischöfe schon seit Jahrhunderten, den Papst als gutes Mittel zu gebrauchen, ihn aber nicht als Zweck gelten zu lassen. Dazu kommt nun die heutige politische Stellung, welche Frankreich vorzüglich zum Gegner Preußens macht. Die Rheinlande will man um jeden Preis noch erringen — und sie sind römischkatholisch!

Demgemäß handeln in Frankreich alle Parteien in merkwürdiger Uebereinstimmung gegen den Protestantismus und für Rom. Die einzelnen Aufgeklärten sind eben einzeln und obendrein sehr oft nicht ehrlich und standhaft. Der Protestantismus ist ohnehin erst seit der Julirevolution eigentlich frei erklärt, aber auch diese Freiheit ist eine vielfach beschränkte und illusorische *). Ein öffentliches Staats-

---

*) Graf Gasparin theilt in seinem 1843 zu Paris erschienenen Werk: „Intérêts généraux du protestantisme français" Dinge mit, die einen abschreckenden Begriff von

geſetz verbietet den Jeſuiten den Aufenthalt in Frankreich. Deſſenungeachtet niſten ſie ſich zahlreich ein
und als endlich ihre Abſchaffung nothwendig wird,
ſendet die franzöſiſche Regierung einen eigenen Bot-
ſchafter an den Papſt, um ſich die Erlaubniß zu er-
bitten, ein franzöſiſches Staatsgeſetz in Frankreich
in Vollzug zu ſetzen. Und dennoch bleibt die Aufhebung der Jeſuiten nur eine ſcheinbare, und daß
der Orden ſelbſt in den höchſten Regionen Freunde

---

der franzöſiſchen Freiheit geben. Frankreich, welches mehr
als 1½ Million Proteſtanten zählt, hat keine einzige öffentliche Lehranſtalt für proteſtantiſche Theologie! In den Se-
kundärſchulen müſſen die proteſtantiſchen Schüler bei den
Gebeten zu der Jungfrau Maria mit niederknien. Für die
Kirche der 33 Millionen Katholiken ſind 36 Mill. Fr. bewilligt; für die 1½ Million Proteſtanten aber nur
1,020,000 Fr. Es kommen alſo auf jeden Katholiken
1 Fr. 9 Cent., auf jeden Proteſtanten aber nur 69 Cent.
und doch iſt die proteſtantiſche Kirche viel bedürftiger, weil
die Proteſtanten ſehr zerſtreut leben und ihre Geiſtlichen verheiratet ſind. Die zum Proteſtantismus übergetretenen
Bewohner von Serres und Ganac haben noch immer keine
Erlaubniß zur Eröffnung des Gottesdienſtes. Wenn proteſtantiſche Prediger in Senneville, Levergie, Metz, Mon-
targis predigen wollen, werden ſie durchs Militair gehindert.
In allen proteſtantiſchen Bezirken, auch im Elſaß werden
alle öffentlichen Gebäude von katholiſchen Prieſtern geweiht.
Der Artikel 5 der Charte aber ſagt: Jeder bekennt ſeine
Religion mit gleicher Freiheit und genießt für ſeinen Kultus
den gleichen Schutz!

18.*

habe, bewies sich deutlich bei dem gegen ihn geführ=
ten Prozeß. Von den Jesuiten abgesehen aber ist
man in Frankreich bis auf einzelne Ausnahmen für
das Papstthum und erklärt Nationalkirchen für un=
sinnig und unmöglich. Nicht nur die Legitimisten
schreiben für Rom, sondern sogar Republikaner, wie
Cormenin. Thiers, der wol gegen die Jesuiten ge=
sprochen, thut in seinem neuesten Geschichtswerke so
stark römischkatholisch, daß man mit Recht neulich
irgendwo von ihm gesagt hat, er scheine sich ein Car=
dinalskäppchen verdienen zu wollen, um seinen ketze=
rischen Gegner Guizot leichter stürzen zu können.
Thiers läßt Napoleon betheuern, daß das Papstthum
„eine bewundernswerthe, äußerst wohlthätige und
unentbehrliche Einrichtung sei." — Und ein Belle=
trist, der auf den Beifall des großen Publikums spe=
kulirt, Balzac verherrlicht in seinem neuesten Werk:
„Cathérine de Médicis expliquée: Le Martyr
Calviniste" die pariser Bluthochzeit! Er sagt: „Il
y a malheureusement à toutes les époques des
écrivains hypocrites prêts à pleurer deux cents
coquins tués à propos!" Er lobt die Aufhebung
des Edikts von Nantes und meint, wenn sie voll=
ständig streng durchgeführt worden wäre: „la France

ne serait pas aujourdhui dévorée par le protestantisme!"

Für den neuen deutschen Kirchengedanken nun
und den einfach edlen Gottesdienst desselben hat das
spektakelsüchtige französische Volk gar keine Sym=
pathie, und wenn es wahr ist, daß Czerski und Ronge
Sendschreiben an die französische Nation erlassen, so
war dies in mehrfacher Beziehung ein arger Mis=
griff.   Die freie Gemeindeverfassung aber, nach
welcher die neue deutsche Kirche strebt, ist den fran=
zösischen Hierarchen und Büreaukraten ein Gräuel.
Die Verdammungsbriefe, welche die französischen
Bischöfe gegen die französischen Philosophen geschleu=
dert, sprechen es ehrlich aus, was die französische
Hierarchie in Uebereinstimmung mit der römisch=
deutschen fürchtet, nämlich: „Einführung des Pres=
byterianismus und Aufhebung der Ausübung der
legitimen kirchlichen Jurisdiktion." — Da überdies
der Deutschkatholizismus, wenn ihn die deutschen
Regierungen anerkennen würden, Deutschland einigen
könnte, so muß ihn jeder gute Franzose verachten.
Daher der Spott französischer Blätter über die neuen
deutschen Reformatoren, welchen Spott übrigens die
französelnden Rheinländer fleißig auswendig lernen.
Aber nicht nur mit Spott, auch mit grimmigstem

nung zu blicken gewohnt war. In diesem Zutrauen Deutschlands hatten die genannten Staaten eine Bedeutung und Stütze, welche sie völlig in den Stand setzte, den beiden größern süddeutschen Mächten zu imponiren. Wenn sie sich dieses Vertrauens unwürdig machen, wenn sie sich zu Trabanten der österreichisch=baierisch ultramontanen Politik erniedrigen, so sinken sie zu willenlosen Werkzeugen dieser Politik herab und können dadurch noch einmal dahin gebracht werden, französische Vorposten gegen das deutsche Vaterland zu sein. Es unterliegt keinem Zweifel, daß Abneigung gegen Preußen ein Hauptbeweggrund des undeutschen Verhaltens jener beiden Regierungen ist. Allein wie triftig begründet auch diese Abneigung sein mag, so soll sie doch nicht das Pflichtgefühl für das Wohl des großen Vaterlandes, für die Ehre des deutschen Namens, für die endliche Bildung eines wahrhaft humanen Christenthums überwältigen. Und durch freisinnig deutsches Streben wird man an Preußen die edelste Rache nehmen können.

Das Ausland.

Alle unsre Nachbarn fürchten nichts so sehr, als daß Deutschland zur Machteinigung gelangte, denn auf die Spaltung und Zerrissenheit des europäischen Centrallandes und Kernvolkes stützen unsre Nachbarn ihre Genüsse und Hoffnungen. Nichts gewährt unsrer feindnachbarlichen Umgebung größere Befriedigung als die kirchliche Spaltung Deutschlands. Nun ist das neue deutsche Kirchenstreben, wenn die deutschen Regierungen es weise und gerecht anerkennen und fördern, das sicherste Mittel, unsre kirchliche Spaltung zu beseitigen; will man es dagegen unterdrücken, so wird es die Spaltung vervielfältigen. Hiernach ist die Gesinnung zu beurtheilen, mit welcher unsre Nachbarn die neue Kirche betrachten und in Bezug auf sie thätig sind.

Im einzelnen bemerken wir nur folgendes.

Das Verhältniß Roms zur deutschen Kirchen=
frage haben wir bereits oben besprochen. Rom ver=
mag in Deutschland nur so lang und so weit etwas,
als es deutsche Regierungen giebt, welche die Macht=
sprüche des römischen Bischofs vollstrecken. Die
römische Herrschaft erhält sich selbst in Italien nur
noch durch fremde und zwar vorzugsweis durch
deutsche Hilfe. Die Ueberzeugung der gebildeten
Italiener ist längst gegen das Papstthum, und der
italienische Pöbel war zu allen Zeiten geneigt, die
Päpste zu verspotten und ihre Bildnisse zu besudeln.
Wie die erste deutsche Reformation, so findet auch
der Gedanke der zweiten in Italien die lebhafteste
Zustimmung. Würde ganz Deutschland das Papst=
thum abthun und aufgeben, so dürfte man mit Be=
stimmtheit hoffen, daß auch die Italiener sich von
der Priesterherrschaft befreien würden. Und da
Spanier und Portugiesen keine Söldner des Papstes
mehr sind, und auch Frankreich sich wol schämen
würde, für Rom das Schwert zu ergreifen, so wäre
Europa von dem Papstthum befreit, und der heilige
Vater könnte dann seine Residenz etwa in Rio
Janeiro aufschlagen, wo erst neulich in ächt päpstischer
Unduldsamkeit nur römischkatholischen Einwanderern
Aufnahme zugesichert wurde.

Rußland trifft mit seinem Streben, sich von dem römischen Einfluß zu befreien, mit dem gleichen Streben des deutschen Volksgeistes zusammen. Aber zugleich welch ein merkwürdiger Unterschied der Verhältnisse! In Rußland will die autokratische Regierung den römischen Katholizismus gewaltsam vernichten, um sich von der lästigen und entwürdigenden Einmischung eines fremden Monarchen zu befreien. In Deutschland will das Volk sich selber und zugleich die Fürsten aus der unredlichen beschimpfenden römischen Bevormundung befreien; aber die deutschen Regierungen, autokratische und constitutionelle hindern es gewaltsam, obwol sie durch die Volksthat nicht nur speziell für sich Erleichterung des Regiments und Machtsteigerung erlangen, sondern auch Deutschland einigen würden. Wenn irgend etwas im Stand wäre, die russische Regierung von ihrem Gewaltverfahren gegen den römischen Katholizismus abzubringen, so wäre es die Besorgniß, daß durch Ausrottung desselben in den russischen Ländern der Deutschkatholizismus befördert werden könnte. Das deutschkatholische Streben ist der russischen Regierung sehr unlieb. Die wichtigsten Pläne der russischen Politik sind darauf berechnet, daß Nord- und Süddeutschland sich entgegengesetzt bleiben. Der Deutschkatholizismus aber, richtig begriffen und durchgeführt, würde jenen Gegensatz friedlich ausgleichen.

England hat aus der ersten deutschen Refor= mation den allergrößten Nutzen gezogen; es ist dadurch erst zu einer Macht gelangt, die es ihm möglich machte, sich über Deutschland zu erheben, es seit Jahrhunderten zu bevormunden und auszusaugen. Bis zu den Zeiten der Reformation stand England in jeder Beziehung, sogar in commerzieller tief unter Deutschland. Hat nun England schon damals, wo es doch in den theologischen Kampf mit hineingerissen war, doch vorzugsweis den praktisch vortheilhaften Standpunkt zu erkennen und zu behaupten gewußt, so wird es dies bei der jetzigen Kirchenbewegung um so leichter und sicherer thun, weil es jetzt dem eigent= lich kirchlichen Streit ganz fern steht, indem es in seinem hochmüthigen Staatskirchenthum den römischen Katholizismus wie den deutschen Protestantismus verachtet und noch weniger eine Sympathie für das antihierarchische deutschkatholische Streben empfinden kann. Man meint freilich, England müsse das deutschkatholische Streben gern sehen, weil dadurch Rom geschwächt und also das widerspänstige Irland einer mächtigen Stütze beraubt würde. Aber Eng= land fürchtet Irland weit weniger als die Einigung

ja gerade deswegen halten wir es für eine gebie=
terische Pflicht, auszusprechen, was geschehen sollte,
wenn es auch leider im schroffsten, fast unausgleich=
bar scheinenden Gegensaß zu dem steht, was wirklich
geschieht. Vorzüglich Desterreich und Baiern gegen=
über ist es strenge Gewissenspflicht, rücksichtslos,
ohne Furcht und Hoffnung die Wahrheit zu sagen;
und diejenigen deutschen Politiker, die gegen ihre
Ueberzeugung aus weiß Gott was für kleinlichen,
politisch jesuitischen Gründen dem undeutschen und
unchristlichen System Desterreichs und Baierns
Complimente machen, versündigen sich an der Wahr=
heit, an der Ehre und Wohlfahrt Deutschlands, und
schaden zugleich den geschmeichelten Fürstenhäusern
und Ministern, weil sie ihre Verblendung steigern.

Wir haben im Verlauf dieser Schrift schon
mehrfach Gelegenheit gehabt, die großen Vortheile
anzudeuten, welche in und mit dem neuen Kirchen=
streben erreicht werden könnten; hier wollen wir
noch einmal hervorheben, was zunächst die Regie=
rungen, namentlich die römischkatholischen betrifft.

Durch den Beitritt zur neuen Kirche würden sie
endlich einmal den Beweis liefern, daß sie nicht
durchaus und überall Gegner des Volksgeistes, daß
sie Repräsentanten des Volkskraft, nicht aber Unter=

Effekt berechnete römische Kirchendienst entspricht dem französischen Volkswesen, und die römische Hierarchie paßt zu der französischen Centralisation. Ueberdies knüpfen alle stolzen Erinnerungen der Franzosen an den katholischen Charakter Frankreichs, da ja sogar Napoleon seine revolutionäre Macht in einen, römischen Heiligenschein gehüllt hat. Auch verstehen es die französischen Könige und Bischöfe schon seit Jahrhunderten, den Papst als gutes Mittel zu gebrauchen, ihn aber nicht als Zweck gelten zu lassen. Dazu kommt nun die heutige politische Stellung, welche Frankreich vorzüglich zum Gegner Preußens macht. Die Rheinlande will man um jeden Preis noch erringen — und sie sind römischkatholisch!

Demgemäß handeln in Frankreich alle Parteien in merkwürdiger Uebereinstimmung gegen den Protestantismus und für Rom. Die einzelnen Aufgeklärten sind eben einzeln und obendrein sehr oft nicht ehrlich und standhaft. Der Protestantismus ist ohnehin erst seit der Julirevolution eigentlich frei erklärt, aber auch diese Freiheit ist eine vielfach beschränkte und illusorische *). Ein öffentliches Staats-

---

*) Graf Gasparin theilt in seinem 1843 zu Paris erschienenen Werk: „Intérêts généraux du protestantisme français" Dinge mit, die einen abschreckenden Begriff von

geſetz verbietet den Jeſuiten den Aufenthalt in Frank=
reich. Deſſenungeachtet niſten ſie ſich zahlreich ein
und als endlich ihre Abſchaffung nothwendig wird,
ſendet die franzöſiſche Regierung einen eigenen Bot=
ſchafter an den Papſt, um ſich die Erlaubniß zu er=
bitten, ein franzöſiſches Staatsgeſetz in Frankreich
in Vollzug zu ſetzen. Und dennoch bleibt die Auf=
hebung der Jeſuiten nur eine ſcheinbare, und daß
der Orden ſelbſt in den höchſten Regionen Freunde

---

der franzöſiſchen Freiheit geben. Frankreich, welches mehr
als 1½ Million Proteſtanten zählt, hat keine einzige öffent=
liche Lehranſtalt für proteſtantiſche Theologie! In den Se=
kundärſchulen müſſen die proteſtantiſchen Schüler bei den
Gebeten zu der Jungfrau Maria mit niederknien. Für die
Kirche der 33 Millionen Katholiken ſind 36 Mill. Fr. be=
willigt; für die 1½ Million Proteſtanten aber nur
1,020,000 Fr. Es kommen alſo auf jeden Katholiken
1 Fr. 9 Cent., auf jeden Proteſtanten aber nur 69 Cent.
und doch iſt die proteſtantiſche Kirche viel bedürftiger, weil
die Proteſtanten ſehr zerſtreut leben und ihre Geiſtlichen ver=
heiratet ſind. Die zum Proteſtantismus übergetretenen
Bewohner von Serres und Ganac haben noch immer keine
Erlaubniß zur Eröffnung des Gottesdienſtes. Wenn prote=
ſtantiſche Prediger in Senneville, Levergie, Metz, Mon=
targis predigen wollen, werden ſie durchs Militair gehindert.
In allen proteſtantiſchen Bezirken, auch im Elſaß werden
alle öffentlichen Gebäude von katholiſchen Prieſtern geweiht.
Der Artikel 5 der Charte aber ſagt: Jeder bekennt ſeine
Religion mit gleicher Freiheit und genießt für ſeinen Kultus
den gleichen Schutz!

18.*

habe, bewies sich deutlich bei dem gegen ihn geführten Prozeß. Von den Jesuiten abgesehen aber ist man in Frankreich bis auf einzelne Ausnahmen für das Papstthum und erklärt Nationalkirchen für unsinnig und unmöglich. Nicht nur die Legitimisten schreiben für Rom, sondern sogar Republikaner, wie Cormenin. Thiers, der wol gegen die Jesuiten gesprochen, thut in seinem neuesten Geschichtswerke so stark römischkatholisch, daß man mit Recht neulich irgendwo von ihm gesagt hat, er scheine sich ein Cardinalsfäppchen verdienen zu wollen, um seinen ketzerischen Gegner Guizot leichter stürzen zu können. Thiers läßt Napoleon betheuern, daß das Papstthum „eine bewundernswerthe, äußerst wohlthätige und unentbehrliche Einrichtung sei." — Und ein Belletrist, der auf den Beifall des großen Publikums spekulirt, Balzac verherrlicht in seinem neuesten Werk: „Cathérine de Médicis expliquée: Le Martyr Calviniste" die pariser Bluthochzeit! Er sagt: „Il y a malheureusement à toutes les époques des écrivains hypocrites prêts à pleurer deux cents coquins tués à propos!" Er lobt die Aufhebung des Edikts von Nantes und meint, wenn sie vollständig streng durchgeführt worden wäre: „la France

ne serait pas aujourdhui dévorée par le protestantisme!"

Für den neuen deutschen Kirchengedanken nun
und den einfach edlen Gottesdienst desselben hat das
spektakelsüchtige französische Volk gar keine Sympathie, und wenn es wahr ist, daß Czerski und Ronge
Sendschreiben an die französische Nation erlassen, so
war dies in mehrfacher Beziehung ein arger Misgriff. Die freie Gemeindeverfassung aber, nach
welcher die neue deutsche Kirche strebt, ist den französischen Hierarchen und Büreaukraten ein Gräuel.
Die Verdammungsbriefe, welche die französischen
Bischöfe gegen die französischen Philosophen geschleu-
dert, sprechen es ehrlich aus, was die französische
Hierarchie in Uebereinstimmung mit der römisch-
deutschen fürchtet, nämlich: „Einführung des Pres-
byterianismus und Aufhebung der Ausübung der
legitimen kirchlichen Jurisdiktion." — Da überdies
der Deutschkatholizismus, wenn ihn die deutschen
Regierungen anerkennen würden, Deutschland einigen
könnte, so muß ihn jeder gute Franzose verachten.
Daher der Spott französischer Blätter über die neuen
deutschen Reformatoren, welchen Spott übrigens die
französelnden Rheinländer fleißig auswendig lernen.
Aber nicht nur mit Spott, auch mit grimmigstem

Ernst zieht man in Frankreich gegen den Deutschkatholizismus zu Felde. Das französische Regie-
rungsblatt, das Journal des Débats sieht im Deutschkatholizismus einen Angriff auf die bürgerliche
Ordnung und das positive Christenthum, und giebt
dem König von Preußen den Rath, lieber die
Freiheit zu unterdrücken als die Zügel-
losigkeit wachsen zu lassen!

Drittes Buch.

Ihr Heuchler, die Gestalt der Erde und
des Himmels könnet ihr prüfen; wie
prüfet ihr aber die Zeit nicht!

Luk. 12, 56.

Was geschehen soll.

Man verlangt von den unbeamteten Politikern, wie man die unberufenen zu nennen beliebt, gewöhnlich mit listiger Strenge, daß sie nicht blos die Regierungsmaßregeln tadeln, sondern zugleich bessere in Vorschlag bringen sollen. Es geht den freien Politikern diesem Verlangen gegenüber immer schlecht. Beachten sie es nicht, so sucht man sie mit dem Gemeinplatz: „Tadeln ist leicht" u. s. w. abzufertigen, gehen sie darauf ein, so werden alle ihre Vorschläge unter dem beliebten Ausdruck „politische Poesie" als unpraktische, unausführbare Schwärmereien verspottet.

Die sichere Gefahr, dieses letztere Schicksal zu erfahren, soll uns nicht abhalten, hier unsre ehrliche Ueberzeugung auszusprechen. Wir halten dafür, daß die deutschen Fürsten, namentlich diejenigen, welche noch Unterthanen der römischen Hofkirche sind, dem neuen Kirchenstreben entschieden und offen beitreten sollten. Die protestantischen Fürsten sollen nicht nur den Deutschkatholizismus in ihren Ländern nach Kräften befördern, sondern auch vorzüglich dazuthun, daß die protestantische Kirche aus der Erstarrung, in welcher sie in gar vielen Stücken ein verhältnißmäßig anderes Papstthum geworden, befreit und zu einer volksthümlich lebendigen Gestaltung geführt werde. Die römischkatholischen Fürsten aber sollen entschieden zum Deutschkatholizismus übertreten und dadurch bewirken, daß diese Kirche im Namen des Christenthums und zum Heil und Ruhm Deutschlands würdig und kräftig ausgebildet werde.

Wir wissen es, daß über die Zumuthung, die wir hier ausgesprochen, unsre Gegner sich unwillig entsetzen, daß selbst unsre Freunde uns mitleidig belächeln werden, denn es steht die Ueberzeugung fest, daß die Erfüllung unsers Wunsches unmöglich sei, daß besonders die Häuser Oesterreich und Baiern sich freiwillig nun und nimmermehr von dem römischen Prinzip lossagen werden. Wir theilen diesen traurigen Glauben; aber dessenungeachtet,

ja gerade deswegen halten wir es für eine gebie=
terische Pflicht, auszusprechen, was geschehen sollte,
wenn es auch leider im schroffsten, fast unausgleich=
bar scheinenden Gegensatz zu dem steht, was wirklich
geschieht. Vorzüglich Oesterreich und Baiern gegen=
über ist es strenge Gewissenspflicht, rücksichtslos,
ohne Furcht und Hoffnung die Wahrheit zu sagen;
und diejenigen deutschen Politiker, die gegen ihre
Ueberzeugung aus weiß Gott was für kleinlichen,
politisch jesuitischen Gründen dem undeutschen und
unchristlichen System Oesterreichs und Baierns
Complimente machen, versündigen sich an der Wahr=
heit, an der Ehre und Wohlfahrt Deutschlands, und
schaden zugleich den geschmeichelten Fürstenhäusern
und Ministern, weil sie ihre Verblendung steigern.

Wir haben im Verlauf dieser Schrift schon
mehrfach Gelegenheit gehabt, die großen Vortheile
anzudeuten, welche in und mit dem neuen Kirchen=
streben erreicht werden könnten; hier wollen wir
noch einmal hervorheben, was zunächst die Regie=
rungen, namentlich die römischkatholischen betrifft.

Durch den Beitritt zur neuen Kirche würden sie
endlich einmal den Beweis liefern, daß sie nicht
durchaus und überall Gegner des Volksgeistes, daß
sie Repräsentanten des Volkskraft, nicht aber Unter=

drücker derselben sein wollen. Die Hauptquelle
aller Uebel, unter denen jetzt Fürsten und Völker
leiden, ist die traurige Thatsache, daß den Völkern
durch lange unglückliche Erfahrungen die Ueberzeugung aufgenöthigt worden, die Regierungen ver-
walteten ihr Amt nicht den geistigen und materiellen
Bedürfnissen der Völker gemäß, sondern nach persönlichen Vorurtheilen und eigennützigen Berechnungen. Daraus ist jenes täglich zunehmende Mistrauen
entstanden, welches heutzutag die Völker in eine so
unbehagliche, krankhaft gereizte Stimmung versetzt
und zugleich alle Throne wanken, alle Thronenden
zittern macht; daraus ist jener klägliche unnatürliche
Zustand entsprungen, daß Regierungen und Völker
sich fortwährend in einem Kriegsverhältniß befinden,
daß sie sich gegenseitig durch List, durch versteckte
und offene Gewalt bekämpfen, anstatt in freundlicher,
organischer Verbindung durchs Leben zu gehen.
Wie dringend nothwendig es ist, daß dieser verderbliche Zustand endlich gehoben werde, stellt sich täglich
ernster warnend hervor. An die Stelle von List
und Gewalt muß das offene klare Recht kommen,
und mit diesem wird die wahre Freiheit einkehren,
deren Völker und Fürsten so lebenbedingend bedürfen.
Diese segensreiche rechtliche Freiheit aber kann nur

im Herzensgrunde gegenseitigen Vertrauens gedeihen. Dieses Vertrauen der Völker und zu den Völkern zu gewinnen, ist die dringendste Aufgabe der Regierungen. Die neue Kirche aber giebt eine vortreffliche, alle Lebensbeziehungen umfassende Gelegenheit dazu. Gerade daß sie ein Produkt des zu selbständigem Bewußtsein gelangenden demokratischen Elements ist, soll sie den Machthabern empfehlen, denn nur in der vertrauensvollsten Befreundung mit dem demokratischen Element liegt für die Zukunft die erhaltende Stütze der Monarchie. Diese ist eben jetzt allenthalben misachtet und gefährdet, weil das Volkselement überall von den Regierungen mit Abneigung und Mistrauen gedrückt und dadurch zu feindlicher Gegenwirkung gereizt und gedrängt wird. Dieser verderbliche Zustand wird dadurch verschlimmert, daß man auch das neue Kirchenstreben vorzüglich deshalb verfolgt, weil es demokratischer Natur ist. Die Völker erhalten dadurch einen neuen Beweis, daß man sie fortwährend im kindischen Zustand eines passiven Gehorsams erhalten, daß man das römische Kirchenwesen vorzüglich nur deshalb verewigen will, weil es die Menschheit zur gedankenlosen blind gehorchenden Herde erniedrigt. Auf solche Weise untergraben die Diener der Monarchie

das Prinzip derselben, und was man den Dema-
gogen zur Last legt, das verschulden diejenigen
Minister und Monarchen, welche das heilsame
Element des demokratischen Prinzips verkennen. Der
Beitritt zur neuen Kirche würde ein Beweis sein
für die gründliche Beseitigung dieses schädlichen
Irrthums, und dadurch erhielte die Monarchie eine
neue, allen Stürmen der Zukunft gewachsene Stütze.
Nebstdem aber bietet die neue Kirche den Monarchen
die Befreiung von der Mitregentschaft eines fremden
Kirchenfürsten. Man schlage diesen Vortheil nicht
gering an. Oesterreich und Preußen haben es ja
eben erst erfahren, wie verwirrend der römische
Einfluß auch heutzutag noch zu wirken vermag.
Und Rom hat sich nicht geändert. Es ist noch immer
dasselbe, welches Kaiser und Könige mit Füßen getreten und die Empörung der Unterthanen gesegnet
hat. Wir wiederholen es, die Monarchie ist in
ihrem Wesen aufgehoben, wo die Unterthanen eben
in den wichtigen Beziehungen der religiösen Ueberzeugung und Gewissenhaftigkeit und mit allen ihren
jenseitigen Hoffnungen von einem fremden Monarchen
abhängig sind.

Nebst dieser Stärkung und Befreiung der Monarchie verspricht die neue Kirche noch die Einigung

Deutschlands. Sobald das Verdammungsdogma und das Seligkeitsmonopol der römischen Kirche beseitigt ist, verschwindet die verderbliche kirchliche Spaltung Deutschlands von selbst, und welche Entfesselung und Steigerung dann das Machtleben der deutschen Regierungen gewinnen würde, braucht nicht deutlicher entwickelt zu werden. Bisher konnten unsre Regierungen ihre innern und äußern Aufgaben nur unvollständig erfüllen, ja diese Erfüllung großentheils gar nicht beginnen, weil sie durch das drückende und verwirrende gegenseitige Mistrauen und durch die Furcht vor fremden Einflüssen gelähmt sind. Verschwinden diese Uebel, dann können durch freundliches Zusammenwirken aller deutschen Fürsten und Völker und sicher gegen fremde Hindernisse die Reformen beginnen, die in so hohem Grade das Bedürfniß der Zeit sind. Daß diese Reformen nicht stück- und flickweis, sondern durchgreifend allgemein und ganz ausgeführt werden müssen, ist längst anerkannt. Dieser völligen Erneuerung unsers ganzen Lebens aber bietet eben die neue Kirche durch materielle und geistige Mittel die vorzüglichste Förderung. Sie bietet erstlich den Regierungen etwas, woran sie gewöhnlich Mangel haben — Geld. Das römische Kirchenthum besitzt in Deutschland und in den

durch Oesterreich mit Deutschland verbundenen un=
garischen Ländern noch immer ganz unverhältniß=
mäßig große Reichthümer, welcher Zustand ebenso
sehr den apostolischen wie den staatswirthschaftlichen
Grundsätzen widerstreitet. Die neue Kirche, welche
in ihrer christlichen und demokratischen Einfachheit
wenig Bedürfnisse hat, giebt dem Staat Gelegen=
heit, einen großen Theil jener Kirchengüter für christ=
lich und politisch eblere Zwecke zu verwenden. Man
trete dagegen nicht mit den Gemeinplätzen von der
Pflicht, den Willen der Verstorbenen zu ehren, und
von der sündhaften Knickerei in Sachen des Gottes=
dienstes auf. Wie will man für einen Theil der
Kirchengüter solche Gründe anführen, da in Betreff
eines beträchtlichen andern Theils die sämmtlichen
römischkatholischen Regierungen längst bewiesen haben,
daß sie über solche Einwendungen der Römlinge weit
hinaus sind? Man ehrt die Verstorbenen, wenn
man annimmt, daß sie jetzt ihr Geld dem jetzigen
Bedürfniß gewidmet haben würden. Und ist es
nicht geradezu gotteslästerlich, wenn man behauptet,
der Herr des Himmels und der Erde wolle durch
schauspielartigen Prunk geehrt werden! Werke der
Liebe sind der edelste Gottesdienst, und wenn der
Reichthum der Hierarchen solchen Liebeswerken gewid=

met wird, so dient er den gottgefälligsten religiösen
Zwecken. Und die politischen Reformen, nach denen
sich Deutschland sehnt, sollen eben auch Werke christlicher Liebe und Freiheit sein, denn unsre jetzigen
geselligen und politischen Zustände sind in ihren
Gründen und Zwecken wahrhaft unchristlich lieblos.
Zur Lebenserneuerung im Geist der Liebe und Freiheit bietet nun die neue Kirche durch Erweckung eines
neu begeisterten christlichen Bewußtseins den mächtigsten geistigen Hebel. Man erzählt, daß die
berühmtesten Würdenträger der alten Politik über
die religiöse Bewegung Deutschlands tief bekümmert
seien, weil sie von der Vereinigung des religiösen
Reformdranges mit dem politischen die schlimmsten
unwiderstehlichen Aufregungen fürchten. Man hat
aber nur dann Grund zur Furcht, wenn man hart-
näckig entschlossen ist, beim Alten zu bleiben. Meint
man es dagegen ehrlich mit dem friedlich freundlichen,
natürlichen, gemäßigten Vorschritt, den man so oft
proklamiren läßt, dann muß man das Erwachen des
neuen Kirchenlebens als die wohlthätigste Fügung
Gottes preisen, weil eben nur durch die Erwärmung,
Veredlung und Heiligung dieses neuen religiösen
Lebens der brüderlich einträchtige und liebreich gemäßigte Fortschritt möglich ist. Die Regierungen

19

haben oft und bitter über die zunehmende Irreligiosität geklagt, und nun, da sich die Völker zu einer
neuen wahrhaft christlichen Gottesgesinnung erheben
wollen, soll ihnen dies nicht gestattet, soll ihnen als
Verbrechen zugerechnet werden! Die Regierungen
wollten der Religion durch Mönche und Mucker zu
Hilfe kommen; sie haben das gerade Gegentheil bewirkt, sie haben höchstens die Heuchelei befördert,
welche ohnehin die verheerende Pestseuche unsrer
Zeit ist. Wie oft klagen und schmähen die Regie-
rungsorgane über die Lüge der Zeit. Aber wo ist
die Quelle dieser Lüge? — In der großen Staats-
und Kirchenlüge. Gegen ihre bessere Ueberzeugung
huldigen die Regierungen einem falschen Kirchenbegriff und verfälschen dadurch auch das Staatsleben.
Wenn man nun auf solche Art die Völker daran gewöhnt und dazu zwingt, in den höchsten Lebensbeziehungen und sogar im Verhältniß zu Gott fortwährend
zu heucheln, wie kann man sich dann wundern, daß
solche Unehrlichkeit endlich alle Lebensverhältnisse
vergiftet. Wenn die Regierungen mit den Völkern
aus dem verabscheuungswürdigen Zustand der öffentlichen Lüge heraustreten, dann wird sich unser ge-
sammtes Leben reinigen und stärken. Unsre kalte,
feige, in lustgierige Tändelei und schachernden Eigen-

nuß, in komödiantische Gleißnerei und knechtischen Ueberzeugungsverrath versunkene Zeit würde durch neue sittliche Würde, Kraft und Begeisterung verherrlicht werden, die Weltgeschichte würde eine neue wahrhaft christlich humane Periode beginnen. Und zu dieser großen Welterlösung bietet das neue Kirchenstreben die vorzüglichsten Mittel. Die große Reform würde an dem Tage beginnen, an welchem der kaiserliche Hof in Wien seinen feierlichen Einzug zur ersten deutschen Messe in der Stephanskirche hielte. König Ludwig der Baier aber würde erst dann ein wahrhaft christlicher und deutscher Baumeister werden und sich und dem deutschen Volke eine ewige Ruhmeshalle erbauen, wenn er aus den Domen, die er schuf, den welschen Ceremoniendienst verbannte und sie zur Verklärungsstätte deutscher Gottesgedanken weihen ließe. Unser Leben sittlich geheilt und erkräftigt, die alte Heuchelei, die alte „henkerartige" Frömmigkeit durch eine edle freie Seelenerhebung zu Gott ersetzt, das Mistrauen zwischen Regierungen und Völkern beseitigt, Deutschland geeinigt, von fremdem Einfluß befreit, den andern Völkern ein Muster geistiger Erhebung, an der Spitze einer Weltbewegung schaffend und waltend — wer vermag, diesen Himmelssegen und Weltruhm mit

Worten zu schildern! Er übertrifft fürwahr die kühnsten Ahnungen der Phantasie; und der Weg dazu ist angezeigt und angebahnt, die vorbereitenden Mittel bestehen in Reformen, die ohne alle Rücksicht auf die hohen fernen Zwecke schon an und für sich, des nächsten praktischen Bedürfnisses wegen, ohne Zögern ins Leben gerufen werden sollten.

Die Reform des Gottesdienstes.

Nichts beweist deutlicher die Verwerflichkeit des römischen Kirchenbegriffs und seine gänzliche Unvereinbarkeit mit der durch Gott geschaffenen Thätigkeit des Menschengeistes, als der Umstand, daß Rom die ganze Unmasse des kirchendienstlichen Gepränges, wie es sich in den dunkeln Jahrhunderten der Vorzeit gebildet, für alle Zeiten aufrecht erhalten will. Rom verlangt, daß Menschen, die auf der Höhe der heutigen Bildung stehen, sich auf dieselbe Art andächtig erbauen sollen, wie die gedankenlos kindlich gläubigen Vorfahren. Die Unmöglichkeit ist durch die Thatsache bewiesen. Der römische Kirchendienst hat heutzutag für die überwiegende Mehrzahl der Priester und Laien alle Bedeutung verloren. Wer dies nicht aufs Wort glauben will, der über-

zeuge ſich durch den Augenſchein. Gerade die Cere=
monien, welche auf den meiſten Effekt berechnet
ſind, machen gar keine Wirkung, oder bieten höchſtens
Kindern und ſchauluſtigem Pöbel ein Schauſpiel.
Ceremonien, die, wenn ſie noch auf wirklichem Glau=
ben beruhten, in religiöſe Verzückung verſetzen
müßten, werden von dem Prieſter kalt, gedankenlos,
handwerksmäßig, maſchinenhaft verrichtet, und vielen
dieſer Männer ſieht man es an, viele geſtehen es
ſogar, daß ſie ſich dieſes überladenen, weibiſchen,
kindiſchen Ceremonienweſens ſchämen. Bei religiöſen
Myſterien, die nach römiſcher Lehre den Herrn des
Himmels und der Erde in unmittelbare körperliche
Erſcheinung bringen ſollen, gehen die römiſchen
Katholiken im Gotteshauſe geräuſchvoll ab und zu,
auf und ab, gefallſüchteln mit körperlichen und
Schneiderreizen, plaudern, liebäugeln oder ſchlafen!
Bei den größten Kirchenfeierlichkeiten, in der Chriſt=
nachtmeſſe und bei dem nächtlichen Gräberbeſuchen
in der Charwoche wird in den römiſchkatholiſchen
Kirchen geſtohlen, geliebelt, gehurt. — Selbſt
der ſchlichteſte und ſchüchternſte Verſtand tadelt es,
daß der Gottesdienſt in lateiniſcher Sprache gehalten
wird. Was erbauen und tröſten ſoll, ſpricht der
Prieſter in einer der Gemeinde unverſtändlichen

Sprache. Das deutsche Brautpaar wird lateinisch
getraut, seine Kinder werden lateinisch getauft und
gefirmt, lateinisch absolvirt der Priester den Deutschen
von seinen Sünden, mit einer lateinischen Anrede
reicht er ihm das Abendmal, lateinisch stärkt er ihn
gegen die Schrecken des Todes, lateinisch singt er
ihn zu Grabe! Dieser lateinische Unsinn verleitet
die Priester sehr häufig, besonders dort, wo sie
keine Lateiner zu fürchten haben, zu einem wahrhaft
gotteslästerlichen Schlendrian. Sie verstümmeln die
Worte und Sätze bis zum völligen Unsinn, sie sagen
oft nur das erste und letzte Wort des Gebetes und
verkauen murmelnd alles übrige. Dazu kommt
noch, daß auch die Ministranten und Küster bei der
Messe und andern Ceremonien lateinisch beten und
singen müssen. Knaben und Männer, die von der
lateinischen Sprache keinen Begriff haben, lernen
die Worte papageienartig auswendig, radebrechen
sie aufs lächerlichste und correspondiren so mit dem
Priester am Altar Gottes! Aber nichts kann zu=
gleich widerlicher sein, als die Geistlosigkeit und
Unart, mit der auch die muttersprachlichen Gebete
der Gemeinde vorgebracht werden. Wir lachen
über die Wilden, daß sie ihre Götzen durch sinnloses
und widerwärtiges Schreien und Plärren zu verehren

glauben; in den römisch katholischen Kirchen geschieht dasselbe gegen den geoffenbarten Gott Himmels und der Erde. Das herrliche Gebet, welches uns der Heiland gelehrt, wird fünf=, zehn= und mehrmal hintereinander in gedankenlos leierndem Takt herabgeschrien. Welch einen unwürdigen Begriff von Gott setzt es voraus, daß man für nöthig erachtet, ihm dieselbe Bitte mehrmal nacheinander vorzutragen! Dieser sündhafte Misbrauch erreicht seinen Gipfel in dem Rosenkranzgebet, wo dieselbe Gebetformel sogar mehrere hundertmal wiederholt wird, und die einzige geistige Thätigkeit der Betenden darin besteht, daß sie acht haben, sich nicht zu verzählen. Nicht minder widersinnig und jede geistige Erhebung unterdrückend sind die Litaneien. Bei diesem Haufenweis=Beten kommt es nur darauf an, daß die bestimmte Anzahl der Formeln gesprochen werde. Bekommt z. B. jemand eine zu große Anzahl Bußvaterunser zu beten, so kann ein Freund einen Theil davon übernehmen. Für einige Groschen kann man für sich oder für irgend jemand öffentlich eine bestimmte Anzahl von Vaterunsern beten lassen, und dies soll dann für den lieben Gott ein besonderer Beweggrund zur Erhörung sein! — Und zu wem beten denn die römischen Christen? — Aeußerst selten zu Gott, fast immer nur zur Jungfrau Maria oder zu irgend einer heiligen Person. In allen römischen Kirchen= ländern wird kaum eine einzige Kirche zu finden sein, die Gott selbst geweiht ist. Durch die Verehrung der Jungfrau und aller lieben Heiligen ist das Christenthum in der That zum abgöttischen Menschen= dienst erniedrigt worden, und selbst der Islam mit seiner reinen Anbetung des Einen Gottes steht in dieser Hinsicht höher als dieses entartete Christen= thum. Wenn man glaubt, daß die Jungfrau und die Heiligen den Menschen erhören, unterstützen und retten können, so legt man ihnen offenbar göttliche Eigenschaften bei. Allerdings ist der Lehrbegriff der Heiligenverehrung in der Theorie ziemlich rein und vernünftig gefaßt. Ihm zufolge soll eigentlich gar nicht zu den Heiligen, sondern nur zu Gott gebetet werden, daß er um der Verdienste dieses oder jenes Heiligen willen den Betenden erhören möge. In der Praxis aber gilt dieser Begriff durchaus nicht, und Priester und Laien beten direkt zu den Heiligen. Und selbst wenn die Kirche wirklich streng auf Ver= breitung des obigen Begriffs der Heiligenverehrung dränge, was sie doch nicht thut, so würde diese Ver= ehrung dennoch in abgöttische Anbetung ausarten, und diese herrscht gegenwärtig wirklich in der römischen

Kirche und hebt den reinen Urbegriff des Christen=
thums geradezu auf. Das römischkatholische Volk
betet nicht nur die Heiligen, sondern auch die Sta=
tuen, Bilder und Reliquien derselben an, und wenn
wir die Fratzenbilder sehen, vor denen unser armes
Volk im Staub kniet, wenn wir sehen, wie Deutsche
des neunzehnten Jahrhunderts vor einem Altar
knien, auf welchem ein alter Rock hängt, dann dürfen
wir nicht mehr über die Götzenbilder und den Fetisch=
dienst der Wilden spotten. Den höchsten Grad der
Abgötterei erreicht der Heiligendienst dadurch, daß
man zu Ehren der Heiligen Messe liest, d. h. nach
dem römischen Begriff das unblutige Erlösungsopfer
darbringt. Also zu Ehren eines Menschen, der von
einem Papst für Geld heilig gesprochen worden,
muß Jesus Christus, der Sohn des lebendigen
Gottes sein Erlösungsopfer wiederholen! Sollte
man es für möglich halten, daß solch ein gottes=
lästerlicher Frevel selbst in unsern Tagen noch Ver=
nunft und Christenthum schändet, und daß es weise
Staatsmänner giebt, die solchen sündhaften Unsinn
mit Gewalt aufrecht erhalten wollen! — Der
Begriff des Meßopfers führt noch weiter zu himmel=
schreiender Gotteslästerung. Nicht genug nämlich,
daß Gott, um das sündige Geschlecht zu erlösen,

seinen eingebornen Sohn in den Tod geschickt; dies geheimnißvolle Wunderwerk genügt der römischen Kirche nicht, sondern sie hat festgesetzt, daß Jesus Christus, der Sohn Gottes und selber Gott, täglich so oft geopfert werde, als römische Priester Messe lesen! Hierbei wird der Frevel ins Unglaubliche getrieben. Nicht genug, daß der Sohn Gottes einmal wirklich den Erlösungstod für alle Menschen gelitten; er muß sich auf den Machtspruch der römischen Curie bequemen, fortwährend für einzelne Menschen nach deren Belieben zu wiederholtenmalen neuerdings zu sterben; und stirbt z. B. irgend ein großer Herr, so muß zu seinem Heile, und damit er in der andern Welt auch wieder standesmäßig auftreten könne, das göttliche Opfer oft viele tausendmal wiederholt werden*). Die gewöhnlichsten Familienfeste, die gemeinsten Lebensunternehmungen muß der Sohn Gottes durch seinen Opfertod weihen; und zwar für Geld, welches der Priester einstreicht! Hat jemand etwas auf dem Gewissen, so geht er hin und läßt für einen Gulden den Heiland opfern!—Ebenso furchtbar vernunftwidrig und gotteslästerlich

---

*) Zum Seelenheil des gemordeten Wallenstein mußte sich Christus 40,000mal opfern lassen, d. h. Ferdinand II. ließ so viele Messen lesen!

ist die Lehre, daß die einmal geweihte Hostie nicht
etwa blos während des Empfanges, sondern für
immer, sie möge empfangen werden oder nicht, Gott
selber sei und als Gott angebetet werden müsse.
Welch eine haarsträubende Entweihung des Christen=
thums, dessen Hauptaufgabe es doch war, den Be=
griff des Einen unsichtbaren Gottes in heiligster
Reinheit darzustellen! Welch eine Vorstellung von
dem allmächtigen Schöpfer des Weltalls! Ein
Stückchen Gebäck, in Gold oder Messing gefaßt und
im Tabernakel eingesperrt, ist und bleibt der Gott
der römischen Christen. Vor diesem Gott knien sie
anbetend; diesen Gott nimmt der Priester in die
Hand und schwingt ihn segnend über die Gemeinde!
Aus dieser schauerlichen Lehre sind die ekelhaften und
lächerlichen Streitigkeiten hervorgegangen, wie lang
die genossene Hostie Gott bleibe, und ob eine Maus,
welche eine geweihte Hostie gefressen, den Leib
Christi empfangen? Welch eine schauerliche Aus=
artung des Begriffs, daß im Altarsakrament während
des Empfanges unter den Gestalten des Brotes und
Weines Christus gegenwärtig sei! — Welche
Ströme von Blut sind vergossen, welche unmensch=
liche Gräuel verübt worden, weil die römische Kirche
gegen Christi Wort und Beispiel den Laien den

Kelch entzogen. Und sie hatte dafür keinen andern
Grund als das hochmüthige Streben, den Priester=
stand bibelwidrig von dem Volk zu sondern, die
Laien zu Knechten der Kirche zu machen. Daß die
Entziehung des Kelches rein willkürlich sei, ist dadurch
bewiesen, daß Rom den Hussiten und später auch
den Katholiken der baierischen und österreichischen
Länder den Genuß beider Gestalten bewilligte. Zu
allen Zeiten aber hatte das christliche Volk eine
Sehnsucht nach dem Kelche und empfand es schmerz=
lich, daß es nicht nach der wahren Anordnung des
Heilands das Mahl des Lebens empfangen dürfe.
Bei allen Reformationsversuchen stand das Verlan=
gen nach dem Kelch im Vordergrund und um seinet=
willen zählt das reine Evangelium die begeistertsten
Märtirer. Auf dem Reichstag zu Nürnberg im
Jahre 1524 nahmen unter den Augen des päpst=
lichen Legaten viele hundert Personen das Abendmal
unter beiden Gestalten, und darunter selbst die
Schwester Ferdinands I., die Erzherzogin Isabella.
Wie sehr auch Ferdinands Kronprinz Maximilian
für die beiden Gestalten begeistert war, haben wir
bereits erwähnt; aber selbst Ferdinand I. erklärte
am 18. Jänner 1562 der Kirchenversammlung:
„Die Worte der Schrift: „Nehmet hin und trinket

alle daraus," däuchten dem Volk so klar zu sein und lägen ihm so tief im Herzen, daß die meisten lieber zehnmal sterben als sich den Kelch entziehen lassen wollten. Man habe eine Menge von Leuten gesehen und sehe deren noch, die sonst ganz katholisch wären und sich blos deshalb zu den Protestanten hielten, um nur der Communion unter beiden Gestalten theilhaft zu werden." — Auch Herzog Albrecht von Baiern gab damals folgende Erklärung ab: „Wegen der Versagung des Kelches fallen sehr viele ab, weil sie einmal der Meinung sind, daß die Communion unter beiden Gestalten in der Schrift ausdrücklich geboten sei, und weil auch nicht geleugnet werden kann, daß der Gebrauch beider Gestalten nicht nur in der ersten Kirche, sondern auch noch jetzt in der morgenländischen Kirche gewöhnlich und der römischen selbst nicht fremd gewesen sei." — Nicht minder willkürlich und gewaltthätig und in den Wirkungen viel verderblicher ist die Verfügung, welche die Ohrenbeichte zur unerläßlichen Bedingung des Empfanges der Seelenspeise macht. Volle zwölf Jahrhunderte bestand das Christenthum und die römische Kirche, bevor die Päpste den Uebermuth hatten, den Gläubigen diese Seelenfessel aufzulegen. Wir verkennen das Heilsame nicht, welches in der

Idee der Beichte liegt; allein dieses Heilsame wird
auch nach dem Gebrauch der protestantischen und der
deutschkatholischen Kirche erreicht, weil sie es jeder=
mann freistellt und anräth, sich in schwierigen Ge=
wissensfällen mit einem Seelsorger zu berathen.
Durch die ausnahmslose Verpflichtung zur Ohren=
beichte aber wird die wohlthätige Wirkung der Ge=
wissensberathung geradezu aufgehoben, und das
römische Beichtinstitut ist in dieser Hinsicht nichts
mehr als eine das moralische Gefühl abstumpfende,
die sittliche Kraft zerstörende Gewohnheitssache. Von
dem schändlichen Misbrauch, den priesterliche Leicht=
fertigkeit, Unzucht, Hab= und Herrschsucht von der
Beichte gemacht und noch täglich macht, wollen wir
hier nicht weiter reden. Auch von dem noch immer
bestehenden, gegen die menschliche und göttliche
Würde frevelnden Ablaßkram und von hundert an=
dern römischen Misbräuchen, deren Kritik viele
Bücher füllen würde, soll nicht deutlicher gehandelt
werden. Den verderblichen Einfluß, welchen solche
frevelhafte Entstellung des Heiligsten auf die geistige
und sittliche Bildung haben muß, erkennen alle
Denkenden. Sie alle stimmen darin überein, daß
diese römischen Misbräuche eine Schande unsers
Jahrhunderts sind. Selbst der gemeine Mann ist

über viele dieser römischen Kirchenlaster empört, und wenn die größere Menge des Volkes annoch gedankenlos in dieser Kirche fortvegetirt, so hat dies seinen Grund lediglich darin, weil diese Kirche ganz besonders darauf ausgeht, das Volk in trägem Stumpfsinn zu erhalten. Die römischkatholischen Regierungen — wir fragen sie vor Gott und der Welt auf ihr Gewissen — erkennen dies alles so gut wie alle andern Denker. Aber aus unglückseliger Erbliebhaberei, aus trügerischer Politik erklären sie, das Römerthum mit all seinen verderblichen und gotteslästerlichen Misbräuchen in Deutschland aufrecht erhalten zu wollen! Dieser unglückselige Entschluß bezieht sich vorzüglich auf einen der gewaltthätigsten Hauptmisbräuche des römischen Kirchenthums, durch dessen Beseitigung ein großer Theil des übrigen Unwesens von selbst fallen würde.

Die Priesterehe.

Das Christenthum hatte wesentlich auch dadurch eine neue Kulturepoche eröffnet, daß es die Weiblichkeit in ihre vollen Menschenrechte einsetzte und die Ehe heiligte. Es war also eine der treulosesten Abirrungen vom reinen Wesen des christlichen Geistes, daß die Kirche alsbald wieder anfing, nach orientalischer Weise das Weib als ein unreines, vorzugsweis sündhaftes Wesen in Misachtung zu bringen. Es widersprach dies nicht nur dem reinen Christenthum, sondern vorzüglich auch dem deutschen Volkswesen, denn bei den alten Deutschen stand bekanntlich das Weib in hohem, geheiligtem Ansehen, wurde als ein den Göttern näher stehendes Wesen verehrt, und alle wichtigen Lebensangelegenheiten wurden nach weiblichem Rath gestaltet, durch weibliche Ahnungen

begeistert. Diesem edlen deutschen Volkswesen wirkte
die Kirche entgegen, seitdem sie jüdische und heidnische
Elemente aufnahm, seitdem der Gedanke in ihr auf=
dämmerte, die Menschheit durch Niederbrückung in
orientalischen Stumpfsinn zu knechten.

Daß bei dem geistigen Gegensatz, welchen das
Christenthum zur sinnlichen, heidnischen Weltan=
schauung bildete, die Keuschheit zu einer vorzüglichen
Tugend wurde, und daß diese Tugend in den Zeiten
der ersten christlichen Begeisterung sich bis .zur
Schwärmerei steigerte, ist leicht begreiflich. Der
Umstand, daß Jesus ehelos gelebt, und daß der
Apostel Paulus ein eheloses Leben als der geistigen
Vervollkommnung förderlich anempfiehlt, begünstigte
das Streben, die geschlechtlichen Gefühle zu über=
winden. So entstand das Mönchsthum, und bei der
ursprünglichen Reinheit desselben war es natürlich,
daß die Glieder desselben dem Volke in der Verklä=
rung einer besondern Heiligkeit erschienen. Dies ver=
anlaßte nach und nach auch viele Weltpriester zu
freiwilliger Ehelosigkeit, namentlich wurde sie bei
den höhern Geistlichen häufiger und im vierten Jahr=
hundert bei den Bischöfen zur Regel. Schon auf dem
Concilium zu Nicäa (325) wurde darauf angetra=
gen, allen geweihten Geistlichen die Ehelosigkeit zur

gesetzlichen Pflicht zu machen, es ging aber nur der
Beschluß durch, daß man nach erhaltener Weihe
nicht mehr heiraten dürfe. Als aber in der römischen
Kirche die Mönche immer zahlreicher und von den
Päpsten immer mehr begünstigt, namentlich auch zur
vollständigen Seelsorge ermächtigt wurden, kamen
die verehelichten Priester bei dem Volke, welches in
dem Priester gern ein übernatürliches Wesen er=
blicken wollte, in eine immer schwierigere Stellung.
Das Volk zog den Gottesdienst der Mönche dem des
ordentlichen Seelsorgers vor, und die Mönche be=
nützten diese Volksgunst fleißig, um das Ansehen der
Weltgeistlichkeit herabzusetzen. Darauf stützen sich ge=
wöhnlich die Vertheidiger des Cölibats. Sie sagen,
die Kirche habe bei der Einführung desselben nur
dem allgemeinen Wunsch des Volkes nachgegeben.
Dies ist aber grundfalsch. Die Kirche hat diesen un=
natürlichen Wunsch des Volkes durch Verbreitung
des unnatürlichen Mönchthums absichtlich genährt
und gesteigert, weil man es zu Rom frühzeitig als
äußerst vortheilhaft erkannte, die Priester durch das
Eheverbot von allen natürlichen Verpflichtungen los=
zureißen, damit sie mit Leib und Seele, mit Gut
und Blut der päpstlichen Herrschsucht unterthan sein
könnten. Schon im sechsten Jahrhundert sprach Rom

20 *

ein allgemeines Eheverbot aus und Kaiser Justinian
unterstützte es dadurch, daß er alle Kinder der Geist=
lichen für unrechtmäßig und unfähig zu erben er=
klärte. Dessenungeachtet konnte man nicht durchbrin=
gen. Großen Eindruck machte es, daß die griechische
Kirche die Priesterehe erlaubte und auf der Synode
zu Constantinopel im Jahr 692 folgende Erklärung
veröffentlichte: „Nachdem wir vernommen, daß die
römischkatholische Kirche befohlen, daß die Priester
und Diakonen ihre rechtmäßigen Weiber verlassen
sollen, so beschließen wir in dieser unserer Versamm=
lung, daß Priester und Diakonen gemäß der alten
Uebung der Kirche und nach der Anordnung der
Apostel mit ihren Weibern ebenso wie Laien leben
mögen. Wir verbieten hiermit gänzlich, daß man
jemanden unter dem Vorwand, daß er verehelicht sei
und daß er seinem Weibe auch nach der Weihe als
Ehemann beiwohnen wolle, die Priesterweihe ver=
sage. Wir wollen keineswegs gegen die heilige Ehe
feindlich sein und dasjenige nicht trennen, was Gott
vereinigt hat.“ — Auf das Beispiel der großen
griechischen Kirche stützten sich auch im Abendlande
die Vertheidiger der Priesterehe, und obwol Rom
mit steigender Strenge dagegen eiferte, so blieben
dennoch bis gegen das Ende des elften Jahrhunderts

sehr viele Priester rechtmäßig verheiratet, und es gab viele Bischöfe, die dem Volkswahn, daß der Gottesdienst eheloser Priester besser sei, durch Strafgesetze entgegenarbeiteten. So führt Burkard, Bischof von Worms, in seiner Sammlung von Kirchengesetzen aus dem zehnten Jahrhundert an, daß diejenigen, die sich bei Anfang der Fasten zur Bußübung meldeten, unter andern auch folgende Frage beantworten mußten: „Hast du die Messe, das Gebet oder das Opfer eines verehelichten Priesters verachtet, so daß du ihm nicht beichten oder den Leib und das Blut des Herrn von ihm empfangen wolltest, weil er dir ein Sünder zu sein scheint? Wenn du es gethan hast, so thue ein Jahr Buße." — Es muß also noch im zehnten Jahrhundert sehr viele verheiratete Priester in Deutschland gegeben haben, und daß darunter selbst höhere Würdenträger gewesen, ist z. B. durch ein Statut des Erzbischofs Willigis von Mainz bewiesen, welches festsetzt, daß Vater und Sohn nicht an demselben Kapitel Canonikate erlangen sollten. Allein Gregor VII., der das ganze Abendland in eine Priesterdespotie verwandeln wollte, fand es zur Ausführung dieses Planes unbedingt nothwendig, daß die sämmtlichen Priester, losgerissen von Familie und Vaterland, abgestumpft gegen die rein

menschlichen Gefühle, willenlose Werkzeuge des
päpstlichen Stuhles würden; und mit derselben
kühnen, eisernen Gewaltthätigkeit, mit welcher jener
geniale Papst die weltliche Macht mit Füßen trat,
brach er auch den Widerstand der Geistlichkeit gegen
das unnatürliche Eheverbot. Im Jahr 1074 sandte
Gregor VII. das Dekret, welches den verheirateten
Priestern befiehlt, entweder die Weiber oder die
Pfründen zu verlassen, welches alle verheirateten
Priester, die irgend eine gottesdienstliche Handlung
vornehmen, und auch alle Laien, welche einem solchen
Gottesdienst beiwohnen, erkommunizirt, auch nach
Deutschland. Die Aufregung dagegen war stürmisch.
Der Erzbischof Siegfried von Mainz wäre bei Ver=
kündigung des Dekretes beinahe erschlagen worden.
Die Priester erklärten öffentlich: „Gregor sei ein
Ketzer, der das klare Wort Gottes umstoße." Im
ersten Buch Mosis (1, 27. 28 und 2, 24) heißt es:
„Gott schuf ein Männlein und ein Fräulein und
segnete sie und sprach zu ihnen: Seid fruchtbar und
mehret euch und erfüllet die Erde mit eurem Ge=
schlechte. — Darum wird der Mann Vater und
Mutter verlassen und an seinem Weibe hangen, und
sie werden sein Ein Fleisch." Christus aber hat diese
Worte des alten Testamentes bestätigend wiederholt

(Matth. 19, 4. 5. 6) und ausdrücklich dazu gesetzt: „Was Gott zusammenfügt, das soll der Mensch nicht trennen." — Der Heiland hat verheiratete Männer zu Aposteln und Jüngern erwählt. Petrus ist mit seinem Eheweib herumgezogen (Matth. 8, 14; Mark. 1, 30; 1. Corinth. 9, 5). Und selbst Paulus, der zwar die Ehelosigkeit als dem geistigen Leben förderlich durch Wort und Beispiel empfiehlt, ermahnt zugleich ernstlich: „jeder richte sich darnach, wie ihn der Herr begabt; um Ausschweifungen zu verhüten mag jeder seine Frau haben, denn Freien ist besser als Brunst leiden." (1. Corinth. 7, 9. 17.) — „Nun aber wolle der Papst" — so erklärten die Priester auf der mainzer Synode — „die Menschen durch gewaltsame Mittel zwingen, wie Engel zu leben, und da er den gewöhnlichen Lauf der Natur hemme, lasse er der Unlauterkeit und Hurerei die Zügel schießen. Wenn er auf seiner Meinung beharre, wollten sie lieber die Pfründen und das Priesterthum als die Weiber aufgeben; er könne alsdann zusehen, da ihm die Menschheit verächtlich wäre, wo er Engel herbekomme, um die christlichen Gemeinden durch sie zu regieren."

Erzbischof Siegfried berichtete nach Rom und bat um mildere Verfügungen; allein Gregor steigerte

nur seine Strenge, ließ das Volk gegen die beweib=
ten Priester fanatisiren und forderte die weltlichen
Fürsten auf, sie mit Gewalt vom Altar zu vertreiben.
„Das Aergerniß, das daraus entstand," sagt der
gleichzeitige Geschichtschreiber Sigebert, „war so
groß, daß durch keine Ketzerei eine solche Trennung
in der Kirche ist veranlaßt worden. Da wenige die
Keuschheit hielten, einige nur aus Gewinnsucht und
Eitelkeit sich keusch anstellten, viele die Unkeuschheit
noch mit dem Meineid und Ehebrüchen häuften, er=
folgte endlich, daß sich die Laien gegen die Weihen
und die Geistlichen auflehnten, ihnen allen Gehorsam
aufkündigten, über die Sakramente disputirten, selbst
tauften, auch auf dem Sterbebette von einem be=
weibten Priester keine Sakramente empfingen, die
Zehnten, die ihren Pfarrern gehörten, lieber ver=
brannten, als ihnen gaben, und, um die Sache
kurz zu fassen, solche Priester öfters vom Altar weg=
rissen, den von ihnen consecrirten Leib Jesu Christi
mit Füßen traten, das heilige Blut ausschütteten und
noch mehr Dinge gegen Recht und Billigkeit in der
Kirche thaten." — Ein halbes Jahrhundert dauerten
diese Kämpfe, bevor der Cölibat allgemein wurde.
Damit aber war das natürliche Verhältniß des Prie=
sterstandes und die wahre Achtung desselben für im=

mer aufgehoben. Der Priester war gezwungen, dem Volk gegenüber wie ein übernatürliches Wesen zu erscheinen; er muß wie ein abgeschiedener Geist durchs frische Leben wandeln; mit einem Wort, er muß ein Heuchler werden. Das Volk aber weiß dies, und betrachtet den Priester wie einen aus der menschlichen Gesellschaft Ausgestoßenen. Es verfolgt seine geheimen Schwächen und Sünden mit scharfer Beobachtung und bitter rücksichtslosem Tadel und behandelt ihn wie ein aller menschlichen Selbständigkeit beraubtes Werkzeug. Der Priester erwidert dies seinerseits, steht dem Volk feindlich entgegen und wird durchaus ein Sklave der fremden Kirchenherrschaft. Dies aber ist eben der Zweck des Cölibats. In sittlicher Beziehung erwies sich das Eheverbot alsbald im höchsten Grade verderblich. Statt den Priester sittlich zu reinigen, versenkte es ihn in den ekelhaften Sumpf der Völlerei und Unzucht. Der Cölibat wurde bald das Privilegium der ausschweifendsten Unsittlichkeit. Auf öffentlichen Kirchenversammlungen wurde Klage geführt, daß Pfarrhäuser und Klöster Hurenhäusern glichen. Die Kirche aber suchte nur die gröbsten Verletzungen des äußern Anstandes zu beseitigen; den geheimen Lüsten der Priester ließ sie die willigste Nachsicht angedeihen. In

den südlichen Ländern wurde den Mönchen in den
heißen Sommermonaten Absolution für Unzucht ge=
gen die Natur ertheilt. In vielen Ländern gaben die
Bischöfe den Landgeistlichen jährlich Urlaub zur Reise
in größere Städte ad extinguendam libidinem!
In Baiern erhoben die Bischöfe für jedes Pfaffen=
kind eine Steuer von 5 Gulden und es ist nach=
gewiesen, daß der Bischof von Bamberg davon
durchschnittlich eine jährliche Rente von 75,000 Gul=
den bezogen. Das Wortspiel: „Si non caste, tamen
caute," wurde das Gesetz der sittenlosesten Heuchelei
des Klerus.   Die Kirche drang nur auf Ehelosigkeit,
aber nicht auf Keuschheit. Daduch untergrub sie die
Heiligkeit der Ehe, die sie doch zum Sakrament ge=
macht hatte.   Welch ein frevelhafter Widerspruch!
Angetraute Lebensgefährtin, Mutter ehelicher Kinder
durfte das Weib dem Priester nicht sein, wol aber
nach orientalischer Unsitte ein würdeloses Werkzeug,
eine Sklavin der fleischlichen Lust! Auf solche Art
wurde das sittliche Gefühl nicht nur des Klerus, son=
dern des ganzen Volkes abgestumpft. Die Geistlich=
keit versank in eine Rohheit, Völlerei und Unzucht,
deren Schilderung von gleichzeitigen Geschichtschrei=
bern Ekel und Entsetzen erregt. Das Volk aber,
welches rechtmäßig verheiratete Priester als Sünder

verachtete und gewaltsam mishandelte, empfing das
Abendmal aus Händen, deren unzüchtigste Befleckung
selbst den Kindern der Gemeinde bekannt war! Eine
solche Verkehrung aller sittlichen Begriffe veranlaßte,
nährte und sanktionirte die römische Kirche.

Deshalb waren alle eblern Geister immer gegen
den Cölibat, und die Reformatoren gaben den Geistlichen der gereinigten Kirche das natürliche Men-
schenrecht wieder. Aber auch unter der römischen
Geistlichkeit gab es damals viele, welche für Aufhebung des Cölibats wirken wollten. Sie versam-
melten sich vor dem Concil auf einer Synode zu
Salzburg und beschlossen einmüthig, in der Kirchenversammlung für die Priesterehe zu stimmen. Sogar
der Kaiser und Herzog Albrecht von Baiern erklärten
sich damals mit Entschiedenheit für die Priesterehe.
Ferdinand I. ließ folgendes vortragen: „Um die katholische Kirche zu erhalten und wieder emporzubrin-
gen, dürfte es das zuträglichste Mittel sein, von den
alten Kirchensatzungen etwas nachzulassen und dem
Volk den Kelch, der Geistlichkeit aber die Ehe zu
gestatten. Die Ehelosigkeit der Priester habe allerdings ihr Gutes, aber der Weg der Enthaltsamkeit
sei überaus schmal, und so wenigen gegeben, auf
demselben zu wandeln, als mitten im Feuer nicht zu

brennen. Je überflüssiger die Geistlichen mit zeitlichen Gütern gesegnet worden, desto weniger hätten sie mit dem Gelübbe der Keuschheit beschwert werden sollen, denn unter oftmaligen Gastmälern und Lustbarkeiten laufe die Keuschheit gleiche Gefahr wie die Demuth unter den Reichthümern, die Andacht unter einer Menge von Geschäften, die Wahrheit unter vielen Gesprächen und die Liebe unter den Verderbnissen der Welt; oder es würden nur Leute hohen Alters zu Geistlichen gewählt werden dürfen. Wenn es aber nicht thunlich sei, die Geistlichkeit zur Armuth der ersten Kirche zurückzuführen, und das Bedürfniß der Gemeinden die Annahme jüngerer Arbeiter erfordere, so werde zu erwägen sein, ob es nicht besser wäre, ihnen Eheweiber zu erlauben, als sie zu veranlassen, mit stetem Bruch ihres Gelübbes in Unreinigkeit zu leben. Da dieses Gesetz keinen göttlichen Ursprung habe, so sollte billig auf den größern Nutzen der Seelen gesehen werden. Die Erfahrung zeige einmal deutlich, daß vielmehr das Gegentheil daraus erfolge. Jeder kluge Arzt ändere die Arzenei, sobald er wahrnehme, daß sie mehr schade als nütze. Diejenigen, die so sehr auf das Gesetz der Ehelosigkeit drängen, damit die Kirchengüter nicht verloren gehen möchten, sollten doch betrachten, ob es recht sei, zeitliche Güter mit so großer Seelengefahr zu erhalten, und ob keine andern Wege zu demselben Ziele zu finden. Durch kluge Nachgiebigkeit in diesen beiden Stücken dürfe man hoffen, nicht nur allein viele bereits Wankende aufrecht zu erhalten, sondern auch bereits Gefallene wieder mit der Kirche zu vereinigen. Im Gegentheil sei zu fürchten, daß durch ewiges Zögern und Hinhalten oder durch allzu große Strenge der Religion großer Schaden gestiftet und, indem man alles erhalten wolle, am Ende alles verloren werde. Was die Priesterehe anbelange, so sei es gewiß, daß die meisten aus Jugendhitze sich eher auf Irrwege verleiten ließen, bevor sie im Stand seien, das Heilsamere zu unterscheiden. Manche Jüng= linge, die sich dem Gelehrtenstand gewidmet, heira= teten und würden später aus Abgang an Nahrung gezwungen, sich um Kirchendienste bei den Prote= stanten umzusehen und in denselben auszuharren, wenn sie auch bei weitem mit ihrer Lehre nicht ein= stimmig dächten. Die Begierde nach der Ehe sei bei der noch übrigen katholischen Geistlichkeit in Deutsch= land so stark angewachsen, daß man unter hundert Pfarrern kaum einen antreffen werde, der nicht ent= weder öffentlich oder heimlich verheiratet sei. Man

habe erst neulich bei einer Kirchenvisitation in Ungarn
viele Priester gefunden, die übrigens katholisch gewesen, außer daß sie dem Volk den Kelch gereicht
und Weiber gehabt. Man habe lange berathschlagt,
ob man sie fortschaffen oder behalten sollte. Im letztern Fall habe man freilich ein Schisma, in dem ersten aber drei andere unvermeidliche Uebel besorgt:
das erste, daß die Pfarreien aus Mangel anderer
Geistlichen leer stehen bleiben würden; das andere,
daß eben diese Geistlichen zu den Protestanten übergehen und mit ihnen gemeinsame Sache gegen die
katholische Kirche machen würden; das dritte, daß
endlich die Bischöfe selbst aus Abgang der nöthigen
Seelsorger und Stellvertreter dahin kommen würden,
ihre Herden verlassen zu müssen. Ob es also nicht
besser wäre, auch Verheiratete troß der Neuheit der
Sache zum Priesterthum zu befördern, als die
Pfarreien ohne Hirten, ohne Verwaltung der Sakramente und ohne Predigten stehen zu lassen und
das Volk den Gegnern preis zu geben? Sollte für
Spanien und Italien die gewünschte Bewilligung
nicht erforderlich sein, so wolle der Kaiser mit dem,
was er für seine Staaten begehre, andern König-
reichen nichts auflegen. Das Concil müsse aber nicht
blos eine Nation, sondern alle zusammen und jede ins-

besondere berücksichtigen." — Baiern gab damals
folgende Erklärung: „Der übrigen Fehler zu ge-
schweigen, welche die Geistlichen mit allem Volk gemein haben, sei es vornehmlich die Haltung von
Kebsweibern, welche der Menge solchen Anstoß gebe,
daß sie das Priesterthum mit den Priestern, die Lehre
mit den Lehrern verabscheue und eher zur ersten besten
Sekte übergehe als zur Kirche zurückkehre. Sehr
viele der deutschen Verhältnisse kundige Männer
hielten den Zeitgeist für die Aeußerung
einer geheimen Naturkraft, welche nicht nur
Wollüstlinge, sondern auch gemäßigte und wahrhaft
katholische Männer antreibe, eine keusche Ehe einem
befleckten Cölibat vorzuziehen. In der That werde
häufig die Erfahrung gemacht, daß ausgezeichnete
Köpfe und gelehrte Leute lieber heirateten, wenn sie
auch deshalb Kirchenämter entbehren müßten, als
unter der Bedingung, nicht zu heiraten, ein Kirchen-
amt annähmen. Wenn sie sähen, wie schimpflich der
Klerus dem Bauch und der Wollust diene, schämten
sie sich, in eine so unwürdige Genossenschaft zu treten. Daher sei der Mangel gelehrter Männer unter
der Geistlichkeit entstanden, daher die entsetzliche Un-
wissenheit des Klerus, daher das Uebergewicht der
Ketzerei und die Schwäche der Kirche. Alle, welche

diese Angelegenheit kenneten und darüber nachgedacht
hätten, müßten der Ueberzeugung sein, daß der Mangel gelehrter und tüchtiger Geistlichen in Deutschland
auf keine andere Weise gehoben und eine Erneuerung
des Klerus nicht anders bewirkt werden könne, als
daß nach dem Gebrauch der ältern Kirche auch Verheiratete, wenn sie zur Unterweisung geschickt seien,
zu den Weihen zugelassen würden, besonders um zu
predigen und das Wort Gottes zu lehren. Denn es
sei kein göttliches Gebot, daß der Priester ehelos sein
müsse, und man wisse aus der Geschichte, daß Ehe-
männer die Weihen erhalten haben und nicht blos
Priester, sondern auch Bischöfe gewesen sind." —

Diese weisen Vorstellungen wurden auf dem
Concilium von Trident von denjenigen überschrien,
die, um die römische Zwingherrschaft aufrecht zu erhalten, gleißnerisch geltend machten, Gott werde denen, die ihn recht darum bitten, die Gabe der Keuschheit nicht versagen und die Priester nicht über ihre
Kräfte in Versuchung gerathen lassen. Der Cölibat
wurde zum unverbrüchlichen Kirchengesetz gemacht
und alle Gegner desselben mit dem Anathem belegt.

Gleich in den ersten Zeiten nach der Reformation traten die verderblichen Folgen des Cölibats
weniger ins Leben. Es war überhaupt ein wärmerer

religiöser Sinn angeregt, die römische Kirche hatte manche der ärgsten Misbräuche beseitigt und der Kampf gegen den Protestantismus führte ihr viele tüchtige Kräfte zu. Ja als bald darauf bei den Protestanten das klägliche Unwesen der sogenannten Schürzenpfarren einbrach und überdies die Mehrzahl der beweibten und mit Kindern gesegneten protestantischen Seelsorger das kümmerlichste und unwürdigste Dasein führen mußte, schien der Cölibat der römischen Priesterschaft glänzend gerechtfertigt zu sein. Allein bald zeigte sich wieder das Verderben der Sünde wider die Natur. Heutzutag leiden Priester und Laien, leidet die allgemeine Sittlichkeit wieder unter allen schädlichen und schändlichen Folgen des Cölibats, und wenn dies jetzt etwa weniger grell hervortritt als in frühern Zeiten, so geschieht dies nur deshalb, weil unsre Zeit überhaupt geschickter ist, Elend und Laster gleißend zu verbergen.

Deshalb bemühen sich seit Jahren die edelsten Geister, jenes menschenfeindliche Machtgebot eines herrschsüchtigen Papstes aufzuheben, und nicht blos einzelne erleuchtete Männer, sondern zahlreiche Vereine von Priestern und Laien sind dafür thätig. Unter den deutschen Ländern haben sich besonders Baden und Würtemberg dadurch eine Auszeichnung in der

Kulturgeschichte verdient, daß zu wiederholtenmalen Männer geistlichen und weltlichen Standes zusammentraten, um das unvernünftige und unchristliche Cölibatsgesetz auf gesetzlichem Wege zu beseitigen. Im Mai 1828 wurde eine von nahe an 300 angesehenen Priestern und Laien unterschriebene Petition beim badischen Landtag eingereicht. Damals erklärte sich die Kammer für incompetent in dieser Sache; im Jahr 1831 aber wurde die Bittschrift wiederholt und von den Abgeordneten durch fast einstimmigen Beschluß an die Petitionscommission gewiesen. Auch in Schlesien reichten seit 1826 zu wiederholtenmalen zahlreiche Vereine von katholischen Geistlichen Bittschriften um Aufhebung des Cölibats ein. In Würtemberg bildete sich im Jahr 1831 ein Verein von katholischen Geistlichen, die sich verpflichteten, auf jede gesetzlich mögliche Weise für Aufhebung des Cölibats zu wirken. Selbst in der Diöcese Trier bildete sich ein ähnlicher Verein.

Alle diese Bemühungen scheiterten an dem Widerstand Roms und der deutschen Regierungen, welche es für eine politische Nothwendigkeit hielten und halten, dem römischen Bischof dienstbar zu sein. Gregor XVI. erließ 1832 an alle Patriarchen, Erzbischöfe und Bischöfe einen encyklischen Brief, worin

er das Streben gegen den Cölibat aufs härteste ver=
dammte*), und die Regierungen beeilten sich, alle
derartigen Vereine zu unterdrücken. Sie überredeten
sich und ließen sich überreden, das kirchliche Reform=
streben sei eben auch nur eine Wirkung des allgemein
revolutionären Zeitgeistes, und Rom gab sich alle
Mühe, den Regierungen recht abschreckend die Ge=
fahren zu schildern, denen man sich aussetzen würde,
wenn man dem revolutionären Geist gerade bei den
heiligen Satzungen der Kirche nachgeben wollte.
Mit solchen Waffen kämpft man eben vorzüglich auch
gegen den Deutschkatholizismus, und man entblödet
sich nicht, der neuen Kirche das, was schon vor 300
Jahren das Verlangen der Priesterschaft, der Für=
sten, Könige und Kaiser war, nämlich die Aufhebung
des Cölibats zum Vorwurf gemeiner Weltlichkeit zu

---

*) In diesem Rundschreiben heißt es: „Hic au-
tem vestram volumus excitatam pro religione con-
stantiam adversus foedissimam in clericalem coeliba-
tum conjurationem, quam nobis effervescere in dies
latius, connitentibus cum perditissimis nostri aevi
philosophis nonnullis etiam ex ipso ecclesiastico or-
dine, qui personae obliti munerisque sui, ac blan-
ditiis abrepti voluntatum eo licentia proruperunt, ut
publicas etiam atque iteratas aliquibus in locis ausi
sint adhibere principibus postulationes ad discipli-
nam illam sanctissimam perfringendam.“ —

machen. Damit ist man aber heutzutag mit der vollen Macht der öffentlichen Meinung im Kriege. Wenige blindgläubige Zeloten ausgenommen, sind heutzutag die Denkenden aller Stände für die Prie= sterehe.

Man will gegen sie geltend machen, daß sie das Ansehen des Priesterstandes herabsetzen würde. Wi= derlegt ist dies am schlagendsten dadurch, daß die römische Geistlichkeit eben in Folge des Cölibats in tiefe Misachtung verfallen ist. Das römischkatholische Volk achtet den Geistlichen höchstens nur solang, als er am Altar oder auf der Kanzel steht; im Leben aber verfolgt es die Geistlichkeit mit Mistrauen, Spott und Verachtung. Es hat sich in katholischen Ländern im gemeinen Sprachgebrauch die Regel fest= gesetzt, die Weihe von der Person zu trennen. Da hört man denn allgemein das Urtheil: „Die heilige Weihe ausgenommen, sind die Pfaffen das gerade Gegentheil von dem, was sie sein sollten." Und dieses Urtheil wird gewöhnlich mit viel derbern Wor= ten ausgesprochen. Die Hauptursache dieses Uebels ist der Cölibat. Er schreckt erstlich viele der besten Köpfe vom Priesterstand zurück; er bringt selbst eblere Naturen zu misanthropischer Verschlossenheit und Härte; er verführt die große Mehrzahl der Geistlichen zur

Völlerei, zum Concubinat und Ehebruch, oder gar zu
unnatürlichen Lastern. Und das Volk weiß dies, es
weiß, daß der Lebenswandel der Geistlichkeit das
schlimmste Gegentheil von ihrer Lehre ist. Allgemein
heißt es im Volk: „die Pfaffen haben sich nur des=
halb das Heiraten verboten, weil sie sich sonst wie
andere ehrliche und christliche Männer mit einem
rechtmäßigen Weib begnügen müßten, während jetzt
alle Weiber ihnen gehören*)".

Man führt als Grund für die Nothwendigkeit
des Cölibats auch an, daß die Seelsorger nicht im
Stand sein würden, eine Familie zu erhalten und die
Kinder standesmäßig zu versorgen. Dies ist gänzlich
grundlos. Alle Pfarrstellen sind verhältnißmäßig so
gut dotirt, daß sie ein priesterlich standesmäßiges
Familienleben recht gut ernähren könnten; viele der=
selben würden sogar eine glänzende Haushaltung

---

*) Ein Volkslied singt:

Sagt was ihr wollt, es ist nicht gut,
Daß Pfaffen nimmer freien,
Sie haben ja auch Fleisch und Blut
Viel kräftiger als Laien;
Die Folge, die sich draus entspinnt,
Ist wahrlich sehr zu schelten,
Wo Pfaffen und Soldaten sind,
Sind treue Weiber selten.

möglich machen. Die Hilfspriester und Pfarramts=
kandidaten aber müßten natürlich so gut wie die
weltlichen Praktikanten und Amtsgehilfen mit der
Verheiratung bis auf eine ausreichende Anstellung
warten, wenn sie nicht vielleicht aus eigenen Mitteln
sich versorgen könnten. Und dies würde nach Auf=
hebung des Cölibats gewiß oft der Fall sein, es
würden sich wohlhabende Männer dem Priesterstand
widmen, während er jetzt in der Regel nur die Zu=
flucht derjenigen ist, die sich durchaus auf keine andere
Weise versorgen können. Ueberhaupt aber würde sich
der Vermögensstand der Geistlichen durch eine or=
dentliche eheliche Hauswirthschaft wesentlich verbessern.
Junggesellenwirthschaften taugen im allgemeinen
nicht viel; die geistlichen aber sind die traurigsten.
Der Pfarrer, der doch ein eigenes Hauswesen führen
muß, wird von der Köchin, deren Sklave er gewöhn=
lich ist, betrogen und bestohlen; seine traurige, liebe=
leere Einsamkeit verleitet ihn zu Spiel und Trun=
kenheit; er muß die Befriedigung seiner Triebe, die
Verschwiegenheit seiner Beischläferinnen mit großen
Summen erkaufen; er muß nicht nur seine eigenen
Kinder kostspielig versorgen, sondern häufig auch für
fremde Sünden eintreten. Man halte dies nicht für
Uebertreibung. Wie zu Kaiser Ferdinands I. Zeiten,

so ist auch heutzutag unter hundert katholischen Pfar=
rern kaum einer zu finden, der nicht irgendwie durch
das angeführte getroffen wäre. Sittlichkeit und Recht,
Christenthum und Humanität fordern die Aufhebung
des natur= und bibelwidrigen Cölibats; aus welchen
Gründen aber Rom dieses verworfene Institut auf=
recht erhalten will, das wurde erst in jüngster Zeit
im Cardinalcollegium rücksichtslos ausgesprochen. Bei
den Verhandlungen über die Anträge katholischer
Priester, besonders aus Deutschland*), auf Gestat=
tung der Priesterehe erklärte der Cardinal=Staats=
sekretär Pallavicini im Namen des Papstes: „Wenn
man den Geistlichen die Ehe gestattet, so ist die päpst=
liche Hierarchie zerstört, das Ansehen und die Hoheit
des Papstes verloren, denn verheiratete Geistliche
werden durch Frau und Kinder an den Staat ge=
fesselt und hören auf, Anhänger des römischen Stuhls
zu sein, werden genöthigt, dem Interesse der Fürsten
beizustimmen. Die Staatsklugheit legt also Ihrer
Heiligkeit und dem heiligen Collegio auf, dergleichen
Anträgen niemals Gehör zu geben.“

Wenn also auch wirklich die weltlichen Regie=

*) Auch in Portugal und Brasilien und neuerlich in
Spanien wurde auf Beseitigung des Cölibats angetragen.

rungen wie die päpstliche für die Forderungen der Natur, des Rechts und der Sittlichkeit kein Gehör haben, so sollte doch lediglich deshalb, weil Rom den Cölibat aus Staatsklugheit aufrecht erhalten will, eben auch die Staatsklugheit unsre Fürsten zur Gestattung der Priesterehe bewegen.

Dies führt uns zu einer kurzen Betrachtung des Unterthansverhältnisses der römischkatholischen Fürsten zu dem Bischof von Rom.

Befreiung von Rom.

Das Verhältniß der römischkatholischen deutschen Regierungen zu Rom hat heutzutag lediglich mehr eine politische Bedeutung und gründet sich durchaus auf keine religiöse Ueberzeugung. Niemand glaubt mehr, daß der Papst ausschließlich die Verwaltung des christlichen Gnadenschatzes und die Schlüssel des Himmelreiches besitze; wol aber glauben die Regierungen, zur Aufrechterhaltung des Altbestehenden sei das altgewurzelte Papstthum nothwendig. Dieses politischen Dogmas wegen läßt man nun fortwährend auch das kirchliche von der Göttlichkeit des päpstlichen Primates predigen, obwol Bibel und Geschichte und die Ueberzeugung aller Denkenden dagegen sind.

Man gründet bekanntlich den Primat des Papstes

auf das Wortſpiel, welches Chriſtus mit dem Namen
Petrus gemacht. Allein alles, was Chriſtus damals
ausſprach, war ein augenblickliches Lob, welches
er dem eben bewieſenen Glaubenseifer des Petrus
ſpendete. Daß Chriſtus dadurch keineswegs ein
Oberhaupt ſeiner Kirche einſetzen wollte (auf welche
Würde überdies Petrus durchaus keinen vorwalten=
den Anſpruch hatte), iſt durch viele andere deutliche
Schriftſtellen bewieſen, die doch gewiß mehr Kraft
haben müſſen, als ein in bewegtem Augenblick aus=
geſprochenes Wortſpiel. Chriſtus hat zu wieder=
holtenmalen ausdrücklich erklärt, daß zwiſchen ſeinen
Apoſteln und Anhängern kein Vorrang ſtatt finden
ſolle. Lukas (22, 24 — 26) erzählt: „Es entſtand
ein Streit unter ihnen, wer als der größte aus ihnen
anzuſehen ſei. Da ſprach Chriſtus: Die Könige,
die Gewalt über die Völker ausüben, laſſen ſich
gnädige Herren nennen; aber ſo ſoll es unter euch
nicht ſein, ſondern der größte unter euch ſei wie der
kleinſte und der oberſte wie ein Diener.“ — Und
ein anderes mal ſagte Chriſtus: „Ihr ſollt euch nicht
Rabbi nennen laſſen, denn nur einer iſt euer Lehrer,
ihr aber ſeid alle Brüder. Auch ſollt ihr keinen von
euch auf Erden Vater nennen, denn nur Einer iſt
euer Vater, der im Himmel iſt. Laſſet euch auch

nicht Lehrmeister nennen, denn nur Einer ist Meister — Jesus Christus". (Matth. 23, 8—11.) — Petrus selbst hat sich nie und nirgends als Haupt der Kirche benommen, und ebenso wenig wurde ihm von den andern Aposteln irgend ein Vorzug zuerkannt. Paulus stellte ihn sogar eines Fehltrittes wegen öffentlich zur Rede und erzählt dies ungescheut in dem Briefe an die Galater (2, 11—14): „Da aber Petrus gen Antiochia kam, widerstund ich ihm unter Augen, denn es war Klage über ihn kommen. Denn zuvor, ehe etliche von Jakobus kamen, aß er mit den Heiden; da sie aber kamen, entzog er sich und sonderte sich, deßhalb weil er die von der Beschnei= dung fürchtete. Und es heuchelten mit ihm auch die andern, also daß auch Barnabas verführet ward, mit ihnen zu heucheln. Aber da ich sahe, daß sie nicht richtig wandelten nach der Wahrheit des Evan= geliums, sprach ich zu Petrus vor allen. öffentlich: So du, der du ein Jude bist, heidnisch lebest und nicht jüdisch, warum zwingest du denn die Heiden, jüdisch zu leben?" — An die Hebräer aber schrieb Paulus (7, 26—28) mit klaren Worten: „Einen hohen Priester sollten wir haben, der da wäre heilig, unschuldig, unbefleckt, von den Sündern abgeson= dert und höher denn der Himmel; dem nicht täglich noth wäre wie jenen Hohenpriestern des alten Bundes, zuerst für eigene Sünden Opfer zu thun, dann für des Volkes Sünde. Dies aber hat Christus einmal gethan, da er sich selbst opferte. Das Gesetz Mosis machte schwache Menschen zu Hohenpriestern; dies Gesetz des neuen Bundes aber setzet den ewig voll= kommenen Sohn Gottes ein."

Durch diese Schriftstellen, die leicht noch durch andere vermehrt werden könnten, ist doch gewiß deutlich bewiesen, daß Petrus durchaus keine Ober= gewalt über die andern Apostel und Gläubigen be= sessen, daß in der ersten Kirche die Ueberzeugung geherrscht, Christus allein sei das Oberhaupt der christlichen Gemeinde. Es ist aber ferner noch be= wiesen, daß Petrus nicht nur nicht der erste Bischof von Rom, sondern höchst wahrscheinlich überhaupt gar nie in Rom gewesen. Daß Petrus in Rom gelebt und daselbst im Jahr 67 gekreuzigt worden sei, gründet sich lediglich auf eine Legende; aus der Apostelgeschichte (22, 25—29) dagegen ist bewie= sen, daß Paulus das römische Bürgerrecht besessen. Die Stelle lautet: „Als man ihn" (zu Jerusalem) „mit Riemen anband, sprach Paulus zu dem Unter= hauptmann, der dabei stund: Ist es auch recht bei euch, einen römischen Bürger ohne Urtheil und Recht zu geißeln? Da dies der Unterhauptmann hörte, ging er zu dem Oberhauptmann und sprach: Was willst du machen; dieser Mensch ist römisch! Da kam zu ihm der Oberhauptmann und sprach: Sage mir, bist du römisch? Er aber sagte: Ja! Und der Oberhauptmann antwortete: Ich habe dies Bürgerrecht durch eine große Summe Geldes erworben. Paulus aber sprach: Ich bin römisch geboren! Da traten alsbald von ihm ab, die ihn geißeln sollten, und der Hauptmann fürchtete sich, daß er ihn gebunden hatte, da er römisch war." — In der Apostelgeschichte lesen wir (28, 23—31), daß Paulus zwei Jahre in Rom gelebt und geprebigt und daselbst die erste Gemeinde gestiftet hat. Paulus versammelte in Rom zuerst die Juden, die ihren Willen erklärten, ihn über die neue Sekte zu hören, von welcher ihnen bis dahin nur kund geworden, daß ihr an allen Enden widersprochen werde (28, 22). — „Da sie sich einen Tag bestimmt, kamen viel zu ihm in die Herberge, welchen er auslegte und bezeugte das Reich Gottes und ihnen predigte von Jesu von früh Morgens an bis an den Abend. Und etliche fielen dem zu, was er sagte, etliche aber glaubten nicht. Da sie aber unter einander mishellig waren, gingen sie weg, als Paulus

ein Wort redete, das wol der heilige Geist gesagt
hat durch den Propheten Jesaias zu unsern Vätern:
Gehe hin zu diesem Volk und sprich: Mit den Ohren
werdet ihr es hören und nicht verstehen und mit den
Augen werdet ihr es sehen und nicht erkennen. Denn
das Herz dieses Volkes ist verstockt. So sei es euch
kund gethan, daß den Heiden gesandt ist dies Heil
Gottes und sie werden es hören. Da er solches
redete, gingen die Juden hin und hatten viel Fragens
unter sich selbst. Paulus aber blieb zwei Jahre in
seinem eigenen Gedinge und nahm auf alle, die zu
ihm kamen, predigte das Wort Gottes und lehrete
von dem Herrn Jesu mit aller Freudigkeit." — Mit
dieser Erzählung schließt die Apostelgeschichte.

Solchen klaren Zeugnissen gegenüber wagt man
fortwährend, auf ein Wortspiel und auf eine Legende
gestützt, die Behauptung, Petrus sei das Haupt der
Kirche und der erste Bischof von Rom gewesen, die
Päpste seien daher seine rechtmäßig oberpriesterlichen
Nachfolger. Allerdings hat Christus den feurigen
Petrus sehr geliebt und ihn oft als ein vortreffliches
Werkzeug des Heiles gepriesen. Allein er hat ihn
ebenso oft im Angesicht aller Apostel und Jünger
scharf getadelt, und eben Petrus war es ja, der
Christum aus Menschenfurcht in einer Nacht dreimal

verleugnete! Wenn man dem: „Du bist Petrus
u. s. w." so viel Gewicht und Gewalt beilegt, wie
will man denn mit solchem Wortspiel folgende klare
Stelle vereinigen? Bei Matthäus 16, 23 und
Markus 8, 32—33 lesen wir: „Und Jesus redete
das Wort frei offenbar. Und Petrus fing
an, ihm zu wehren. Er aber wandte sich um
und sahe seine Jünger an und bedräuete Petrus und
sprach: Hebe Dich weg, Du Satan, denn Du
meinest nicht, was göttlich, sondern was
menschlich ist."

Mit diesem Donnerwort hat Christus selbst über
das Papstthum das Urtheil gesprochen. Es ist ein
menschliches Institut, für herrschsüchtige Menschen-
zwecke gegründet und auf Kosten des Christenthums
und der Humanität erhalten. Bis ins achte Jahrhundert bestand das Christenthum, bevor die Lehre
vom päpstlichen Primat aufgebracht und durchgeführt
wurde. Fromme Kirchenväter und sogar römische
Bischöfe waren dagegen. Der heilige Ambrosius
sagt: „Der Herr hat es verboten, einen Sterblichen
in Religionssachen Meister zu nennen, weil wir alle
nur einen Meister haben, den Gesalbten, Jesus
Christus." — Der heilige Hieronymus sagt
„Die Bischöfe sind alle gleich unter einander." —

Gregor I. erklärt: „Wenn ein Bischof den Namen allgemeiner Bischof führt, so stürzt mit seinem etwaigen Fall die allgemeine Kirche zusammen. Fern sei daher von uns eine solche Lehre, die alle Priester der Ehre beraubt, welche ein einziger sich anmaßt. Einen solchen Titel anzunehmen, heißt mit andern Worten seinen Glauben aufgeben.“

Der Name und die Erinnerungen Roms verliehen dem römischen Bischof allerdings schon frühzeitig ein besonderes Ansehen. Aber bis ins fünfte Jahrhundert erstreckte sich dies nicht weiter, als daß Rom unter den fünf Patriarchaten der Christenheit zuerst genannt wurde. Jemehr aber das abendländische Römerreich zu sinken begann, desto eifriger suchten die weltlichen Herrscher sich durch die frische, den barbarischen Feinden mächtig imponirende Kirchenkraft zu stützen. Schon im Codex Theodosianus XVI. 1. 2 heißt es: „Cunctos populos, quos clementiae nostrae regit temperamentum, in tali volumus religione versari, quam divinum Petrum Apostolum tradidisse Romanis religio usque nunc ab ipso insinuata declarat.“ — Kaiser Valentinian III. untersagte durch ein Dekret vom Jahr 445 den Bischöfen aller Provinzen des Reichs, in den kirchlichen Gebräuchen irgend etwas zu ändern,

ohne die Bewilligung des heiligen Mannes, des
Papstes der heiligen Roma eingeholt zu haben. Als
endlich das weltliche Römerreich zerfiel, sahen sich
die Bischöfe von Rom als Erben der Weltherrschaft
an und wurden in diesem stolzen Wahn durch die
Meisterlosigkeit der Zeit bestärkt. Ein gewaltiger
Nebenbuhler erwuchs ihnen, als das germanische
Weltreich Bestand gewann; aber mit priesterlicher
Schlauheit wußten sie sich in die Verhältnisse zu
finden. Sie verliehen ihren Segen den weltlichen
Machthabern zur Bezwingung barbarischer Völker
und bedungen sich dafür einen Antheil der Sieges=
beute. So erhielt das Papstthum nach und nach
eine tüchtige materielle Grundlage, während es in
jenen dunkeln Zeiten natürlich die ganze geistige
Kraft in sich vereinigte. In kluger Mäßigung
blieben die Päpste lange Zeit hindurch äußerlich in
demüthiger Unterordnung unter den weltlichen Ge=
bietern; aber mit der Krönung Karls des Großen
setzte sich die Kirche in der That selber bereits die
Weltkrone auf. Alsbald begann nun auch der Kampf
zwischen den beiden Mächten, welche ein christliches
Weltreich bilden wollten. Jahrhunderte lang war
der Sieg entschieden auf Seite der weltlichen Macht.
Die deutschen Kaiser waren die Oberherren der

Kirche, sie hielten in Rom selbst Gericht, ließen sich den Eid der Treue schwören, setzten Päpste ab und ein und vergaben alle Bischofssitze im Reiche. Die Päpste setzten die Bildnisse der deutschen Kaiser auf die römischen Münzen und die kaiserlichen Regierungsjahre in die Bullen.

Der Besitz der geistigen Bildung, die blindgläubige Ergebenheit der Völker, die Eifersucht der deutschen Fürsten gegen die Kaiser, die Feindschaft der Nachbarn gegen Deutschland und noch mancherlei Eigenthümlichkeiten der Zeit verschafften seit dem zehnten Jahrhundert dem Papstthum den Sieg, und um seiner völlig sicher zu werden, wurde Heinrich IV. als Kind seiner Mutter geraubt und von Pfaffen absichtlich schlecht erzogen; eine Praxis, welche seitdem öfter zur Beförderung hierarchischer Zwecke verübt worden ist. Von da an blieb Rom bis zur Reformation im Besitz der Herrschaft über die Welt, und es benützte diese Herrschaft durchaus weltlich politisch; die Religion war blos ein Mittel.

Dabei machte es den kirchlichen Welttirannen ein besonderes Vergnügen, eben vorzüglich Deutschland knechten zu können. Die Päpste betrachteten sich, wie gesagt, als Erben der altrömischen Weltherrlichkeit. Die deutschen Barbaren nun hatten

das Römerreich zertrümmert, hatten die heilige
Weltstadt als ihr Eigenthum betrachtet und die
Päpste als Unterthanen behandelt. Dies zu rächen
und ins Gegentheil zu verwandeln, hielt das neue
Römer= das Welschthum für seine Pflicht, und so
wüthete der alte Kampf zwischen Germanien und
Rom ununterbrochen fort und ist bis zum heutigen
Tage noch nicht ausgekämpft. Bei jeder Gelegen=
heit bewiesen die Päpste durch Wort und That ihren
Haß gegen Deutschland. Vergeblich war es sogar,
Deutsche auf den päpstlichen Thron zu erheben; das
Welschthum überwältigte ihre heimatlichen Gefühle
und sie waren oft die grimmigsten Feinde ihres Vater=
landes. Gregor VII. verkündigte laut, er wolle
diese und jene Nation bändigen und vorzüglich die
hochfahrenden Deutschen demüthigen. Als man in
Rom erfuhr, daß das wormser Edikt gegen Luther
nichts vermöge, trösteten sich Papst und Cardinäle
damit, daß wenigstens der Grund zur Entzweiung
der Deutschen gelegt sei.

Aber auch gegen die entschiedene römische Ueber=
macht setzte Deutschland den Kampf fort. Auch nach
dem Fall der Hohenstaufen setzten einige kräftige
Kaiser der päpstlichen Anmaßung Schranken, und
selbst die Lützelburger und Habsburger, die in nach=

22 *

giebiger Freundschaft mit Rom ihr Heil suchten, er=
hoben sich gegen die ärgsten Gewaltstreiche der Päpste
zu kaiserlichem Widerstand.   Sogar Karl V. und
Ferdinand I. ergriffen gegen den Stellvertreter Christi
die Waffen.   Karl V. verpfändete mehrere Städte
und Ferdinand seine Kleinodien, um den Feldzug
gegen den Papst kräftig führen zu können, und der
Kaiser schrieb an seinen Bruder, er möge nur sagen,
das Heer gehe gegen die Türken, man werde schon
wissen, welche Türken gemeint seien.   Nachdem
Rom erobert und der Papst gefangen war, gab der
Kaiser in Betreff der Begnadigung des Papstes am
21. Juli 1527 folgende Instruktion: „Wir haben
bedacht, gegen den Papst ungeachtet des Vorge=
fallenen so große Freigebigkeit zu beweisen, ihm die
Freiheit zurückzugeben und daß er durch die Hand
meines Vicekönigs, als Repräsentanten meiner
Person auf seinen Stuhl zu Rom wieder hergestellt
werde.   Aber bevor er in diese Freiheit herzustellen
wäre, welche zu verstehen ist von der geistlichen
Amtsführung, müßte unser Vicekönig so gut von
ihm versichert sein in allen Dingen, welche mensch=
licher Weise und mit weltlicher Macht geschehen
können, daß wir dabei nicht betrogen würden und
daß, wenn derselbe den Willen haben sollte, er nicht

das Vermögen hätte, uns Uebles zu thun, damit wir nicht für ihm erwiesenes Gute allezeit Nachtheil und Schaden empfingen, wie die Erfahrung der Vergangenheit es gezeigt hat."

Aber auch die deutschen Bischöfe wehrten sich fortdauernd gegen die Anmaßung ihres Collegen in Rom. Die deutsche Kirchengeschichte liefert herrliche Beweise dieses würdigen Strebens. Wir wollen hier nur auf zwei Beispiele hindeuten. Im Jahr 1022 hielten die deutschen Bischöfe eine Synode und erklärten sich scharf gegen den eingerissenen Gebrauch, daß die Gläubigen mit Uebergehung ihrer einheimischen Bischöfe sich in Buß= und Dispensangelegenheiten an den Papst wendeten. „Weil viele" — heißt es im 19. Kanon jener Synode — „so sehr in Thorheit gefallen, daß sie von ihren eigenen Priestern keine Buß annehmen wollen, sich darauf steifend, daß, wenn sie nach Rom gehen, der Papst ihnen alle Sünden vergeben werde, so hat das Concilium beschlossen, daß ein solcher päpstlicher Nachlaß nichts helfen könne, sondern daß jedermann zuerst die von dem eigenen Bischof auferlegte Buße erfüllen müsse, und wenn er dann doch noch nach Rom gehen wollte, dies nur mit Erlaubniß seines Bischofs thun dürfe." — Im Jahr 1080 erklärten die deutschen

Bischöfe auf einem Concilium zu Mainz gegen Gregor VII. folgendes: „Gregor habe sich der Kirche durch Betrug und Geld aufgedrungen, habe den ganzen geistlichen Stand unter und über gekehrt, das Reich in Verwirrung gestürzt, einem katholischen König den Tod des Leibes und der Seele gedroht, einen Meineidigen dagegen gesegnet; er habe unter Friedfertigen Streitigkeiten, unter Brüdern Aergernisse, unter Eheleuten Trennungen verursacht; er predige Gottesraub und Mordbrand, vertheidige Meineid und Todschlag, sei ein Ungläubiger, der sich mit Wahrsagen und Traumdeuten abgebe und offenbare Schwarzkünstelei treibe."

Durch die Reformation hätte sich Deutschland ganz und für immer von der römischen Herrschaft befreien können. Allein die deutschen Kaiser waren durch welsches Blut und durch welsche Erziehung dem deutschen Wesen entfremdet. Dennoch wurde durch die deutsche Reformation die Macht des Papstthums gebrochen, denn auch die katholischen Fürsten ahmten so viel als möglich die protestantischen nach, um die Staatsgewalt von der Mitregentschaft des Papstes zu befreien. Durch die philosophische Bildung und die Revolutionen der neuesten Zeit sank die päpstliche Macht so tief, daß sie sich lediglich durch die Gnade der weltlichen Mächte erhalten sah. Darauf berufen sich nun diejenigen, welche die Fortdauer der päpstlichen Herrschaft für nothwendig ausgeben. Sie sagen, der Papst sei jetzt so tief herunter, daß er den Regierungen nicht mehr schaden, wohl aber das conservative Prinzip wesentlich unterstützen könne. Dies macht man vorzüglich in Betreff Oesterreichs geltend und preist auch hierin die Weisheit der österreichischen Politik, die es so vortrefflich verstünde, den Papst als politisches und polizeiliches Mittel zu benützen und ihm dafür lediglich ein gewisses Ehrendasein zu gestatten.

Allein dieses Vorgeben ist völlig grundlos. Es handelt sich nämlich nicht um das Dasein des Papstes, sondern um das römische Kirchenprinzip, welches alles geistige und politische Leben fesselt und in unausgleichbarem Widerspruch mit der gesammten Zeitbildung ist. Jede Regierung, welche sich diesem todten und tödtlichen Prinzip anschließt, stürzt sich in denselben Zwiespalt mit der Natur und mit dem Leben, und welche verderbliche Verwirrung, welche verzweifelnde Unzufriedenheit daraus entsteht, beweist eben Oesterreich. Daß ferner Rom durch Einmischung in die heiligsten innern Angelegenheiten der Staaten noch immer bedeutend schaden kann und jede

Gelegenheit dazu begierig benützt, das haben Oester=
reich und Preußen eben erst in unsern Tagen erfahren.
Die österreichischen Priester hatten seit Josephs Zeiten
gemischte Ehen willig eingesegnet; plötzlich schrieb
ihnen Rom, welches durch die Verblendung der
Regierungen zu neuem Uebermuth gereizt war, ein
neues Gewissen vor. Welche schlimme Aufregung
ist dadurch gerade in den ohnehin so schwierigen un=
garischen Ländern veranlaßt worden und wie sehr
wurde das Ansehen der Staatsgewalt erschüttert, da
der absolute Kaiser von Oesterreich nach dem Willen
des Bischofs von Rom ein Staatsgesetz, welches sich
durch eine halbhundertjährige Praxis als höchst wohl=
thätig erwiesen hatte, im Widerspruch mit der Zeit=
bildung ändern mußte!

Die äußerste Lebensgefahr aber bereitet Rom
allen deutschen Regierungen dadurch, daß es die
Spaltung Deutschlands offen erhält. Solang es
deutsche Staaten giebt, in denen eine Kirche herrscht,
welche die Hälfte des deutschen Volkes für Zeit und
Ewigkeit verdammt, solang ist· an keine wahrhafte
Einigung Deutschlands zu denken, und solang ist die
Existenz aller deutschen Staaten, auch der mäch=
tigsten unsicher.

Allein wenn dies alles auch wirklich nicht so

wäre, wie es ist, so wäre es Pflicht der Ehrlichkeit,
sich von Rom loszusagen, weil die Verbindung mit
dem päpstlichen Stuhl durchaus auf Heuchelei beruht.
Niemand, der seiner Denkkraft mächtig ist, glaubt
an die göttliche Unfehlbarkeit der römischen Hofkirche.
Dieser Unglaube ist durch unser ganzes geistiges und
politisches Leben bewiesen. Wenn der Papst streng
päpstlich sein wollte, so müßte er alle katholischen
Regierungen ohne Ausnahme verfluchen; und er thut
dies auch im stillen und würde es laut thun, wenn
er die Macht hätte. Alle katholischen Regierungen,
die apostolische österreichische nicht ausgenommen,
befinden sich längst im entschiedensten Ketzerthum, im
thatsächlichsten Abfall von Rom. Die päpstliche
Lehre verdammt unser ganzes geistiges Leben, nicht
etwa blos das philosophische und historische, sondern
auch das naturwissenschaftliche; und doch wird na=
mentlich das letztere auch von katholischen Regie=
rungen eifrig befördert. Rom verdammt unser
ganzes Staatsrecht, welches den Protestanten bür=
gerliche Rechte gewährt und die kirchliche Verfassung
der Staatsgewalt unterordnet. Das österreichische
Kirchenrecht, welches ein österreichischer Priester,
Rechberger, verfaßt und ein österreichischer Hofrath,
Dolliner, wissenschaftlich ausgeführt, steht auf dem

römischen Inder der verfluchten Bücher, und die
Verfassungen Baierns, Sachsens, Würtembergs,
Badens ꝛc. sind nach päpstlichem Religionsbegriff
null und nichtig. Die geringste Bergreifung an dem
Kirchengut ist von Rom mit den fürchterlichsten Bann=
flüchen belegt; unsre katholischen Regierungen aber,
besonders das erzrömische Baiern, erfreuen sich ohne
Gewissensbisse des Besitzes und Genusses der bedeu=
tendsten Kirchengüter!

Die Anhänglichkeit an Rom ist eine öffentliche
Lüge. Wir sind längst innerlich und äußerlich von
der römischen Hofkirche getrennt; es fehlt nur das
ehrliche Bekenntniß dieser Trennung. Wenn aber
die Regierungen selber mit dem Heiligsten solche
Heuchelei treiben, so untergraben sie die öffentliche
Sittlichkeit.

Aber noch in einer andern Beziehung ist es eine
deutsche Ehrenpflicht, sich von Rom loszusagen.
Weil nämlich der Papst ein Stück von Italien be=
herrscht, so darf immer nur ein Italiener das Ober=
haupt der alleinseligmachenden Kirche und der Stell=
vertreter Jesu Christi sein! Einen Welschen also,
der von deutschen Geistesbedürfnissen keinen Begriff
hat, der Deutschland haßt und verachtet, muß die
Hälfte des deutschen Volkes als Stellvertreter Gottes

auf Erden verehren, muß sich von ihm die Regel
des geistigen Lebens und die Bedingungen der
ewigen Seligkeit vorschreiben lassen! Alle germanischen Völker haben sich bereits von der schimpflichen römischen Seelenherrschaft befreit, nur die
Hälfte des deutschen Kernvolkes soll immerdar in
römischer Knechtschaft bleiben, weil Erbvorurtheile
und trügerische Berechnungen einer lebensscheuen
Politik es so wollen!

Man will die Throne dadurch unterstützen, daß
man sie in Verbindung mit dem morschen römischen
Stuhl bringt, dessen Inhaber zu allen Zeiten die
grimmigsten Gegner der weltlichen Throne gewesen
und noch sind! Rom ändert sich nicht. Die übermüthigsten Grundsätze der gewaltthätigsten Päpste
sind und bleiben erbliche Grundsätze der römischen
Curie, und würden ausgeführt werden, sobald dies
irgend möglich wäre. Was Gregor VII. behauptet,
das glaubt auch der jetzige Papst und hinterläßt es
seinen Nachfolgern als heiliges Dogma. „Wenn
die Apostel" — erklärte Gregor — „im Himmel
binden und lösen können, so müssen sie auch auf der
Erde Kaiserthümer, Königreiche, Fürstenthümer,
Herzogthümer, Markgrafschaften, Grafschaften und
eines jeden Güter nach Verdienst nehmen und geben

können. Und wenn sie über das Geistliche als
Richter bestellt sind, so müssen sie es um so eher
über das Weltliche sein; wenn sie endlich über die
Engel, die über die hochmüthigen Monarchen
herrschen, werden zu richten haben, um wie viel
eher werden sie über die Knechte dieser Engel Urtheil
sprechen können! — Was die Kirche einmal rechtmäßig erworben hat, davon kann ihr zwar
auf eine Zeit lang der Gebrauch, nie
aber das Recht genommen werden." —
Gegen Heinrich IV. erließ Gregor folgendes Ab-
sezungsdekret: „Von Seiten des allmächtigen
Gottes untersage ich dem Heinrich, dem Sohn des
Kaisers Heinrich, der sich gegen die heilige Kirche
mit einem unerhörten Hochmuth aufgelehnt hat, die
Regierung des deutschen und italienischen Reiches
und spreche alle Christen von dem Eid los, den sie
ihm geleistet oder noch leisten sollten." — Auf
dem römischen Stuhl pflanzen sich Grundsäze fort,
welche Sixtus V. geoffenbart, als er bei der Nach-
richt von der Ermordung Heinrichs III. von Frankreich ausrief: „In der Mitte seines Heeres, im
Begriff, Paris zu erobern, in seinem eigenen Cabi-
net ist er von einem armen Mönch mit einem ein-

zigen Stoß umgebracht worden. Dies ist eine unmittelbare Einwirkung Gottes."

Und haben etwa die protestantischen Fürsten durch die Trennung von Rom ihren Thron geschwächt? Im Gegentheil, sie sind eben dadurch erst wahre Souveräne geworden. Und sind die gefährlichen Verschwörungen und Revolutionen in protestantischen Ländern vorgekommen? Im Gegentheil, das allerchristlichste Frankreich, das allergetreueste Portugal, das katholische Spanien, das erzrömische Belgien, die fanatisch päpstlichen amerikanischen Republiken sind der Herd blutiger Umwälzungspläne, und gerade dasjenige Land, welches sich des unmittelbaren Segens Sr. Heiligkeit erfreut, gleicht fortwährend einem Revolutionsvulkan.

Anhang.

„Fürchte dich nicht du kleine Herde!"

Luk. 12, 32.

Um nach Kräften zur Verbreitung einer richtigen Ansicht von dem neuen Kirchenstreben beizutragen, nehmen wir hier die Beschlüsse der leipziger Kirchenversammlung auf. Jeder seines Verstandes mächtige Katholik wird erkennen, daß seine längst gehegte innerste Ueberzeugung mit diesen Bestimmungen der deutschkatholischen Kirche übereinstimmt. Möchte jeder, dem Ernst der Zeit und der Heiligkeit der Sache gemäß, seine Ueberzeugung frei bekennen!

Allgemeine Bestimmungen
der ersten deutschkatholischen Kirchenversammlung zu Leipzig, Ostern 1845.

I. Bestimmungen über die Glaubenslehre.

1) Die Grundlage des christlichen Glaubens soll uns einzig und allein die heilige Schrift sein, deren

23

Auffaſſung und Auslegung der von der chriſtlichen Idee durchdrungenen und bewegten Vernunft frei-gegeben iſt.

2) Als allgemeinen Inhalt unſerer Glaubens-lehren ſtellen wir folgendes Symbol auf: „Ich glaube an Gott den Vater, der durch ſein allmäch-tiges Wort die Welt geſchaffen, und ſie in Weisheit, Gerechtigkeit und Liebe regiert. Ich glaube an Je-ſum Chriſtum, unſern Heiland. Ich glaube an den heiligen Geiſt, eine heilige allgemeine chriſtliche Kirche, Vergebung der Sünden und ein ewiges Le-ben. Amen.“

3) Wir verwerfen das Primat des Papſtes, ſagen uns von der Hierarchie los, und verwerfen im Voraus alle Conceſſionen, welche möglicher Weiſe von der Hierarchie gemacht werden könnten, um die freie Kirche wieder unter ihr Joch zu beugen.

4) Wir verwerfen die Ohrenbeichte.

5) Wir verwerfen den Cölibat (erzwungene Eheloſigkeit).

6) Wir verwerfen die Anrufung der Heiligen, die Verehrung von Reliquien und Bildern.

7) Wir verwerfen die Abläſſe, gebotenen Faſten, Wallfahrten und alle ſolche bisher beſtandenen kirch=

lichen Einrichtungen, welche nur zu einer gesinnungs=
losen Werkheiligkeit führen können.

8) Wir stellen der Kirche und den Einzelnen die
Aufgabe, den Inhalt unserer Glaubenslehren zur le=
bendigen, dem Zeitbewußtsein entsprechenden Er=
kenntniß zu bringen.

9) Wir gestatten aber völlige Gewissensfreiheit,
freie Forschung und Auslegung der heiligen Schrift,
durch keine äußere Autorität beschränkt; verabscheuen
vielmehr allen Zwang, alle Heuchelei und alle Lüge,
daher wir in der Verschiedenheit der Auffassung und
Auslegung des Inhaltes unserer Glaubenslehren
keinen Grund zur Absonderung oder Verdammung
finden.

10) Wir erkennen nur zwei Sakramente an: die
Taufe und das Abendmal, ohne jedoch die einzelnen
Gemeinden in der Beibehaltung christlicher Gebräuche
beschränken zu wollen.

11) Die Taufe soll an Kindern, mit Vorbehalt
der Bestätigung des Glaubensbekenntnisses bei er=
langter Verstandesreife, vollzogen werden.

12) Das Abendmal wird von der Gemeinde,
wie es von Christus eingesetzt worden ist, unter bei=
den Gestalten empfangen.

13) Wir erkennen die Ehe für eine heilig zu

haltende Einrichtung an und behalten die kirchliche
Einsegnung derselben bei; auch erkennen wir keine
andern Bedingungen und Beschränkungen derselben
an, als die von den Staatsgesetzen gegebenen.

14) Wir glauben und bekennen, daß es die erste
Pflicht der Christen sei, den Glauben durch Werke
christlicher Liebe zu bethätigen.

II. Bestimmungen über die äußere Form des Gottesdienstes und über die Seelsorge.

15) Der Gottesdienst besteht wesentlich aus Be-
lehrung und Erbauung. Die äußere Form des Gottesdienstes überhaupt soll sich stets nach den Bedürfnissen der Zeit und des Ortes richten.

16) Die Liturgie insbesondere oder der Theil
des Gottesdienstes, der zur Erbauung dienen soll,
wird nach den Einrichtungen der Apostel und der
ersten Christen, den jetzigen Zeitbedürfnissen gemäß,
geordnet. Die Theilnahme der Gemeindeglieder und
die Wechselwirkung zwischen ihnen und den Geistlichen wird als wesentliches Erforderniß angesehen.

17) Der Gebrauch der lateinischen Sprache beim
Gottesdienste soll abgeschafft werden.

18) Der kirchliche Gottesdienst besteht in folgenden Stücken:

    a) Anfang: „Im Namen Gottes des Vaters, des Sohnes und des heiligen Geistes".

    b) Einleitendes Lied.

    c) Sündenbekenntniß (Confiteor).

    d) „Herr erbarme dich unser" (Kyrie).

    e) „Ehre sei Gott in der Höhe" (Gloria).

    f) Die Gebet-Collecten.

    g) Epistel.

    h) Evangelium.

    i) Die Predigt nebst den üblichen Gebeten. (Vor und nach der Predigt ein Gesangvers.)

    k) Glaubensbekenntniß (Credo).

    l) Der Hymnus „Heilig, Heilig, Heilig" (Sanctus).

(NB. Diejenigen Gemeindeglieder, welche das Abendmal zu nehmen gedenken, nähern sich während diesem dem Altar.)

    m) Statt des Kanons ein ausgewähltes Stück aus der Passion mit den Einsetzungsworten des heiligen Abendmals, gesprochen vom Geistlichen.

    n) Während der Communion der Gemeinde: „O du Lamm Gottes" (Agnus dei).

o) Das Gebet des Herrn.

p) Schlußgesang.

q) Segen.

Es soll die Vocal= und Instrumentalmusik zwar nicht ausgeschlossen, jedoch ihre Anwendung beschränkt, und nur insoweit zulässig sein, als sie wirklich zur Andacht und Gemüthserhebung sich eignet.

19) Außer dem feierlichem Gottesdienste finden des Nachmittags Katechisationen oder erbauliche Vor=träge Statt. Letztere können auch von einem Laien, nach vorhergegangener Genehmigung des Gemeinde=Vorstandes, gehalten werden.

20) Nur d i e Feiertage sollen gefeiert werden, welche nach den Landesgesetzen bestehen.

21) Alle kirchlichen Handlungen, wie Taufe, Trauungen, Begräbnisse u. s. w., sollen von dem Geistlichen ohne Stolagebühren für alle Glieder der Gemeinde gleich verrichtet werden.

22) Die Stellung und überhaupt äußere Hal=tung in der Kirche, als der Ausdruck der innern religiösen Ansichten und Gefühle, soll Jedem über=lassen sein, nur wird untersagt, was zu Aberglauben führt.

23) Niemand hat einen Anspruch auf einen be=stimmten Platz in der Kirche, daher dürfen keine be=

stimmten Kirchenplätze, weder zu einem besondern Gottesdienst, noch überhaupt an Einzelne, und zwar weder gegen Entgelt noch unentgeltlich überlassen werden.

Der dritte Abschnitt giebt die „Bestimmungen über das Gemeindewesen und die Gemeindeverfassung", welche wir dem wesentlichen Inhalt nach im ersten Buch unsrer Schrift Seite 104 und 105 mitgetheilt haben.

IV. Bestimmungen über die allgemeinen Kirchenversammlungen (Concilien).

36) Die allgemeinen Kirchenversammlungen (Concilien) sollen die Erhaltung der Einheit des kirchlichen Lebens bezwecken, soweit diese Einheit die Gewissensfreiheit des Einzelnen in der Gemeinde und der Gemeinden selbst nicht beschränkt.

37) Die allgemeine Kirchenversammlung soll aus den Abgeordneten der einzelnen deutschkatholischen Gemeinden bestehen, bei deren Wahl die Gemeinden unbeschränkt sind.

38) Es soll jeder Gemeinde frei stehen, so viele Abgeordnete zu senden, als sie für gut befindet, es

haben aber sämmtliche Abgeordnete einer Gemeinde bei Beschlußfassungen nur e i n e Stimme zusammen.

39) Als eine allgemeine Kirchenversammlung soll nur diejenige angesehen werden, bei welcher die Mehrzahl der constituirten Gemeinden in Deutschland vertreten sind. Es kann jedoch ein Abgeordneter mehrere Gemeinden vertreten.

40) Die Zahl der stimmfähigen Abgeordneten einer Kirchenversammlung soll wenigstens aus zwei Drittheilen Laien bestehen, und nur ein Drittheil kann dem geistlichen Stande angehören.

41) Die Beschlüsse der allgemeinen Kirchenversammlung sind als Vorschläge zu betrachten und erlangen nur dann allgemeine Gültigkeit, wenn sie den sämmtlichen einzelnen Gemeinden Deutschlands zur Berathung und Beschlußfassung vorgelegt worden sind und wenn die Mehrzahl dieser Gemeinden sie angenommen hat.

42) Die von sämmtlichen einzelnen Gemeinden über Annahme oder Nichtannahme der Beschlüsse der allgemeinen Kirchenversammlung abzugebende Erklärung ist jederzeit in einer Frist von drei Monaten dem in der Bestimmung 48 genannten Ortsgemeinde=Vorstand einzusenden, widrigenfalls eine solche Erklärung bei der Bestimmung hinsichtlich der erfolgten

Annahme oder Verwerfung eines Beschlusses der allgemeinen Kirchenversammlung nicht in Betracht kommen kann.

43) In der Regel soll alle 5 Jahre eine allgemeine Kirchenversammlung gehalten werden, es können jedoch dermalen und bis zur gänzlichen Feststellung aller Verhältnisse der deutschkatholischen Gemeinden öftere Versammlungen statt finden.

44) Die Dauer einer jeden allgemeinen Kirchenversammlung richtet sich nach der Menge und der Wichtigkeit der vorliegenden Berathungsgegenstände.

45) Der Ort, wo die allgemeine Kirchenversammlung abzuhalten ist, soll wechseln und dabei auf Ost= und West=, Süd= und Norddeutschland gleiche Rücksicht genommen werden, so weit es die Verhältnisse gestatten.

46) Jede allgemeine Kirchenversammlung beschließt daher in einer ihrer ersten Sitzungen, an welchem Orte die nächste Kirchenversammlung gehalten werden soll.

47) Zur formalen Einheit sollen die beiden Gemeinde=Vorstände desjenigen Ortes, woselbst die letzte und die nächste Kirchenversammlung abgehalten worden ist und wird, die Vereinigung in folgender Weise bewirken:

48) Der Gemeinde-Vorstand desjenigen Ortes, wo die nächste Kirchenversammlung statt findet, erläßt die Einladung zu derselben in den öffentlichen Blättern und nach Befinden durch eigene Circulare an die einzelnen Gemeinden, eröffnet die allgemeine Kirchenversammlung, nach deren Constituirung er die Acten und sonstigen Gegenstände an den erwählten Vorstand (siehe Bestimmung 49) übergiebt, und übernimmt sämmtliche Acten und Gegenstände wieder aus dessen Händen nach dem Schlusse der Kirchenversammlung.

Hierauf hat er die von den einzelnen Gemeinden an ihn zu übersendende Erklärung (siehe Bestimmungen 41 und 42) anzunehmen und das Resultat derselben, nach Verlauf der festgesetzten Frist (siehe Bestimmung 42), mit Angabe der bejahenden oder verneinenden Abstimmung einer jeden Gemeinde und derjenigen, welche eine Erklärung abzugeben unterlassen haben, öffentlich bekannt zu machen, womit seine Wirksamkeit erlischt.

Er übersendet sodann alle auf die allgemeinen Kirchenversammlungen Bezug habenden Acten, Schriften und sonstigen Gegenstände an den Gemeinde-Vorstand desjenigen Ortes, woselbst die nächste Kirchenversammlung statt findet. Dieser verfährt nun in gleicher Weise wie angegeben worden ist.

49) Die erste Handlung nach Eröffnung einer jeden Kirchenversammlung muß die Wahl eines Vorstandes mittelst Stimmzettel sein.

50) Die Sitzungen der allgemeinen Kirchenversammlungen sind öffentlich und ihre Verhandlungen sollen so ausführlich als möglich gedruckt werden.

51) Alle diese Bestimmungen sind jedoch nicht und sollen nicht für alle Zeiten festgesetzt sein und werden, sondern können und müssen nach dem jedesmaligen Zeitbewußtsein von der Kirchengemeinde abgeändert werden.

Meine Lossagung von Rom.

Mit diesem Buche trenne ich mich öffentlich von der römischen Kirche.   Seit vielen Jahren schon gehöre ich ihr geistig nicht mehr an, ja unmittelbar seit der Zeit, wo mir in mönchischen Schulen die Göttlichkeit und alleinseligmachende Wahrheit der römischen Kirche durch philosophische Formeln bewiesen werden sollte,   wandte sich meine Ueberzeugung von ihr ab.   Wie so viele Hunderttausende von Katholiken blieb ich äußerlich römisch,   theils aus Mangel an Lebensernst, theils verführt und gezwungen durch eine Staatsverfassung,   welche in allen Beziehungen nur äußerliche Gesetzmäßigkeit erzwingt,   die Ueberzeugung aber geringschätzt und preisgiebt.

Aus diesem verderblichen und schimpflichen Zustand der Heuchelei rette ich mich hiermit, trete dem deutschkatholischen Kirchenstreben bei und gelobe, mein christliches Bekenntniß dadurch zu bethätigen, daß ich nach dem Maß der Kräfte, die mir Gott verliehen, die wahre christliche Kirche und den wahren christlichen Staat bauen helfe.

Jena, den 10. Nov. 1845.

Franz Schuselka.

Weimar, den 16. November 1845.

———

Am 10. November Abends hatte ich meine Los=
sagung von der römischen Kirche niedergeschrieben
und nach Leipzig in die Presse geschickt. Es war
dies eine nothwendige Folge meiner religiösen Ent=
wickelung seit frühen Jugendjahren. Ich that diesen
entscheidenden Schritt frei aus meinem Innersten
heraus; niemand hat mich dazu beredet, niemand
wußte davon als ein einziger treuer Freund. Ich
that es, weil ich vor meinem Bewußtsein und vor
Gott es thun mußte; auch der Gedanke an meine
dreiundsiebzigjährige Mutter, mit der ich allein im
Leben stehe, der ich durch meine Lebensrichtung über=
haupt viel Kummer und Herzleid machen muß, auch
der Gedanke an meine gute Mutter machte mich
nicht wankend.

Schon als ich diese Lossagung in meinem ein=
samen Stübchen still für mich zu Papier gebracht
hatte, fühlte ich eine wunderbare Befriedigung, eine

Erhebung meiner ganzen Lebenskraft. Ich fühlte, daß ich etwas rechtes und gutes, etwas gottgefälliges gethan. Aber mir stand ein höheres Heil nahe bevor.

Ueber Zeit und Ort meines eigentlichen kirchlichen Uebertrittes hatte ich nichts bestimmtes beschlossen. Da ich jeden Tag darauf gefaßt sein mußte, Jena zu verlassen, so wollte ich dann am nächsten Ort einer deutschkatholischen Gemeinde an den Altar der neuen Kirche treten. Aber die Vorsehung hatte mir einen besonders feierlichen Uebertritt zugedacht, wodurch ich eine Heiligung meines Lebens erhalten sollte, die ich früher nie geahnt.

Am 14. November Mittags erhielt ich von Adam Henß aus Weimar folgenden Brief vom 13. Nov. „Ronge wird morgen den 14. Nov. Abends hier ankommen und will am 15. Gottesdienst halten. Es finden sich aber Hindernisse, die ich nicht vermuthet habe. Von einer Kirche ist nicht die Rede, aber selbst den Saal auf der Bürgerschule findet man einzuräumen bedenklich. Ich bin den ganzen Tag wegen der Sache auf den Beinen und habe Ihnen hiermit das jetzt vorliegende Resultat treulich gemeldet.“

Ich war mit dem wackern Volksvertreter Henß

nie in Briefwechsel gestanden; hatte überhaupt nur ein einzigesmal mit ihm gesprochen. Er wußte nichts von dieser meiner Schrift; nichts von meiner Lossagung von Rom. Und doch denkt er in jener kummervollen und ärgerlichen Aufregung daran, mir zu schreiben! — Ich hielt diesen Brief für einen Ruf der Vorsehung, und eilte nach Weimar.

Es war der entscheidendste Gang meines Lebens. Es dämmerte bereits, als ich Jena verließ. Ein schwarz umwölkter Himmel steigerte den traurigen Ernst des Novemberabends; als ich aber in die Nähe Weimars kam, trat der Mond hervor und überstrahlte die Gegend mit wundervoller Helle.

Ich eilte zu Henß, bei dem ich sechs deutsch= katholische Männer fand. Sie harrten des Refor= mators und hatten Posten ausgestellt, seine Ankunft zu melden. Gegen 8 Uhr kam er. Aus allen Straßen strömte das Volk zusammen. Ronge stieg bei dem Hofbuchhändler, Commissionsrath Hoffmann ab und wurde von der Volksmenge mit dreimaligem Hoch begrüßt. Hoffmanns Haus gehörte einst dem Maler Lukas Kranach, bei welchem Luther oft geweilt.

Als der Jubelgruß des Volkes sich wiederholte, erschien Ronge am Fenster. Alle Häupter entblößten sich und eine kräftige Stimme aus dem Volk grüßte den Reformator des neunzehnten Jahrhunderts. Ronge dankte mit herzlichen und bedeutsamen Worten. Ich hörte zum erstenmal die Stimme dessen, durch den uns Gott zu einem neuen Leben wach gerufen.

Tags darauf sandte ich an Herrn Hoffmann eine Karte mit der Bitte, dem Reformator meinen Entschluß mitzutheilen und mich für eine kurze Unterredung anzumelden. Darauf erhielt ich folgende Einladung: „Kommen Sie kurz vor 10 Uhr, wo Sie Hr. Ronge erwartet.“

Ich stand vor Ronge. Wer schildert ihn? Alles was über ihn gesagt worden, ist unvollkommen, alle Bilder von ihm sind schlecht. Als ich sein herzliches Wort vernahm, als ich sein begeistertes Auge und die freudige Zuversicht seines Wesens sah, da wußte ich, daß das Werk, dem ich mich beizugesellen im Begriff stand, von Gott ist.

Nach kurzer Unterredung verließ ich ihn und erging mich einsam im Parke.

Sonntags den 16. Nov. um 10 Uhr gingen wir zum Gottesdienst. Der Tanzsaal des Gasthauses zum russischen Hof war unsre Kirche. Rings an den Wänden hingen noch die verblichenen Reste des letzten Ballschmuckes. An der einen Längenwand war auf einer Stufe ein weiß umhangener

24

Tisch als Altar aufgestellt. Darauf ein Kruzifix, die Bibel und die Abendmalgefäße. Neben dem Altar stand eine kleine Kanzel so an einem halb offenen Fenster, daß auch die im Hof versammelte Menge den Prediger sehen und hören konnte. Dem Altar gegenüber standen einige Bänke für die kleine deutschkatholische Gemeinde. Sie besteht bis auf zwei Personen durchaus aus Gliedern des hochachtbaren Handwerkerstandes. Das Abendmal nahmen mit mir 14 Personen; ganz zuletzt trat noch ein junger Handwerker herzu. — Rings um uns befanden sich die übrigen Theilnehmer an der heiligen Handlung; sie füllten dicht gedrängt den ganzen Saal. Darunter waren bedeutende Männer der Wissenschaft und Kunst, des Staats und der Kirche. Besonders zahlreich hatten sich die edelsten Frauen und Jungfrauen Weimars eingefunden.

Ronge erschien in einfachem schwarzen Talare und die ungekünstelt innige Weise seines Gottesdienstes gewann gleich anfangs aller Herzen. Gebete und Gesänge wechselten; bei letztern wurde unser kleines beklommenes Häuflein von unsern protestantischen Brüdern und Schwestern andächtig unterstützt. Ronges Predigt war kurz, schmucklos, naturwahr begeistert. Sie sprach die Hauptge=

danken der neuen Kirche: Befreiung von Rom,
Einigung des deutschen Volkes und Belebung einer
thatkräftig christlichen Liebe im geselligen, staatlichen
und kirchlichen Leben mit fester Zuversicht aus.

Der heilige Mittelpunkt der Feier war das
Abendmal. Ronge trat nahe an uns heran und
sprach die Deutung des Abendmals und die Ermah=
nung zum würdigen Genuß desselben mit tief ins
innerste Leben dringender Gotteskraft. Uns alle
durchschauerte das Gefühl der geistigen Nähe des
Heilands. Kein Auge blieb thränenleer. Ich em=
pfand eine Andachtseligkeit, wie ich sie kaum in der
Unbefangenheit der Kinderjahre genossen; ich erhielt
den trostreichen Beweis, daß die reine einfache
Wahrheit des Christenthums für jedes Alter, für
jeden Stand, für jede Bildungsstufe die Fülle des
Segens enthalte. Ich dachte in diesem heiligen
Augenblick auch an meine Mutter. Ich weiß es,
wäre sie neben mir gewesen, sie wäre mit mir in
Thränen zerflossen und zum Tisch des Herrn hin=
getreten.

Am Schluß des Gottesdienstes winkte mir
Ronge. Ich trat neben ihn an den Altar und er=
klärte meinen Uebertritt. Ich schilderte den unglück=
seligen religiösen Zwiespalt, mit welchem ich seit

Jahren gerungen und der mich zuletzt zum Indifferentismus, zur völligen Unkirchlichkeit hingerissen; ich gestand, daß ich seit 14 Jahren zum erstenmal wieder das Abendmal empfangen; ich gelobte, der neuen Kirche mit allen meinen Kräften zu dienen. Gott segnete meine Worte wunderbar; sie bewegten aller Herzen, wie mir viele unvergeßlich freundliche Worte und Händedrücke bewiesen.

Des Nachmittags im fröhlich geselligen Verkehr schloß sich mein Herz auch dem Menschen Ronge an; ich wiederholte dem deutschen Landsmann mein Gelübde und er nahm es brüderlich an. Durch seinen herzlichen Abschiedskuß machte mich Ronge zu seinem Gefährten und Gehilfen bis zum Tode.

Jene Stunden waren die heiligsten und seligsten meines Lebens. Was auch die Folge meines Schrittes sein, in welche Beschwerden, Kämpfe, Leiden und Gefahren er mich führen möge; ich bin zu einem neuen Leben wiedergeboren, in meinem innersten Wesen gereinigt, erkräftigt, geheiligt, und dieses freudige gotterfüllte Bewußtsein wird mir das mühseligste Leben und selbst den qualvollsten Tod versüßen.

Druck von F. A. Brockhaus in Leipzig.

Lightning Source UK Ltd.
Milton Keynes UK
UKHW011413180119
335762UK00005B/257/P